대세를 따르지 않는
시민들의 생각법

대세를 따르지 않는
시민들의 생각법

반지성의 시대를 살아가야 하는 시민들의 마인드셋

우치다 타츠루 지음 · 김경원 옮김

바다출판사

여러분, 안녕하세요. 우치다 타츠루입니다. 이 책을 위해 힘써
주신 분들께 감사의 인사를 올립니다.

이 서문에서는 이 책의 취지에 관해 한마디 말씀드리고자 합
니다.

한국어판의 제목은 '대세를 따르지 않는 시민들의 생각법'이
라고 하더군요. 그런데 원래 원서의 제목은 '우치다 타츠루의 대
시민 강좌'입니다. 그냥 시민이 아니라 '대시민'이지요. 일본어에
'대시민'이라는 말은 없습니다. 그래도 '소시민'과 대조를 이루는
상대어를 떠올린다면 역시 '대시민'이 어울리지 않을까 하는 생
각이 들더군요. 그래서 《AERA》라는 주간지에 격주로 연재할 때
이 낱말을 칼럼의 제목으로 활용했습니다.

'대시민'이라는 말은 1966년 NHK 방송국에서 방영한 텔레
비전 드라마의 제목이기도 합니다. 이 드라마를 시청한 것은 중
학교 3학년 때였습니다. 워낙 옛날 옛적 일이라 플롯이나 스토리
를 자세하게 기억하지는 못합니다. 일상생활에 파묻혀 살면서 정
치나 사회 문제에는 무관심했던 평범한 샐러리맨 주인공이 어떤
사건을 통해 시민의 책임에 눈을 뜬다는 내용이었던 것 같습니다.

'시민'은 별 생각 없이 묵묵히 살아가는 동안 자기도 모르게 이기적이고 시야가 좁은 '소시민'이 되기 마련입니다. 광활한 시야를 통해 사회를 인식하고 필요하다면 행동에 나서는 데 주저하지 않는 '대시민'이 되기 위해서는 어떤 전환점이 필요합니다. 드라마 〈대시민〉이 담아냈던 메시지는 열다섯 소년인 나도 충분히 이해할 수 있었습니다.

〈대시민〉을 방영한 1966년에 일본은 고도성장 시대의 한복판을 지나가고 있었습니다. 2년 전인 1964년 도쿄올림픽의 개최를 통해서는 패전국의 상흔을 극복하고 기적처럼 다시 일어선 모습을 국제사회를 향해 보여주었습니다. 일본인은 그 무렵에야 드디어 선진국의 국민이 되었다는 자신감을 갖기 시작했습니다. 그들은 전쟁이 끝난 다음 20년 동안 폐허더미 속에서 조국을 재건하기 위해 한시도 한눈을 팔지 않고 열심히 일했습니다. 그 결과 1960년대 중반부터 겨우 스스로에게 '소시민'의 향락을 허용하기에 이르렀습니다.

과연 그런 정도의 '보답'은 받아도 당연하다고 생각합니다. 패전 이후 10년이 넘도록 도쿄마저도 빈곤에 허덕였으니까 말입니다. 그러나 '소시민의 향락'을 스스로 허용하기 시작하면서 사람들은 곧장 보수적인 성향으로 돌아섰습니다. 그들은 변화를 바라지 않고 '현상status quo'이 영원히 지속되기를 바랐습니다. '커다란 나무 아래' 가만히 있어야 안전하고, '대세를 따르는 삶'이야말

대세를 따르지 않는 시민들의 생각법

로 지혜롭다는 생각이 고착되었습니다. 얼마 되지도 않는 '재산'을 쥐고는 불면 날아갈까 애를 태우며 '무슨 일이 있다 한들 이걸 잃을쏘냐!' 하고 집착했습니다. 살림은 풍요로워진 것 같은데 도리어 궁상스러워졌습니다. 자유로워진 것 같은데 도리어 완고하고 비뚤어졌습니다. 이것이 1960년대 중반 일본인의 실상입니다. '대시민'이라는 신조어는 '작은 성공에 안주하는' 삶의 방식을 비판하는 낱말이었다고 생각합니다.

그로부터 이제 반세기가 흘렀습니다. 일본사회는 대단히 많은 변화를 겪었을 것입니다. 그렇지만 주위를 아무리 둘러보아도 광활한 시야를 통해 사물을 관찰하고 사안의 옳고 그름을 냉정하게 성찰할 뿐 아니라 필요하면 결연한 자세로 행동할 수 있는 '위대한 시민'은 아직 눈에 띄지 않습니다.

시민사회에는 일정한 수의 '위대한 시민'이 존재해야 한다고 생각합니다. 모든 시민이 '위대한 시민'일 필요는 없겠지요. 그것은 무리입니다. 하지만 가능하면 열다섯 명 중 한 명쯤은 '대시민'이었으면 좋겠습니다.

내가 생각하는 '대시민'의 첫째 조건은 생활인이라는 점입니다.

그는 일정한 곳에 머물러 생활하면서 가족을 꾸리고, 일을 하면서 하루하루를 살아가는 한편, 나날의 사소한 즐거움을 누립니다. 동시에 정치에 대해, 경제에 대해, 문화에 대해, 종교에 대해, 사회 정의에 대해 등등, 개인으로서는 해결할 수 없을 만큼 스케

　　　　　　　　　　　　　　한국어판 서문

일이 큰 안건에 대해 자신의 생각을 자신의 언어로 논의할 수 있습니다.

'개인으로서는 해결할 수 없다'는 말은 다른 사람과 협동해야만 해결할 수 있다는 말입니다. 세상에는 다른 시민들과 어울려 서로 대화를 나누고, 생각을 전하고, 지혜를 짜내고, 힘을 합하지 않으면 이루어낼 수 없는 일이 있습니다. 그러한 일에 참여할 수 있는 사람, 그것이 내가 생각하는 '대시민'입니다.

그러면 어떤 사람이 '다른 사람들과 협동하는 일'이 가능할까요?

바로 자기 머리로 생각하고 자기 언어로 이야기하는 인간입니다. 그런 사람만 타자와 어울려 공동의 삶을 영위할 수 있습니다.

조금 이해하기 어려울지도 모르지만, 누군가의 생각을 흉내 내거나 누군가의 언어를 빌려 이야기하는 사람은 타자와 공동의 삶을 영위할 수 없습니다.

누군가의 생각을 흉내 내고 누군가의 언어를 빌려 이야기하는 사람만 존재하는 집단이라면, 언젠가는 다들 똑같은 생각을 똑같은 말로 이야기하는 집단이 될 것입니다. 그런 집단은 어쩌면 동질성이 높고 순도가 높은 공동체로 보일 수도 있겠지만, 이중의 의미로 심각한 리스크를 안고 있습니다.

하나의 리스크는 집단이 허약해진다는 점입니다. 다들 똑같은 관점으로만 사물을 본다는 말은 '일반인이 잘 깨닫지 못하는

대세를 따르지 않는 시민들의 생각법

위기적 징후'를 아무도 깨닫지 못한다는 뜻입니다. 만의 하나 "앗, 이런 위험을 알려주는 징후가 보이는데?" 하고 낌새를 알아채더라도, 자기보다 먼저 '똑같은 일'을 지적한 사람이 없기 때문에 위험 징후를 지적하면 '아무도 하지 않은 말을 하는 인간'이 되어버립니다. 그러면 그 집단의 성원으로서 자격을 상실하고 맙니다. 따라서 '이대로 두면 당치도 않은 사태가 벌어질 것을' 알고 있더라도 누군가 작정하고 말을 꺼낼 때까지 서로 입술만 쳐다볼 뿐 입을 꾹 다물 것입니다.

또 하나의 리스크는 집단 성원의 생명이 가벼워진다는 점입니다. 다들 똑같은 생각을 똑같은 언어로 이야기하는 집단이라면 한 사람 한 사람을 '얼마든지 교체할 수' 있습니다. 다시 말해 누군가 한 사람이 없어져도 아쉬울 것이 없습니다. 아니, 없어져도 티가 나지 않습니다. 그리하여 그 집단은 점점 더 빈약하고 어설퍼집니다.

집단이 살아남기 위해서도, 개인이 살아남기 위해서도, 나는 주위 사람과 별로 엇비슷하지 않은 편이 바람직하다고 생각합니다. 한 사람 한 사람이 자기 말고는 누구도 생각해내지 못하는 것을 생각해내고, 아무도 하지 못하는 말을 하고, 자기 말고는 아무도 해낼 수 없는 기능을 소지하고, 자기 말고는 아무도 모르는 지식을 습득하고 있어야 집단은 튼튼해지고 개인은 '교체할 수 없는' 존재가 됩니다.

그리고 그런 사람들이 모인 집단이라면 필시 언어가 풍부해지리라고 생각합니다. 아무도 생각한 적 없는 것을 생각해내고 아무도 표현한 적이 없는 말을 입 밖에 내려면 어지간히 심오한 사유가 필요할 뿐 아니라 그 사람 입에서 나오는 말은 반드시 '이상한 이야기'일 테니까요.

타인이 쉽게 이해해주지 못한다고 해서 아무 말도 하지 않고 입을 다물어버린다면, 개성에 넘치는 생각인들 아무에게도 알려지는 일 없이 조용히 사라질 것입니다. 생각만 해도 안타깝습니다. 따라서 자신의 생각을 알리고, 이해시키고, 가능하면 동의해주기를 바라는 것은 당연합니다.

그렇게 하려면 '설득'이라는 행위에 지적 자원을 우선 배분해야 합니다. 어떻게 하면 내가 하는 '이상한 이야기'를 남에게 이해시킬 수 있을까요? 그렇게 어려운 일은 아닙니다. 가능하면 논리적으로 이야기하고, 꼼꼼하게 검증하고, 중요한 내용은 반복하고, 어려운 이야기는 알기 쉽게 비유를 활용하고, 듣기 좋고 온화한 목소리로 끈기 있게 이야기하면 됩니다.

'이상한 이야기'를 타인에게 설명하려는 사람은 반드시 듣는 사람을 배려하는 데 마음을 써야 합니다. 성심을 다해 이야기해야 합니다.

따라서 참으로 역설적이지만, '아무도 하지 않는 이상한 이야기'를 하는 사람은 '아무나 할 것 같은 이야기'를 하는 사람보다

대세를 따르지 않는 시민들의 생각법

훨씬 설명하는 능력이 높아집니다.

이런 말을 하는 사람은 별로 보지 못했는데, 이는 내가 오랫동안 여러 사람이 쓴 글을 읽어오면서 경험으로 깨달은 앎입니다. '이상한 이야기'를 하는 사람은 정말 설명을 잘합니다.

그리고 그 사람이 설명할 때 동원하는 대담한 논리와 짐작도 못한 근거, 다채로운 비유와 받아들이기 쉬운 언어의 울림에 의해 그가 속한 집단의 언어는 풍부해집니다. 그 사람이 전하는 지식이 집단적인 합의와 공유에 다다르지는 못하더라도, 그 사람 덕분에 '언어가 풍부해지는' 수준만큼은 올라갈 수 있습니다. 언어가 풍부해지면 풍부해질수록 그 집단에는 '아무나 생각해내지 못하는 것'을 입 밖으로 낼 기회가 늘어납니다. 사람들은 논리가 복잡해지고, 어휘가 풍요로워지고, 설득력 있는 말하기 방식에 능숙해집니다.

풍부한 아이디어와 복잡한 언어를 소유한 집단이 모두들 비슷한 아이디어를 비슷한 방식으로 이야기하는 동질성이 높은 집단보다는 살아남는 힘이 더 굳셀 것이라고 봅니다.

개인적으로 정의하건대 '위대한 시민'이란 '이상한 이야기를 하고 설명을 잘하는 사람'이 아닐까 합니다. 알기 쉽게 구체적으로 인명을 거론해보면, 요로 다케시養老孟司, 하시모토 오사무橋本治, 다카하시 겐이치로高橋源一郎, 와시다 기요카즈鷲田淸一, 무라카미 하루키村上春樹, 후쿠오카 신이치福岡伸一, 이케다 기요히코池田淸

한국어판 서문

ꟾ 등을 들 수 있습니다. 이런 리스트는 얼마든지 길어질 수 있습니다. 가능하다면 나도 이 리스트의 끝자락이라도 장식할 수 있기를 바라는 마음으로 제목에 '대시민'이라는 말을 넣었습니다(지금 거론한 저자의 저서 가운데 한국어로 번역본이 나와 있지 않다면 제발 번역이 이루어졌으면 좋겠습니다).

어느덧 서문이 길어졌습니다. 이 책은 "열다섯 명 중 한 사람쯤은 각성한 시민이 있어주면 시민사회는 어떻게든 굴러가기 마련"이라는 나의 경험을 바탕으로 '열다섯 명 중 한 사람'을 향해 쓴 글입니다(사실은 다섯 명 중 한 사람쯤으로 비율을 높이고 싶지만, 아직은 그렇게까지 욕심내지 않겠습니다).

지금 이 책을 펼쳐들고 한국어판 서문을 읽어주신 독자께 감사드립니다. 부디 이 인연을 저버리지 마시고 귓갓길 지하철 안에서라도 본문을 읽어주시길 바랍니다.

우치다 타츠루

대세를 따르지 않는 시민들의 생각법

머리말

여러분, 안녕하세요. 우치다 타츠루입니다.

이 책은 2008년부터 《AERA》에 연재한 900자 칼럼을 수록한 것입니다. 맨 처음에는 요로 다케시養老孟司와 교대로 격주마다 칼럼을 썼습니다(당시 제목이 〈대시민 강좌〉였습니다). 그 후 요로 다케시 선생이 용퇴하시고 집필진을 네 명(강상중, 하마 노리코浜矩子, 후쿠오카 신이치福岡伸一 세 분과 저) 갖춘 칼럼(〈eyes〉)으로 바뀌었습니다. 저는 후발 필자로 가담한 셈입니다.

칼럼을 쓴 지 6년이 지났습니다. 그동안 매달 두 편씩 칼럼을 계속 써왔는데, 원고용지 2매라는 단문이라고는 해도 '티끌 모아 태산'이라고 다 모아보니 단행본 한 권입니다. 저금통에 100엔짜리 동전을 착실하게 넣다 보니 어느 새 자전거를 살 수 있는 금액이 모여 기뻐하는 아이의 기분 같습니다.

칼럼의 주제는 정치, 경제, 사회, 문화 등 가지가지입니다. 그것을 편집부의 나카시마 미나中島美奈 씨가 6개의 범주로 나누어 편집해주었습니다. 오래된 것은 6년도 넘은 이야기라서 지금 읽으면 '옛날 고리짝 냄새가 나는군' 할지도 모릅니다. 하지만 낡은 소재라도 읽는 즐거움은 있습니다. 그것은 무엇보다도 당시 제가

'이러니까 이렇게 되겠지' 하고 예언한 것이 딱 맞아떨어지는지 아닌지를 검증하는 즐거움입니다.

저는 비교적 성실하게 '이러니까 이렇게 되겠지' 하고 예언합니다. 빗나가면 자신의 가설이 틀렸다는 것을 알 수 있기 때문입니다. 자연과학의 실험과 같습니다. 가설을 세우고, 실험을 하고, 가설이 틀렸으면 반증 사례가 나오는데, 그러면 그것을 설명할 수 있는 가설로 바꿉니다. 이 과정을 반복합니다. 이 과정이 원활하게 이루어지려면 가설이 단순하고 일의적이어야 합니다.

어떤 결과가 나오더라도 "흠, 필시 이렇게 될 것이라고 생각했어요. 모두 내 가설이 상정한 그대로입니다"라고 말하기 위해서는 아무래도 비단벌레처럼 광이 나는 가설을 세울 필요가 있다고 말하면서 그런 식으로 글을 쓰는 미디어 지식인도 적지 않습니다. 그러나 그것은 과학적 지성이 취해야 할 태도가 아닙니다.

틀렸다 한들 상관없지 않나요? 틀릴 수 있을 때 왕창 틀리는 것이 집단지성의 진보와 심화에는 유용하다고 생각합니다.

그러므로 저는 확실하게 예언하기로 마음을 정했습니다. 그것이 계속 빗나가면 독자도 제가 쓴 글을 읽을 때 '이놈은 통산 타율이 낮단 말이야……' 하면서 에누리를 해가며 읽겠지요. 그러면 제가 쓴 글이 세상에 끼치는 해독은 적을 것입니다. 예측이 계속 들어맞는다면 '자, 이번에도 과연 맞힐까?' 하고 궁금하게 여기겠지요. 따라서 제가 하는 예언이 들어맞는지 빗나가는지 확인하면서 읽어주십시오. 아마도 프로야구의 1군 선수에 견줄 타율은 나올 것이라고 생각합니다(희망적 관측).

오래된 텍스트를 읽을 때 제2의 즐거움은 '가독성readability이란 무엇인가?'라는 물음을 생각할 기회가 된다는 점입니다. 가독성이란 '독해 가능성'을 말하는 것인데, 좀 더 세련된 우리말로 바꾸어 말하면 '읽는 보람'이라고 할 수 있습니다.

미디어가 내보내는 '뉴스'라면 속보라는 특질이 최대의 '읽는 보람'입니다. 그래서 '호외'를 발행하고 기자들은 눈에 불을 켜고 '특종'을 찾아다닙니다. 그 대신 문체라든가 수사라든가 논리의 흐름이라는 것은 '뉴스'에서 부차적인 중요성밖에 없습니다.

이 책과 같이 날짜가 오래된 텍스트에는 '속보의 특질'이나 '특종'이 없습니다. '뉴스'로 읽을 경우에는 가치가 한없이 바닥에 가까운 글입니다. 그렇다면 글을 쓰고 나서 몇 년이나 지났는데도 다시 읽을 만한 시사평론 텍스트의 '가독성'이란 무엇일까요?

그 점을 생각하면서 여러분이 이 책을 읽어주었으면 합니다.

그러면 '후기'에서 다시 만납시다.

맨 처음에 실은 글은 연재 칼럼의 집필진과 제목이 바뀌었을 때(2013년 5월 13일) 게재한 것입니다. 어떤 취지의 칼럼인지 좀 힘을 주어 썼습니다. 이 에세이는 글을 전부 '~다, ~이다'로 끝나는 딱딱한 논문의 문체를 구사했기 때문에 그런 점에서도 평소에 뜨뜻미지근한 제 글을 읽던 독자에게는 신선할지 모릅니다.

그러면 '뜨뜻미지근한 우치다'와 '후기'에서 다시 만납시다.

새 연재를 시작하며

이번 주부터 새로운 칼럼을 쓰기로 했다. 글자 수는 동일하지만 제목은 바뀌었다.

5년 전에 왜 '대시민 강좌'라는 제목을 선택했는지를 생각해보았다. 일본어에 '소시민'이라는 어휘가 있기는 하지만 '대시민'이라는 말은 없다. 옛날에 우에키 히토시植木等가 주연한 〈대시민〉이라는 텔레비전 드라마가 있었다. 평범한 샐러리맨이 어떤 계기로 자신의 시민적 책임을 깨닫는다는 이야기였다. 일반인들은 오늘 하루를 어떻게든 무사히 넘기기 위해 있는 힘껏 노력한다. 하지만 가끔은 자식이나 손자 세대에까지 상상의 범위를 넓혀 자신이 지금 해야 할 일을 생각해야 하지 않을까? 각본가는 〈대시민〉이라는 드라마에 이런 생각을 흘려 넣은 것이 아닐까? 나는 우선 이런 함의를 염두에 두고 이런 제목을 붙였다.

〈eyes〉의 눈 네 개 가운데 하나로서 내가 자신에게 부과한 과제는 '될수록 넓은 사정거리 안에서 사물을 보는' 데 최선을 다하는 것이다. 일본 이외의 나라나 지역에서는 사람들이 무엇을 생각하고 무엇을 느끼고 있을까? 머나먼 과거와 머나먼 미래에 사람들은 어떤 식으로 살아갈까? '지금 여기' 이외를 참조 틀로 삼아 '지금 여기'를 고찰할 것이다.

　대중매체는 그런 작업을 하려 들지 않는다. '지금 일어나고 있는 일'의 중요성을 과대평가하는 것은 대중매체의 숙명이다. 취급 상품이 '뉴스'니까 그것도 당연하다. '새로운 것'을 단일적으로 보도하는 것이 대중매체의 존재 이유라고 믿지 않는다면, 신체를 마모시키는 거친 취재는 불가능하다. 그렇지만 그런 이유 때문에 대중매체는 '넓은 시야'에서 사건을 파악하는 것을 기피하는 경향이 있다.

　'넓은 시야'로 파악하면 '새롭다'고 보이는 사건의 대다수는 '과거의 망령' '빌려온 언어' '낡은 의상'의 재사용이라는 것이 알려져 있기 때문이다. 이를 꿰뚫어본 것은 《루이 보나파르트의 브뤼메르 18일》을 쓴 마르크스다. 나는 마르크스의 통찰에 한 표를 던진다.

　딱히 '하늘 아래 새로운 것은 없다'는 냉소주의를 이야기하려는 것이 아니다. 그 반대다. '과거의 망령'이 되살아날 때마다 일일이 야단스럽게 반응하고 싶지 않은 것은 '진실로 전대미문의 일'이 일어날 때 적절하게 놀라고 싶기 때문이다.

　　　　　　　　　　　　　　　　　　　머리말

차례

1 이렇게 살아가도 괜찮을까?

2 구하노라! 어른의 미디어

3 국제사회의 웃음거리가 되다

4 학교는 무엇을 위해 존재하는가?

5 위기에 처한 민주주의를 구하라

6 이 나라에 '어른'은 있는가?

원서 일러두기

- 첫 게재: 《AERA》 2008년 3월 17일~2013년 4월 29일 〈우치다 타츠루의 대시민 강좌〉
  2013년 5월 13일~2014년 8월 25일 〈eyes〉
- 인물의 직함이나 조직 이름은 원칙적으로 게재 당시의 것입니다.
- 〔 〕는 편집부에서 붙인 주, 각 항목 말미의 날짜는 게재호의 발행일입니다.

1

이렇게 살아가도
괜찮을까?

'아무거나 먹을 수 있다'의 중요성

아무거나 먹을 수 있다. 어디에서나 잠들 수 있다. 누구와도 친구가 될 수 있다. 이것이 생존 전략의 3대 원칙이다. 특히 '아무거나 먹을 수 있다'는 것은 살아남기 위해 매우 유용한 자질이다.

현재 식품 행정은 모든 사람이 어떻게 안전한 먹을거리를 확보할까를 목표로 삼는다. 매스컴도 입을 모아 '안전한 식품'을 외치고 있다. 하지만 슬슬 발상의 전환이 필요하지 않을까? 식품업자의 위생의식 저하도 문제지만, 인간의 '먹을 수 있는' 능력 저하가 더욱 심각한 것 같다.

예컨대 우리는 어느 정도의 독이나 부패물을 '먹어도 아무렇지 않은' 튼튼한 소화기관을 갖고 있지 못하다(선조들은 최근까지 그런 능력을 갖추고 있었다). 유효기간을 보지 않더라도 냄새와 맛으로 '먹을 수 없는 것'을 알아낼 수 있는 능력도 거지반 잃어버린 것 같다.

일본의 식문화는 아무래도 유사 이래 번창해온 듯하지만, 빈티지 포도주의 생산연도를 알아맞히는 능력보다는 '먹을 수 있는 것이라면 아무거나 먹을 수 있는' 능력을 함양하는 편이 급선무일 것이다.

현대인의 연약하고 섬세한 소화기라도 견뎌낼 수 있는 안전한 무균 식품을 제조하기 위해 필요한 비용과 '먹을 수 있는 것'과 '먹을 수 없는 것'을 스스로 선별할 줄 아는(좀 과장하면 '먹을 수 없는 것'이라도 먹어버릴 수 있는) 신체를 양성하는 교육의 비용…… 양자를 비교하면 어느 쪽이 비용 대비 효과가 뛰어난지는 생각해볼 것까지도 없다. (2008년 3월 17일)

돈만 있으면 행복해질까?

위키피디아를 보니 나를 '보수파 리버럴' 계열이라고 분류해 놓았다. 격차론에 대해 '돈 따위는 신경 쓰지 않아도 상관없다'는 관점을 취하는 탓인 듯하다. 하지만 나는 딱히 열악한 환경에서 일하는 노동자에게 '그냥 꾹 참고 견디라'고 말하는 것이 아니다. 별 탈 없이 현상을 빠져나오고 싶으면 우선 오기로라도 '돈의 전능성'을 인정하지 않는 편이 낫다는 '마음가짐에 대한 제안'을 했을 뿐이다.

매스컴이 격차에 관해 다룰 때 문제로 삼는 것은 거의 항상 연소득이다. 따라서 매스컴은 격차를 해소하기 위한 방도로서 '가난한 사람에게 더 많은 돈을 줄 것'밖에 제안하지 않는다. 그것은 표면적으로 이치에 닿는 의견으로 보이지만, '돈만 있으면 이 세상 문제를 거의 해결할 수 있다'는 배금주의 이데올로기에 동의한다고 무언중에 서명하는 것이다.

배금주의 이데올로기가 만연한다면 과연 가난한 사람은 더욱 행복해질까? 아니면 더욱 불행해질까? 어느 쪽일까?

당연하게도 나는 젊었을 때 오랫동안 가난을 면치 못했지만, 그런 와중에도 무척 유쾌하게 살았다. 그것은 생활의 불편함을

대세를 따르지 않는 시민들의 생각법

'돈이 없는 것'으로 설명하는 습관이 없었기 때문이다. 젊을 때 내가 살아가기 힘들다고 느낀 이유의 대부분은 내가 무지하거나 정서적으로 미숙하다는 점에서 기인했다. 그런 문제는 돈이 있다고 해서 어떻게 해볼 수는 없는 노릇이다. (2008년 6월 9일)

'기호'가 만드는 '서사'

중산계급의 가정에서 성장해 전문대학을 나와 비정규직이기는 해도 버젓이 취직까지 한 오체 만족*의 청년이 세상의 불행을 한 몸에 짊어진 것처럼 순교자 같은 어조로 자기 이야기를 풀어놓는다. 나는 그의 행동이 이만저만 이상하지 않다. 하루 벌어 하루 사는 연소득 80만 엔의 니카라과 농민은 그가 자기 비하를 하는 이유를 도저히 이해할 수 없을 것이다.

그가 스스로에게 부여한 '약자'라는 규정은 이곳의 사회집단 안에서는 통할지 모르지만, 외부 세계에서는 의미를 띠지 못한다. 그런 것을 우리는 '기호'라고 부른다.

무차별 살인을 저지른 그는 파견 나간 공장에서 작업복이 없어진 것을 해고의 '기호'라고 해석하고 흉악한 범행을 결심했다. 이 사건의 사회적 영향은 이를 '뉴스쇼 독점'으로 다룬 매스컴의 '특별 취급'으로도 헤아릴 수 있다. 그는 자신이 죽이는 대상이 '누구든 상관없었다.' 왜냐하면 그에게 살인은 자신의 메시지를 운반하는 매체에 지나지 않았기 때문이다.

이 사건 전체를 지배하는 것은 '현실에 대한 기호의 압도적 우위성'이다.

그는 자신의 '등급'을 '격차사회의 최하층'이라고 매기고, 자신의 불행은 '다른 사람들이 부당하게 이득을 받아 챙기고 있는' 탓이라는 '서사'를 채용했다. 이 '서사'를 인정한다면 '사회에 대한 복수'를 자제할 논리적 근거는 없어진다.

　　잊어서는 안 되는 점이 있다. 이 '서사'야말로 오랫동안 매스컴과 일부 지식인이 '정치적으로 올바른 격차론'으로 선포해온 것이라는 점이다. (2008년 7월 7일)

● 사지가 멀쩡한 정상인을 말한다. 선천적으로 팔다리가 없는 장애인으로 태어났지만 육체적 한계를 뛰어넘는 도전 의식과 당당함으로 많은 이들에게 감동과 희망을 주었던 오토타케 히로타다 乙武洋匡의 베스트셀러 《오체 불만족》을 패러디한 표현이다. ─옮긴이 주(이하 이 책의 모든 주는 옮긴이의 주다).

　　　　　　　　　　　　　　　　　　　　1 이렇게 살아가도 괜찮을까?

돈을 없애는 두 가지 길

젊은 독자를 대상으로 한 어느 잡지로부터 '돈'에 관한 특집을 꾸미니까 '저금의 효용'에 대해 이야기해달라는 부탁을 받았다(정말이지 나라는 인간은 잡다한 부탁을 받는 물건이로다!). 나는 모 경제 잡지에도 글을 연재하고 있는데 칼럼 제목이 '돈을 없애는 올바른 방법'이다.

'돈을 모으는 방법'에 대해서는 얼토당토않은 대답을 내놓을 수 없는 노릇이다. 그러나 '저금의 무용성'이나 '돈을 없애는 방법'에 관해 말하라고 한다면, 바로 나 자신이 데이터베이스의 보고라고 할 수 있다.

노인들이 나누는 세상 이야기는 실로 종종 누가 어떤 경위로 재산을 다 써버렸는가라는 화제로 향하곤 한다. 아마도 부자의 영락만큼 인생의 교훈으로 가득 찬 사례는 달리 존재하지 않기 때문일 것이다.

오랜 기간 연구를 통해 내가 얻은 앎은 돈을 없애는 데는 두 가지 길이 있다는 점이다. 바로 퇴장退藏과 탕진이 그것이다.

돈을 고스란히 묵혀두는 것을 퇴장이라고 하는 만큼 돈이 남는 것이 아니냐? 이렇게 소박하게 의문을 품는 사람이 있을지도 모른다. 그러나 그것은 짧은 소견이다. 퇴장은 돈을 쓰지 않는 것이니까 돈이 그대로 남는 것은 맞다. 그런데 돈이 남으면 언젠가 누군가 그 사람 대신 돈을 쓴다. 남의 돈을 대신해 쓸 때 우리는 탕진 이외의 사용 방도를 생각해내지 못한다. 따라서 이 두 가지 길은 결국 그게 그거다.

　저축하는 방법도 물론 모르는 바는 아니지만 유감스럽게도 지면이 모자란다. (2008년 9월 1일)

　　　　　　　　　　　　　　　　　　1 이렇게 살아가도 괜찮을까?

'세계의 철학자' 등록 요금은 150달러

'보이스 피싱'이 아직 횡행하는 듯하다.

나한테도 전화가 한 번 왔었다. 유료 사이트에 접속한 요금이 미납 상태니까 빨리 납부하라는 내용이었다.

전화기 너머에서는 "당신 나이가 몇이야? 이렇게 정신이 없어? 인생을 헛살았구먼, 쯧쯧" 하고 설교를 시작하더니 금방 전화를 뚝 끊어버렸다.

비슷한 비즈니스 모델로 '학위 공장Diploma mill'이라는 것이 있다.

박사학위나 석사학위를 파는 장사다.

그런 비슷한 것이었을까. 어느 날 외국의 학회 같은 이름이 적힌 항공우편이 도착했다.

당신은 자랑스럽게도 '2009년도 세계의 철학자' 명단에 등록되었다고 하면서 상장을 보낼 테니까 150달러를 송금하라는 것이었다.

뜻하지 않게 영어 편지를 끝까지 읽어버렸다. 그런데 꽤나 '그럴듯한' 점이 있었다.

150달러라는 미묘한 가격 설정이 인간 심리의 약한 지점을 잘 겨냥했다.

　그 정도라면 만약 상장이 도착하지 않더라도 창피한 마음뿐
이지 경찰에 신고할 만큼 대단한 피해액은 아니다. 만약 상장이
도착하면 벽에 걸어놓고 웃음거리로 삼으면 된다. (2009년 4월 6일)

'밑천'이 없는 시대의 공생 능력

예전에 '결혼 활동'의 무의미함에 대해 논했다. 결혼정보산업의 전략에 호락호락 놀아나는 일은 없어야겠다고 생각했기 때문이다.

물론 결혼 자체를 반대하는 것은 아니다. 시답지 않은 조건을 결혼에 붙이는 데 반대할 뿐이다. 현대 일본에서는 '누구와도 공생할 수 있는 능력'을 귀중한 인간적 자질이라고 여기는 분위기가 손톱만큼도 남아 있지 않은 듯하다. 그것은 바꾸어 말해 '누구와도 결혼할 수 있는 능력'을 말한다.

일본은 무척 몰인정하고 팍팍한 사회가 되어버렸다. 내가 왕년에 팔팔할 때 돈이 없고 일이 없어 힘들어하면(20대에는 거의 그랬는데) 언제나 친척이나 친구, 지역의 동료들이 도움의 손길을 뻗어주었다. '밑천'이 있었다고 할 수 있다. 지금은 한 번의 실패가 지닌 무게가 제법 무겁다. 겨우 한 번 실패했을 뿐인데 직장을 뺏기고 가족과 친구를 잃고 길거리를 헤매는 사람들이 많다. 그만큼 리스크가 높다. '약자는 연대해야 한다'는 자명한 이치를 잊어버렸기 때문이다. 자기 이익의 추구가 우선이고 '밑천'에 드는 수고(약자끼리의 연대)를 꺼리는 탓이다.

대세를 따르지 않는 시민들의 생각법

만약 젊은이가 결혼의 중요성을 깨달은 계기가 '약자는 연대해야 한다'는 인류학적 진리를 재발견했기 때문이라고 한다면, 그것은 바람직한 경향이라고 생각한다. 한정된 자원을 공평하게 함께 나누지 않으면 살아갈 수 없는 시대에는 '공생하는 힘'보다 더 소중한 것이 없기 때문이다. (2009년 5월 25일)

귀찮은 일을 싫어하지 않는 '능력'

그럭저럭 6, 7년 전에 있었던 일이다. 시부야에서 무도인인 고노 요시노리甲野善紀 씨와 베트남 요리를 먹은 적이 있다. 그때 양념 닭튀김을 주문하기로 했다. 메뉴에는 한 접시에 3개라고 적혀 있었다. 일행이 모두 7명이라 개수가 맞지 않았다. 어쩔 수 없이 '세 접시'를 시켰다. 그런데 웨이터 청년이 "일곱 개로 맞추어 드릴 수 있어요" 하고 말했다. 음식을 나르는 솜씨도 좋고 무척 싹싹한 젊은이라고 감탄하던 차에 고노 씨가 불현듯 물었다. "젊은이, 혹시 손님들한테서 '우리 회사에 일하러 오지 않겠는가?' 하는 제안을 받은 적 있지 않아요?" 그 청년은 "예, 한 달에 한 번쯤은 그런 말을 듣는 것 같아요…… 어떻게 아셨어요?" 하고 깜짝 놀란다. 과연 도인이구나! 한눈에 그런 것까지 알아채다니!

주방에 메뉴와 다른 특별 주문을 하려면 그만큼 수고가 든다. 음식 값을 계산할 때도 전자계산기를 두드려 '9분의 7'을 따로 계산해야 한다. 보통 사람은 그런 귀찮은 일을 하지 않는다. 그런 수고를 꺼리지 않는 마음이 그의 행동으로 나타났으리라. 어느 조직에도 현장의 품격을 높이는 것은 '약간 귀찮은 일을 기꺼이 맡는' 그런 사람의 존재다. 괜찮은 장사꾼이라면 그 점을 숙지하고

대세를 따르지 않는 시민들의 생각법

있다. 어디에서 무슨 일을 하든 그런 능력은 눈에 띄기 마련이다. 그가 아직 그 레스토랑에서 일하는지는 알 수 없다. 하지만 어디에 있든 '닭튀김 7개'를 마련해줄 수 있는 그는 틀림없이 '전도' 양양할 것이다. (2009년 6월 22일)

가족의 부실함이라는 '사냥감'

봄이 오면 매스컴에서는 '결혼 활동'이라는 말이 즐비한데, 그것도 요즘에는 좀 시들해진 모양이다(아이고, 지긋지긋하다). 눈 감으면 코 베어갈 업계가 벌써 다음 사냥감으로 옮겨갔기 때문일 것이다. 여하튼 가족의 기능 부실이 비즈니스의 '사냥감'으로 변하는 추세는 피하기 어려운 듯하다.

지금 대기업이 속속 발을 들여놓는 분야는 돌봄 비즈니스, 특히 급성장으로 내달리는 것은 '의료 설비를 갖춘 고령자 전용의 고급 아파트'다. 그것은 베이비붐 세대가 갖고 있는 개인 금융자산 1500조 엔을 겨냥한 사업이다. 부동산이 전혀 팔리지 않는 요즘인데도 우량 물건에는 입주자가 대기하는 사태마저 나오고 있다(퇴실하는 사람이 '나오기'를 기다리는 것이다). 개중에는 '요양소에 들어갈 권리'를 얹어주는 물건도 있다. 스스로 생활하기가 어려워지면 침대 중심으로 생활하는 요양소로 자연스럽게 옮겨갈 수 있는 '권리'가 붙어 있는 것이다. '주차장 이용 권리'처럼 아무렇지 않은 문체로 '요양소에 들어갈 권리'라고 표기해놓은 것을 보고 가슴이 철렁 내려앉았다.

가족이 없더라도, 가족이 좀 부실하더라도, 쾌적하게 지낼 수

대세를 따르지 않는 시민들의 생각법

있는 생활환경을 설계한 사람들은 분명히 필요하고도 유익한 일을 하고 있다고 본다. 나는 그들의 선의를 의심하지 않는다. 그렇지만 가족의 부실함이 계속 이어진다는 것을 전제로 이익을 얻는 비즈니스 모델을 설계한 '대가'는 뜻하지 않은 방식으로 우리 자신에게 돌아올 것 같은 생각이 든다. (2009년 8월 31일)

'일회용'으로 취급하지 않는 직장

경제는 회복하기 시작한 것 같지만 고용 환경은 좀처럼 나아질 조짐이 보이지 않는다.

고용 조정으로 기업의 재무 상태를 관리하는 것은 얼핏 합리적인 듯 보인다. 하지만 그것은 일부 기업이 한정적으로 시행할 경우에 그렇다고 거론할 수 있다. 모든 기업이 장기적으로 채용에 소극적이라면 소비활동이 정체하여 언젠가는 시장이 괴멸할 것이다. 일부가 이익 감소를 견딘다 해도 고용을 확보하지 못하면 장기적 경제활동은 꾸려나갈 수 없다.

그런데 대다수 경영자들은 이익이 감소하더라도 고용을 유지하는 것은 '누군가 다른 사람'이 해야 할 일이고, 자기들은 자기 이익의 확보만 고려하면 된다고 생각한다. 실로 리먼 쇼크*를 겪은 이후 맨 먼저 비정규 고용 노동자의 대량 해고를 단행한 기업은 일본경제단체연합회 소속 회장들이 경영하는 기업들이었다. 이 사실을 통해 추측컨대 오늘날 재계 인사들은 고용 환경의 보전을 자기들이 해야 할 일로 여기지 않는 것 같다.

그러므로 취업 준비 중인 학생들에게는 기업의 고용 전략을 꼼꼼하게 점검한 다음, 취직자리를 선택하라고 충고한다. 노동자를 '일회용'으로 취급함으로써 이익을 확보하는 기업에 입사한다면 여러분은 회사 수익의 떡고물을 얻어먹기도 전에 '일회용' 취급을 받고 버려질 가능성이 높다고 말이다. 그러기보다는 종업원을 키워주고 지켜주는 기업을 찾으라고 가르친다. 근본적으로 온갖 사회활동을 떠받치는 것은 결국 성숙한 시민이 지닌 생활인의 양식이기 때문이다. (2009년 9월 28일)

• 2008년 서브프라임 모기지론(비우량 주택담보 대출)으로 인해 미국의 유명한 투자은행 리먼 브러더스가 파산함으로써 벌어진 세계적 금융 위기를 말한다.

치아 치료에 대한 단상

치아 치료를 시작한 지 3개월쯤 된다. 애초부터 잇몸이 성치 않았는데 앞니가 흔들거려서 치과에 갔더니 "아랫니가 모조리 상했군요" 하고 무서운 선고를 내린다. 치아를 13개 빼고 임플란트를 박았다. 1년에 걸쳐 치조골이 형성되기를 기다렸다가 뼈가 생기면 인공 치아를 심는 대수술이다. 지금은 '뼈 만들기' 단계이기 때문에 아랫니 치열은 전부 의치다.

치과의사의 치료를 싫어하는 사람이 많다. 드릴 기계 소리를 들으면 모골이 송연하다는 사람도 있고, 로렌스 올리비에가 더스틴 호프만의 어금니를 들들 깎아내며 고문하는 영화 〈마라톤 맨〉을 언급하는 사람도 적지 않다(생각해보면 '치과 의사가 고문하는' 장면만 기억하고, 나머지는 잊어버리는 가련한 영화다).

하지만 난 아무렇지도 않은 편이다. 치료 중에 잠이 든 적도 있다. 물론 그만큼 의사의 솜씨가 좋다는 말도 되지만……. 난 신체의 불편함에 대해서는 '나빠진 것은 어쩔 수 없어. 남아 있는 것으로 변통할 수밖에' 하고 금세 체념하는 인간이다. 눈이 나빠지든, 무릎이 시큰거리든, 치아가 흔들거리든 '음, 이렇게 되었군' 하고 차분하게 현상을 받아들이려고 한다.

대세를 따르지 않는 시민들의 생각법

의치로는 딱딱한 음식을 씹을 수 없다. '신석기 시대였다면 벌써 굶어죽었을지도 모르는데 좋은 세상에 태어나 다행이야' 하고 감사하며 살아가는 편이 정신건강에도 좋을 듯하다. (2009년 10월 26일)

인간의 성장 속도는 제각각 다르다

1980년대부터 계속 이어진 성과주의·능력주의 시대가 바야흐로 끝날 모양이다. 종신고용·연공서열 고용 전략을 재평가하는 움직임이 일어나고 있다. 참으로 다행스러운 일이다. 인간의 성장 속도는 제각각 다르다. 출발은 좋지만 후반부에 성장하지 않는 사람도 있고, 처음에 일을 배우는 속도는 느리지만 나중으로 갈수록 더 진가를 발휘하는 사람도 있다. 성과가 나오기까지 과정은 저마다 다르다.

그런데 성과주의·능력주의는 '눈앞에 보이는 성과를 당장 돈으로 보상해주는' 상품 교환 모델을 토대로 삼기 때문에 '기다림'이 불가능하다. 기원을 따지면 '시간은 금'이라는 프랭클린의 말까지 거슬러 올라간다. 이런 사상에 입각하면 '시간을 들인다'는 '손실을 입는다'와 같은 뜻이다. 이것은 참으로 천박한 인간관이라고 하지 않을 수 없다. 오랜 세월을 두고 본다면 인간은 행운이나 성공보다는 오히려 불운이나 환멸을 통해 인간적으로 '성숙'한다는 것을 잊어서는 곤란하다.

종신고용·연공서열의 미덕으로는, 상사가 부하의 근무 성적을 매기지 않아도 된다는 것(이러면 마음이 편하다) 그리고 '자랄 때까지 시간이 걸리는 사람'을 방임해둘 수 있다는 것, 이 두 가지를 꼽을 수 있다. 업무능력이 전혀 없는 젊은이가 '밥만 축내는 인사'인지 '대기만성형 인물'인지는 오랜 시간 두고 보지 않으면 알 수 없다.

지知의 역사를 살펴보면 '젊은 시절 주위에서 웃음거리로 조롱받던' 인간이 대부분의 인류사적 통찰을 이루어냈다는 사실을 알 수 있다. (2010년 2월 22일)

1 이렇게 살아가도 괜찮을까?

직장이라는 문에 자물쇠는 달려 있지 않다

내가 근무하는 여자대학은 여객기 승무원과 여자 아나운서를 활발하게 배출한다. 이런 직종을 동경하는 학생 수는 매년 일정한데, 그들 대다수는 취직을 위해 전문학교에 다닌다. 대학을 다니면서 제2의 학교까지 다니는 것을 난 바람직하다고 생각하지 않는다. 그런 종류의 '빈틈없는 시간 사용법'은 대개 나중에 상쇄되기 마련이기 때문이다.

취직 준비 때문에 정신없이 발을 동동거리는 학생들과 느긋하게 마음먹고 지내는 학생들 중 어느 쪽이 취직률이 높은지는 단언할 수 없다.

알고 지내는 여성 편집자들은 누구나 높은 경쟁률을 뚫고 출판사에 들어갔을 텐데, 어떻게 취직했느냐고 물어보면 '우연히' 지원했다가 합격했다는 경우가 많았다. 취직 준비도 안 하고 설렁설렁 지내다가 "취직은 안 할 셈이냐?" 하는 아버지의 질책을 받고, 그때서야 대학의 취직과를 찾아가서 구인광고란을 보았는데, 우연히 출판사에 지원했더니 몇 백 배의 경쟁률을 뚫고 채용이 되었다는 사람이 있었다. 그녀가 지원한 곳은 그 출판사 한 군데뿐이었다고 한다. '인연'이 닿으면 안달복달하지 않아도 들어갈

대세를 따르지 않는 시민들의 생각법

곳에 들어가는 법이다.

강의를 듣는 학생에게 강의와 면접 시간이 겹치는 곳은 '면접을 봐도 소용없다'고 가르친다. 직장이라는 문에 자물쇠는 달려 있지 않다. 따라서 이쪽에서 문을 비틀어 억지로 열 수 없다. 저쪽에서 문을 열 때 우연히 문 앞에 서 있는 경우를 가리켜 '인연'이라고 말한다. (2010년 5월 3일)

'일하는 능력'과 '영어 능력'

사내 공식 언어를 영어로 교체하는 기업이 늘고 있다. 닛산, 라쿠텐에 이어 유니클로가 사내 공식 언어를 영어로 정하기로 했다. 과연 이들 회사에서는 '일은 못하지만 영어는 잘하는 사람'이 '일은 잘하지만 영어는 못하는 사람'보다 높은 근무 고과를 받을까? 만약 그렇다면 일본 기업의 국제 경쟁력이 높아지는 것일까, 아니면 낮아지는 것일까? 기업 경영자는 한번 생각해봄직하다.

국제공용어의 습득이 필수라는 점에는 나도 이의가 없다. 그러나 비영어권 사람들은 그것이 하필 영어라는 것이 '불공평'하다는 점을 몇 번이고 확인해두어야 한다고 본다.

영어가 국제공용어로 등극한 것은 영국과 미국 두 나라가 연달아 패권국가의 지위에 올랐다는 정치사적 이유 때문이다. 그리고 자국어를 국제공용어로 삼음으로써 그들은 짐작하지도 못한 이익을 얻었다.

지금 영어 화자들은 정치·경제·학술 등 어느 분야에서든 비영어 화자에 비해 압도적으로 이점을 누리고 있다. 모국어밖에 말하지 못하고, 모국에 관해서밖에 알지 못하는 인간일지언정 영어 화자는 '국제인'으로 대접 받을 권리를 주장할 수 있다.

대세를 따르지 않는 시민들의 생각법

우리 비영어 화자는 심각하게 불리한 처지에서 게임을 할 것을 강요받고 있다. 나는 이 비대칭성을 마치 일본의 부끄러움인 것처럼 이야기하는 인간을 도저히 신용하지 못한다. (2010년 7월 19일)

스포츠로서 스모가 상실하는 것

또 다시 불상사가 일어나˚ 오사카 봄 스모 대회大相撲春場所의 개최가 중지되었다. 전통적인 국기國技이자 문부과학성 관할의 공익법인으로서 스모의 역사カ士들은 시민의 모범이 되어야 하거늘, 실로 발칙하기 짝이 없는 사태가 보이기도 하고 들리기도 한다. 솔직하게 말해 나는 스모에 대한 이러한 '근대적인' 이해 방식에 적잖이 거부감을 느낀다.

스모란 무엇일까? 프로스포츠일까? 격투기일까? 구경거리일까? 전통 예능일까? 신성한 제의일까? 스모에는 이런 요소가 다 들어 있다. 그중 어느 것을 빼더라도 스모는 더 이상 스모가 아니다.

기원을 더듬어보면 스모는 사악한 것을 물리치려는 의례였다. 스모 집단은 중세 이래 오랫동안 남다른 생김새와 재주를 지닌 사람들을 품어 안은 떠돌이 예능 집단이었다. 비록 부인하기 어려운 역사적 추세가 있었다고 해도, 그것에서 스포츠맨십이나 시민적 상식을 구하는 것은 '번지수가 틀렸다'는 느낌이 든다. "그렇다면 짬짜미도 도박도 있다는 말이냐?" 하고 눈을 부라리는 사람도 있기 때문에 더 이상은 말하지 않겠다.

그렇지만 스모를 향해 규율의 준수나 투명성이나 NHK가 말하는 '예의바름'을 요구할 때, 스모는 고대부터 계승해온 무언가를 상실할 것이다. 우리는 그것이 무엇인지에 관해 실체적인 언어로 말할 수는 없다. 그러나 그것을 한번 잃어버리면 두 번 다시는 돌이킬 수 없다는 것만큼은 알고 있다. 그런 것은 잃어버려도 아쉬울 것 하나 없다고 한다면 더 할 말은 없지만. (2011년 2월 21일)

● 2010년 스모 선수들의 야구 도박사건에 이어 2011년 초 그 수사과정에서 밝혀진 승부조작 사건을 말한다.

'얼굴'로 이끌 수 없는 조직의 '약함'

하시모토 도루橋本徹 오사카부 지사가 이끄는 오사카유신회는 국가를 제창할 때 기립하라는 의무를 오사카부의 교직원에게 부과한 조례안을 부의회에 제출했다.* 지사는 이것이 사상과 신념의 문제가 아니라 공무원의 규율 준수를 요구하는 조직 운영에 관한 문제라고 설명한다.

이 조례가 일본교직원조합을 붕괴시키기 위한 것이라면 앞뒤는 맞다. 하지만 조직 운영을 위한 조치라는 말을 들으니 기이한 생각이 든다. 부립 고등학교의 교직원 약 9000명 중 올해 입학식에서 기립을 거부한 사람은 38명이다. 고작 38명을 기립시키기 위해 소동을 피우며 조례를 제정하는 것은 '헛짓'이다. 그런데 이 점을 지적하는 사람이 아무도 없다. 정말이지 이해가 가지 않는다.

일반적으로 이런 문제에 대해서는 교장과 교감, 또는 선배 교사가 나서서 "이봐, 자네도 생각하는 바가 있겠지만 내 체면을 좀 세워주면 어떻겠나?" 하는 식으로 눙치면서 '중재'에 나서기 마련이다. 문제는 이런 중재가 더 이상 가능하지 않다는 점이다.

오늘날 일본의 모든 조직 안에는 "내 체면 좀 세워주게"라는 상투적인 말로 부하의 고집스러운 태도를 일시적으로 누그러뜨

대세를 따르지 않는 시민들의 생각법

릴 수 있는 상사가 절멸한 상태다(이것은 동일본 대지진 이후 관저**의 허둥거리는 모습을 보면 잘 알 수 있다).

우리의 조직에는 다양한 사상·종교·이데올로기를 지닌 구성원이 있다. 그들을 구심력 있게 통합할 수 있는 것은 하나의 합의, 즉 '우리 조직에는 고유한 소명이 있고, 그것을 실현하기 위해 구성원은 최대한 노력해야 한다'는 사회계약만큼은 모두들 합의하고 있기 때문이다.

"잠자코 내가 하는 말 좀 들어줘"라는 한마디로 이의나 반대를 일시적으로 정지시킬 수 있는 것은 왜인가? 그것은 그 사람이 '우리는 무엇을 위해 여기에 있고, 무엇을 위해 이 일을 하는가?'라는 근본적인 소명을 누구보다도 깊이 이해하기 때문이다. 그리고 그가 누구보다도 무거운 책무를 지고 있다는 점에 아무도 이의가 없기 때문이다.

실천적으로 유연한 조직은 하나같이 "이것만큼은 내 체면을 좀 세워주게"하는 한마디로 논란을 무마할 수 있는 인간을 요직에 배치한다. '법을 지키지 않는 공무원' 같은 개인의 자질 문제가 아니다. '조례에 의해 벌칙을 규정해놓지 않으면 부하를 명령에 따르도록 할 수 없는 상사들밖에 없는' 조직의 문제다. (2011년 6월 6일)

• 일제시대 사실상 일본 국가였던 기미가요는 패전 후 군국주의의 상징으로 여겨져 오랫동안 제창하지 않았다. 1999년 법 제정을 통해 비로소 공식 국가가 되었고, 교육 현장 등에서 제창을 의무화함으로써 여전히 이를 비판하고 거부하는 사람들과 갈등을 빚고 있다.
•• 일본 총리대신의 거처. 나아가 일본정부를 가리킨다.

1 이렇게 살아가도 괜찮을까?

'식객'이 머물 곳이 없다

'계명구도鷄鳴狗盜'라는 고사성어가 있다. 그다지 쓰이지 않는 말이기 때문에 '계명구도'라는 말을 들어도 한자어를 금방 떠올리지 못하는 사람이 많을 것이다.

중국 전국시대에 맹상군孟嘗君이라는 군자가 있었다. 재주 있는 사람을 후하게 대접했기 때문에 방방곡곡에서 식객이 모여들었는데 그 수가 수천 명에 이르렀다고 한다. 개중에는 무슨 쓸모가 있는지 알 수 없는 특기를 가진 사람도 있었다. 맹상군이 정변에 휩쓸렸을 때 그를 구해준 것은 '도둑질 전문가'와 '닭 울음소리 흉내를 잘 내는 사람'이었다. 어떤 재능이 어떤 상황에서 쓸모가 있는지 알 수 없다는 것이 이 고사성어의 교훈이다.

맹상군의 일화가 요즘 세상에 알려지지 않은 까닭은 현대 일본사회에서 '식객'이라는 말도, '무슨 쓸모가 있는지 알 수 없는 이상한 재주'라는 개념도 돌이켜보는 일이 없어졌기 때문이다.

우리 사회에서 생계를 유지하려는 사람에게 우선 요구하는 바는 '누구나 할 수 있는 일을 해내는 능력'이다. 우리 사회는 '남들과 같이' 일을 하지 못하면 '밥벌이'를 할 수 없도록 구조화되어 있다. 따라서 젊은 구직자들은 '영어가 가능하다, 엑셀과 파워

대세를 따르지 않는 시민들의 생각법

포인트를 다룰 수 있다, 휴일에도 쉬지 않고 매일 12시간 일할 수 있다, 상사의 명령은 무조건 따르겠다' 같은 서약을 하지 않으면 일자리를 구할 수 없다.

그런데 '모든 사람이 할 수 있는 일을 해내는' 노동자라는 정의는 '얼마든지 교체할 수 있는' 노동자를 뜻한다. 또한 그것은 노동자의 고용 조건을 한없이 낮출 수 있다는 것을 의미한다. 일본의 국민은 모두 다 '같은 일을 할 수 있다면 가장 임금이 낮은 노동자가 좋은 노동자'라는 경영자의 논리에 찬성표를 던졌다.

사람들은 이 논리에 따라 임금 인하, 해고, 생산 거점의 해외 이전 등을 맹렬하게 진척시키고 있다. 경영자가 이것을 원한다는 것은 충분히 이해한다. 그러나 노동자 자신이 다른 노동자의 고용 조건 악화에 동의할 뿐 아니라 환영한다니……. 내게는 일종의 도착倒錯으로만 보일 뿐이다.

오늘날 일본에는 더 이상 '식객'이 머물 곳이 없다. '다른 사람이 대신할 수 없는 재주'에 경의를 표하는 습관도 사라졌다. 그렇지만 대체 가능한 구성원으로만 이루어진 집단이 과연 '계명구도'와 같이 위기를 극복하고 살아남을 수 있을까? (2012년 3월 19일)

요시모토 다카아키는 오직 혼자였다

요시모토 다카아키吉本隆明 선생이 돌아가셨다. 이렇게 쓰고 보니 어쩐지 다른 사람 이야기를 한 것 같이 마음 한구석이 스산하다.

요시모토 다카아키가 죽었다. 차라리 이렇게 쓰는 편이 속편하겠다.

나는 그와 딱 한 번 대담을 나눈 적이 있다. 그때 조용한 목소리로 이야기를 나누는 온화한 노지식인이 '바로 그' 요시모토 다카아키라는 사실이 대담을 마친 마지막 순간까지 익숙하게 받아들여지지 않았다. 그만큼 요시모토 다카아키라는 사상가가 우리 세대에 미친 영향은 더할 나위 없이 심오하고 예리하고 압도적이었다. 우리는 요시모토 다카아키의 언어를 본받아 이야기했고, 요시모토 다카아키의 술어를 사용해 논의했고, "흠, 요시모토 다카아키 책을 읽지 않은 놈이군" 하는 선고를 두려워했다. 어떤 조직이나 당파에도 속하지 않고 요시모토 다카아키는 오로지 혼자 힘으로 한 시대를 '온전히 휘어잡았다'고 말할 수 있을 만한 지적 영향을 발휘했다.

요시모토 다카아키로부터 내가 배운 바는 차마 다 셀 수 없지

대세를 따르지 않는 시민들의 생각법

만, 그중 딱 한 가지를 꼽으라고 한다면 이것이다. 뜻밖으로 들릴지도 모르겠지만, '혼자 힘으로 이룰 수 있는 것 이상을 스스로에게 요구하지 않는' 자제력.

많은 지식인들이 도저히 혼자서는 짊어질 수 없을 것 같은 규모의 사업을 당위인 듯 이야기한다. 그렇게 어마어마한 말을 입 밖에 낼 수 있는 까닭은 '자신과 똑같은 생각을 하는 인간이 자기 말고도 몇 십만, 몇 백만 명 있다'는 것을 무의식적으로 전제하기 때문이다. 그래서 만약 그가 입을 다물어도, 변절해도, 깃발을 팽개치고 도망쳐도, 자기가 '이루어내야 할 사업'은 다른 누군가가 계승해줄 것이라고 생각한다. 그런 생각을 품고 행동하는 인간들만으로 이루어진 조직의 운동은 아무리 정치적으로 올바르더라도, 조직의 강령에 논리적 모순이 없더라도, 풍향이 바뀌어 역풍이 불면 하룻밤에 와해될 것이다.

요시모토 다카아키는 자기 이외의 누구도 상대하지 않았다. 그 이외의 누구도 이야기하지 않는 언어만 선택적으로 이야기했다. 따라서 그 언어는 그가 입을 다물면 세계에서 사라질 뿐 아니라 아무도 재생하는 것이 불가능했다.

"내가 쓰러지면 하나의 직접성이 쓰러진다."

이 자부심과 책임감이 요시모토 다카아키의 언어에 다른 사람과 비견할 수 없을 만큼의 무게감을 실어주었다. (2012년 4월 2일)

1 이렇게 살아가도 괜찮을까?

잘못을 타박할 때는 '조심스레'

종군위안부를 둘러싼 발언으로 물의를 일으킨* 오사카 시장 하시모토 도루는 일본외국특파원협회에서 나눈 질의응답을 통해, 매스컴이 "본래적인 나의 이념이나 가치관과 정반대인 인물상, 정치가상"을 유포시켰다는 '오보설'에 기대어 사태를 진정시키려고 했다.

이번 일뿐 아니라 요즈음 정치적 실언 때문에 비난 받은 사람들이 문제를 일으킨 발언을 가리켜 '앞뒤 문맥을 잘라내 인용한 것' '진의를 이해하지 못한 것'이라고 변명하는 장면을 종종 목격한다. '오해를 불러일으킬 수도 있는 발언'은 자신의 잘못이지만 '오해'라는 결과는 해석자의 잘못이라는 뜻이다. '나도 나쁘지만 너도 나쁘다. 자, 다 나쁘니까 누구도 나를 비난할 자격이 없다.' 이런 식으로 너저분하고 비열하게 나온다.

이 논법은 오늘날 처음 출현한 것이 아니다. 이 논법의 기원은 예수가 간음을 저지른 여인에게 돌을 던져야 하느냐, 던지지 말아야 하느냐 하는 질문을 받았을 때 대중에게 던진 말이다.

"너희 가운데 죄 없는 자가 먼저 저 여자에게 돌을 던져라."

《요한복음》8장 7절)

대세를 따르지 않는 시민들의 생각법

이 말을 들은 사람들은 예수를 홀로 남기고 그 자리를 떠나 갔다.

이는 아마도 옛날부터 전해 내려오는 말일 것이다. 역사적 풍설을 견뎌낸 만큼 반론하기 어려운 논리다. 그러나 예수는 '논쟁에 종지부를 찍기' 위해 이 말을 입에 담은 것이 아니라는 점을 주의하기 바란다. 그는 '답이 없는 물음'에 밑줄을 긋기 위해 이 말을 한 것이다.

정도의 차이는 있을지언정 우리는 죄인이다. 죄인에게 다른 죄인을 비난할 권리가 있을까? 아니, 누구라도 타인의 잘못을 추궁할 권리는 없다. 하지만 그것이 '공평함'이라고 여긴다면 죄인은 제멋대로 날뛸 것이고, 결과적으로 '힘센 죄인'이 '힘없는 죄인'을 먹잇감으로 삼는 야생 세계가 도래할 따름이다. 그것을 '공평함의 실현'이라고 부를 수는 없다.

이렇듯 어려운 물음에 내가 준비해놓은 경험적인 답은 '남의 잘못을 질책할 때는 나를 돌아보고, 조심스레, 머뭇머뭇하며 이야기하도록' 최선을 다한다는 것이다. 타인의 잘못을 비난할 때, 내가 옳다는 것을 주장할 때, 말주변이 좋은 인간을 나는 믿지 않는다. (2013년 6월 10일)

• 하시모토 도루는 "전쟁 상황에서 일본군에게 위안부 제도는 필요했다. 당시 세계 각국도 위안부 제도를 갖고 있었다. 일본이 위안부를 강제 납치해 일하게 했다는 확실한 증거는 없다"는 망언 등으로 국내외로부터 호된 비판을 받았다.

1 이렇게 살아가도 괜찮을까?

양키 같은 삶의 방식을 그만두라

어느 잡지로부터 '양키*와 엘리트로 나뉘는 양극화 추세'에 대한 언급을 부탁받았다. 일본인의 '양키화'는 이미 몇몇 식자들이 지적하고 있는 그대로다. '양키'란 반지성주의와 반교양주의라는 기치를 높이 내거는 사람들을 말한다. 권력과 재화에는 흥미를 갖지만 문화자본에는 관심이 없는 사람들이다. 동질적인 집단과는 깊은 친밀함을 유지하고, 똑같은 복장, 똑같은 언어, 똑같은 생활문화를 공유하지만, 이질적인 집단에는(특히 고급문화와 외국인에 대해서는) 적대감을 품는 사람들이다.

요시모토 다카아키는 일찍이 '지식인'에 대하여 '대중'이라는 대항 개념을 제시한 적이 있다. 그는 공허한 정론을 싫어하고, 생활감각을 바탕으로 굳건히 땅에 발을 디디고 정치판단을 내리는 '대중'의 비평성을 높이 평가했다. 그러나 요시모토 다카아키가 말한 '대중'과 '양키'는 꽤나 동떨어져 있다.

'대중'이 딛고 서 있는 리얼리티는 일상의 노동, 친족이나 지역사회와 맺는 강한 유대, 나아가 '장인 기질'이나 '장사꾼의 길' 같은 전근대적인 에토스ethos**다. '양키'는 그렇지 않다. 그들에게 임노동은 본질적으로 고역이다. 따라서 최소한의 노력으로 최대한의 이익을 가져다주는 비용 대비 효과가 좋은 삶의 방식을 '현명하다'고 여긴다. 그들은 '취미와 이익을 다 취하는 일'이나 '자신의 재능을 살리는 일', 즉 노력과 보상 사이의 '교환 비율'이 최고인 삶의 방식에 매달린다.

그들은 '내가 마음먹고 잘하려고만 하면 이런 것쯤 누워서 떡 먹기야' 하고 내심으로 스스로를 타이르지만, 점차 늙어가는 자신의 모습을 보면 상당히 삶의 위기를 느낀다. 이는 '양키'가 스스로를 생산자가 아니라 소비자로 규정하고 있기 때문이다. 이렇게 보면 그들의 사고방식이 지닌 논리가 눈에 보인다. 최소한의 화폐로 최고 가치의 상품을 손에 넣는 자가 소비자의 마인드로 보면 '승자'로 여겨지는 것이다. '현명한' 소비자가 1엔이라도 더 값싼 상품을 찾아 하루를 공치는 것을 아까워하지 않는 것과 마찬가지로, '양키'는 최소한의 자기 노력으로 가치 있는 것을 손에 넣는 '지름길'을 발견할 때까지 아무리 시간을 낭비해도 아까워하지 않는다. 가엾게도 오늘날 일본에는 '이러한 삶의 방식을 그만두라'고 충고하는 사람을 찾아볼 수 없다. (2013년 11월 4일)

• '양키'는 원래 미국 문화를 추종하는 불량배를 낮춰 부르는 말이었으나 여기서는 최근 일본 젊은 세대의 한 트렌드를 가리킨다. 저학력·저소득, 낮은 문화적 소양과 높은 소비욕구를 특징으로 드러내는 이들은 대도시로 나가 출세하겠다는 목표의식 없이 고향에서 저임금 비정규직에 만족한다. 또한 기대치를 낮추고 현실에 안주하면서 저금은커녕 가진 돈을 다 써버린다. 이 젊은이들은 최근 새로운 경제소비의 주역으로 주목받는 동시에 보수우경화 정권의 주요 지지층으로 부상하고 있다.
•• 성격·관습을 의미하는 그리스어에서 유래한 철학 용어. 사람의 특징적인 성질이나 태도를 말하는 에토스는 예술의 감정적 요소인 파토스pathos와 대립되는 개념이다.

　　　　　　　　　　　　　　　1 이렇게 살아가도 괜찮을까?

2

구하노라!
어른의 미디어

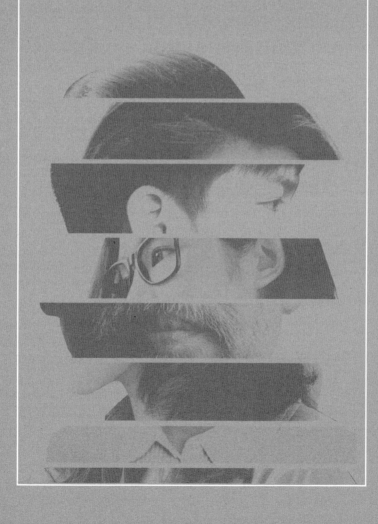

'익명의 악의'에는 대꾸하지 말 것

홈페이지의 시대를 열고 난 뒤부터 그럭저럭 7, 8년 동안 인터넷에 일기를 쓰고 있다. 댓글 비방으로 인해 모락모락 연기가 피어오른 적은 있지만 아직 불타오른 적은 없다.

이유는 아주 단순하다. 어떤 비판에도 반론하지 않기 때문이다(이것은 일반 미디어의 비판에 대해서도 마찬가지다).

인터넷을 통한 악플 대책은 일반적인 불끄기 작전과 동일하다. 산소를 공급하지 않는 것이다. '산소'란 반론을 말한다. 상대는 반론을 바라고 있다. 그래서 일부러 틈을 만들며 논리 파탄과 사실 무근을 포함한 비판을 퍼붓는 것이다. 이것이 '떡밥'이다. 상대는 만반의 준비를 갖추고 "흥, 바보 같은 소리!" 하고 반응하기를 고대한다.

모든 커뮤니케이션은 불가피하게 독을 분비한다. 이는 불가피하다. 독을 제거하고 대화의 자리를 무균 상태로 유지하는 일은 불가능하다. 독의 피해를 최소한으로 제어하는 방법을 침착한 자세로 기술적으로 궁리하는 수밖에 없다.

나는 익명의 비판에 결코 응답하지 않는다. 가능하면 매도하는 말이나 냉소를 많은 독자 앞에 잠자코 내어둔다. 블로그의 경우 시간이 흐르면 화제가 바뀌고, 댓글로 쓴 비판의 말은 시사성을 잃는다. 동시에 그곳에는 글쓴이의 초조함과 굶주림만 죽은 짐승의 해골처럼 남을 뿐이다.

　익명의 악의가 얼마나 추악한 것인가를 은폐하거나 제거하지 않고 만천하에 드러내놓는 것이 더욱 교화적인 의미를 지닌다고 나는 생각한다. (2008년 4월 14일)

라디오는 복권 중

벌써 뚜렷하게 느끼고 있는 사람도 있겠지만, 택시 운전기사 중에는 어떤 화제에 대해서도 명쾌한 지론을 피력하는 사람이 많다. 정치 문제든 인물평이든 옳고 그름을 가리는 데 주저함이 없다. 이것은 그들이 하루 종일 라디오를 듣고 있는 실정과 연관이 있다고 생각한다. 라디오의 청취자는 정치·경제부터 스포츠·연예까지 폭넓은 지식을 갖추고 있다. 특히 외국인의 이름을 통째로 외울 수 있다는 점이 두드러진 특징이다.

불경기가 계속되는 가운데 텔레비전·신문·출판·광고 업계는 전쟁터에서 눈물겨운 퇴각을 강요당하고 있다. 그에 비해 라디오는 쌩쌩하다. 그것은 라디오의 제작비가 엄청나게 저렴하기 때문이다. 라디오는 제작에든 방송에든 별로 돈이나 품이 들지 않는다. 연말에 녹음하러 우리 집에 온 라디오 스태프는 단 두 명이었다. 고타쓰(탁자 난로)에 둘러앉아 차를 홀짝거리다 보니 어느덧 녹음이 끝났다. 종무식 날에도 라디오 녹음이 있었다. 진행표를 한번 훑어보고 나서 커피 한잔 마시고는 바로 녹음을 시작했다. 실로 간편하고 손쉽다.

텔레비전·신문·잡지의 광고 수입이 급격히 감소하여 존립이

대세를 따르지 않는 시민들의 생각법

위태로워진 오늘날, '제작비가 저렴하고 누구나 어디에서든 송수신이 가능한' 손쉬운 라디오가 얼마나 탁월한 대중매체인지 재평가해야 할 것이다. 나는 텔레비전에는 나가지 않지만 라디오에는 출연한다. 가까운 슈퍼마켓에 무를 사러 가는 편안한 옷차림으로 일할 수 있기 때문이다. (2009년 1월 26일)

어디에 있을까? 어른의 미디어

현재 《AERA》 잡지에 연재 글을 싣고 있기 때문에 당연히 잡지를 매주 받아보고 있다. 그런데 팔락팔락 잡지를 넘기면서 기운 빠지는 한숨을 쉴 때가 많다. 이 잡지는 30~40대 여성 독자를 대상으로 삼고 있는 것 같은데, 어쩐지 '대상 독자'라는 마케팅 개념 자체가 별 효과가 없어 보인다는 생각이 들기 때문이다.

며칠 전 모 출판사가 잡지의 콘셉트에 관한 조언을 구했다. 편집자는 "어떤 대상에 초점을 맞추면 좋을지……" 하고 물었다. 나는 "그런 식의 사고방식으로는 잘 안 될 텐데……" 하고 냉정하게 대답해버렸다. 연령이나 직업이나 생활권에 따라 사고방식에 각기 일정한 경향이 있다는 것은 사실이다. 그러나 그것을 더더욱 세분화하다 보면 대상을 명확하게 특정한 매체일수록 결과적으로 독자로 상정한 사회집단의 추세(단적으로는 소비 의욕)가 어떠한가에 따라 휘둘릴 수밖에 없다.

사회 변화에 대한 관찰은 확실히 대중매체의 임무일 것이다. 그러나 '관찰'과 '추수追隨'는 다르다. 상대의 변화에 의식을 집중시키는 것을 무도에서는 '이쓰키居着き'라고 말한다. 이는 '반드시 패하는' 구조다. '이렇게 하면 이렇게 반응해야지' 하고 반응 속도

대세를 따르지 않는 시민들의 생각법

와 대응의 강약을 요리조리 재는 동안 자신이 늘 '선수를 빼앗긴다는 것'을 잊어버린다.

　관찰은 하지만 변화의 표층에 사로잡히지 않는 것, 이것이야말로 인간의 생존 전략이 지녀야 할 요체일 것이다. 멀리 보는 눈을 갖고 조용한 어조로 이야기하는 '어른'의 미디어가 어딘가에 존재하지 않을까? 이런 생각이 가끔 든다. (2009년 7월 6일)

● 검도 등에서 상대에 마음이 사로잡혀 임기응변하지 못하는 상태, 즉각 움직일 수 없는 자세 등을 말한다.

　　　　　　　　　　　　　　　　　　　　　2 구하노라! 어른의 미디어

전 세계 독자를 상대로 글쓰기

일본어를 프랑스어로 옮기는 연습을 위해 매일 아침《아사히 신문》의 〈천성인어天聲人語〉라는 코너를 번역한 적이 있었다. 머리를 싸매고 어떻게든 프랑스어로 옮겨보기는 했지만 아마도 프랑스인이 읽으면 무슨 뜻인지 이해하지 못할 것이다. 내용이 비논리적이었기 때문이 아니다. 글쓴이가 자기 글이 외국어 번역으로 읽힐 가능성을 상정하지 않았기 때문이다. '국제성이 없다'고 할 수도 있고, 굳이 긍정적으로 말하자면 '일본어 독자만 상대로 팔아도 충분히 먹고살아갈 수 있다'는 뜻이라고 해석할 수도 있다.

노키아는 처음부터 세계 표준에 맞추어 휴대전화를 설계했다. 핀란드 사람이 유별나게 모험심이 강하기 때문이 아니다. 인구가 530만 명인 핀란드 국내시장을 겨냥한 상품으로는 초기 투자를 회수할 수 없기 때문이다. 우리는 자국어 화자만 상대해도 먹고살아갈 수 있다. 이런 특권을 누리는 나라는 아주 예외적인 소수에 불과하다.

《AERA》잡지를 국제적인 판본으로 낸다면 과연 팔릴까? 유감스럽게도 이대로는 영어판이든 중국어판이든 해외의 수요는 기대할 수 없을 것이다. 내용이 '국내 지향적'이기 때문이 아니다.

아무리 국내 문제라고 해도 해외 독자에게 그것이 지닌 의미와 중요성을 이해시킬 수는 있다. 하지만 그러기 위해서는 왜 그 문제가 우리에게 절박한지, 그 문제를 둘러싼 '문맥'을 국제공통의 논리와 어법으로 제시해야 한다. 우리가 게으름을 피우고 있는 것은 바로 이러한 작업이다. (2009년 11월 9일)

취재를 잘하는 사람의 대화법

나는 공저한 책이 많다. 대담집도 아주 많다. 혼자 낸 책보다 더 많을지도 모른다. 보기와는 다르게 나는 '남의 말을 잘 듣는 사람'이다.

이야기하기를 좋아하는 사람은 나를 상대로 말하면 더욱 말이 많아지고, 평소에 입이 무거운 사람도 무장을 해제한다. 뿐만 아니라 "이 얘기는 남한테 처음 합니다만……" 하고 입을 떼는 경악스러운 고백도 한두 번 들은 것이 아니다. 왜 그런 일이 일어날까? 그것은 거꾸로 취재당하는 처지에서 생각해보면 이해할 수 있다.

취재를 잘하는 사람은 그다지 말을 하지 않는다. 상대의 의견이나 주장을 숙지하고 질문을 차례로 던진다고 해서 인터뷰 대상이 넙죽넙죽 얘기를 해주는 것이 아니다(보통은 입을 꾹 다문다). "요컨대 우치다 씨는 이런 말이 하고 싶은 것이로군요." 이런 식으로 상대방이 정리를 해주면 점점 더 의기소침해진다. '흥, 그렇게 잘 알고 있으면 물으러 올 필요도 없잖아.' 이런 생각이 든다.

그보다는 "처음으로 듣는 이야기라서 의미를 잘 모르겠고 일단은 놀랐어요." 이렇게 대응하는 것이 훨씬 바람직하다. 그러면 그것이 '마중물'이 되어 상대방은 "음, 그러니까 그게 말이죠……"
하고 정성을 다해 설명하기 시작하기 때문이다.

학생들도 자주 이야기를 하러 온다. 나는 대개 건성으로 듣는
다. 원고를 쓰면서 "응, 그래?" 하며 빈말로 대꾸할 때도 있다. 그
런데도 아무도 화를 내지 않는 것을 보면 아마도 절묘한 타이밍
으로 '이야기의 뜻을 못 알아들어서 의아한 표정을 짓기' 때문이
라고 생각한다(듣고 있지 않기 때문이지만). (2009년 11월 23일)

공중으로 사라지지 않는 '종이책'의 즐거움

조금 있다가 아이패드가 도착한다. 정보 테크놀로지의 진화 덕분에 내가 글쓰기 작업을 지속할 수 있기 때문에 새로운 소도구에는 늘 경의와 관심을 기울이고 있는 편이다.

서적의 전자화 때문에 최대의 수혜를 입은 사람은 학자다. 고서 카탈로그를 보고 주문하고 송금한 뒤 몇 개월 기다렸는데 막상 제목이 다른 책을 받아본 일이 한두 번이 아니다. 이런 쓴맛을 생각할 때 전자도서관은 학자의 꿈이다. 옛날에는 한 권 입수한 희귀본을 연구해 논문을 찔끔찔끔 발표함으로써 겨우 연구업적을 채우는 학자도 있었다. 유학생들도 대부분의 시간을 현지의 어둑어둑하고 쿰쿰한 도서관 안에서 보냈다.

텍스트의 전자화로 인해 자료에 대한 접근 권한이 평등해진다. 외국문학이나 역사의 연구 수준이 한꺼번에 향상될 것이다.

일부 미디어는 전자서적에 의해 출판문화가 위기에 처할 것이라고 보도하는데, 나는 그렇게 생각하지 않는다. 전자서적은 키워드 검색을 통해 접근하기 어려운 대량의 텍스트를 단번에 읽어내기 위해서는 최고의 도구일지언정, 소중한 책을 되풀이하여 꼭꼭 씹듯이 읽고 맛보기 위한 도구는 아니기 때문이다.

대세를 따르지 않는 시민들의 생각법

읽을거리에는 고유한 물성이 있다. 반복적으로 읽는 동안 '손때'가 묻어 책과 독자 사이에 친밀한 '화학반응'이 생겨난다. 전자서적에서는 그것이 '삭제'되고, 공중으로 사라지는 전파 펄스는 그것을 안겨주지 못한다. 그것은 독자가 죽더라도 살아남는 '종이책'만 제공할 수 있는 종류의 즐거움이다. (2010년 6월 7일)

매스미디어와 미들미디어의 온도 차이

정국이 어수선한 가운데 하토야마 유키오鳩山由紀夫가 총리직을 사임하고 간 나오토菅直人가 이끄는 내각이 탄생했다. 오키나와의 미군기지 문제를 잘못 처리하여 지지율이 급락하자 이래서는 민주당이 참의원* 선거를 제대로 치를 수 없다는 이유로 '표지 갈이'를 했다는 것이 일반적인 시각에 따른 정세 분석이다.

오키나와의 기지 문제는 전후 65년 동안 대미 외교의 '부채'였다. 이렇게까지 문제를 키워온 것은 역대 자민당 정권이다. 따라서 자민당 의원이 후텐마普天間** 문제를 잘못 처리했다고 하토야마 총리를 비판하는 것은 이치에 맞지 않는다고 생각한다. 그런데도 매스컴은 오로지 하토야마 총리의 딸실수만 비난한다. 그리고 '책임을 지고 빨리 사퇴하라'고 마구 손가락질을 한 다음에는 '정권을 내놓는 것은 무책임하다'고 쓴다.

과연, 정권 말기에 매스컴이 보도하는 내각의 지지율은 급락했다. 그러나 한편으로 트위터 같은 '미들미디어middle media'***에서는 매스미디어의 안이하고 비논리적인 보도 자세를 매섭게 비판하는 동시에 오히려 하토야마 총리를 지지한다는 주장이 자주 눈에 띄었다. 매스컴은 '민의'를 전하고 있는 것일까? 아니면 '민의'를 유도하려고 하는 것일까?

　　매스미디어와 미들미디어의 온도 차이가 급속하게 확대되는 중이다. 미들미디어가 전하는 정보와 분석의 신뢰성이 매스미디어보다 높다는 평가가 정착할 때 매스미디어의 역사적 역할은 끝날 것이다. 미디어의 담당자들은 아직 이런 상황의 위기감을 느끼지 못하는 듯하다. (2010년 6월 21일)

● 일본의 입법부인 국회의원의 하나로, 중의원과 함께 국회를 구성한다. 중의원은 하원, 참의원은 상원의 기능을 담당한다.
●● 제2차 세계대전 후 미군이 일본 오키나와 현 기노완宜野湾 시에 건설한 미국 해병대 항공기지를 말한다.
●●● 일본의 저널리스트 후지시로 히로유키藤代裕之가 정의한 개념으로, 원래는 매스미디어와 개인 미디어(블로그, SNS 등) 중간에 존재하는 인터넷 언론을 가리킨다. 미국의 허핑턴포스트, 일본의 J-CAST 뉴스, 가제트통신 등이 대표적이다. 하지만 여기서 저자는 인터넷 커뮤니티, 소셜미디어를 포함한 인터넷 여론 전반을 가리키는 개념으로 폭넓게 쓰고 있다.

뉴스가 되지 않는 이야기

참의원 선거에서 민주당의 대패를 둘러싸고 간 나오토 대표의 책임론이 들끓었고, 매스컴은 '오자와° 파의 역습'이라고 장단을 맞추고 있다. 가을에 있을 대표 선거까지 당내의 혼란이 계속될 것이다. 정치란 본래 그런 것인 만큼 어쩔 수 없기는 하지만, 매스컴이 정국의 혼란을 '기뻐하는' 듯이 보이는 상황이 좀 마음에 걸린다.

매스컴이 정치를 언급할 때 구사하는 어법은 두 종류밖에 없다. '문제점을 왈가왈부하는 것'과 '변화를 촉구하는 것'이다. 매스컴이 통치 시스템에 대해 '제대로 기능하지 않는' 점만 선택적으로 언급하는 행태에는 이미 익숙해져버렸지만, 곰곰이 생각하면 이는 상당히 부자연스럽다. 왜냐하면 우리의 통치 시스템 중에는 순조롭게 기능하는 부분도 있고 현장에서 기울이는 노력으로 간신히 버티고 있는 곳도 있기 때문이다. 그런 부분에 대해 매스컴이 '감사'하거나 '지원'하려는 태도를 나타내도 좋을 것이다. 그런데도 매스컴에는 그런 부분을 둘러싼 화제가 등장하지 않는다. 필시 시스템이 제대로 기능한다는 이야기는 '뉴스'가 되지 않기 때문일 것이다.

대세를 따르지 않는 시민들의 생각법

예부터 '고복격양鼓腹擊壤**의 백성'은 세상이 끊임없이 변화하는 쪽보다는 변화하지 않는 쪽에서 많은 이익을 끌어내는 법이다. 아무도 말을 하지 않으니 대신해서 짚어두는데, 그 점에서 매스컴과 시민의 이익은 서로 양립할 수 없다. (2010년 8월 16일)

• 당 대표 경선에서 간 나오토에게 패했지만 여전히 막후 실세였던 전 민주당 대표 오자와 이치로小沢一郎를 가리킨다.
•• 중국의 요임금 때 한 노인이 배를 두드리고 땅을 치면서 요임금의 덕을 찬양하고 태평성대를 즐겼다는 일에서 나온 말. 태평성대를 누린다는 뜻이다.

2 구하노라! 어른의 미디어

오프더레코드와 신문사의 종말

마쓰모토 류松本龍* 초대 부흥청* 장관이 피해 지역의 지사들에
게 '폭언'**을 했다는 이유로 겨우 아흐레 만에 사임했다. 신문사
들은 일제히 '사임은 당연하다'고 보도했다. 하지만 발언 직후에
장관이 지사들을 탐방했다고 보도한 전국지 가운데 '사임에 해당
하는 실책을 저질렀다'고 쓴 것은 내가 본 바로 한 곳밖에 없었다.
하루 만에 텔레비전과 유튜브 영상으로 실제 발언을 보고 들끓은
여론을 신문들이 그대로 따랐던 것이다. 신문사들은 이러한 태도
를 부끄러워해야 한다고 생각한다.

장관의 '폭언'은 이렇게 끝을 맺었다. "마지막 말은 오프더레
코드입니다. 여러분, 알겠어요? 이 말을 쓰면 그 신문사는 끝장이
에요." 정치가가 취재 중에 오프더레코드를 부탁하는 일은 자주
있는 편이다. '여기에서만 하는 이야기'라는 형식으로 양질의 정
보를 입수할 수 있다면, 그 결과 기사의 깊이와 폭이 향상된다면,
독자는 이익을 얻을 수 있다. 그런 점에서 오프더레코드는 조금
도 비난받아야 할 일이 아니다. 오프더레코드의 가부를 판단하는
기준은 하나밖에 없다. '그것을 독자에게 보도하지 않음으로써 결
과적으로 독자가 이익을 얻는 정보'가 들어 있느냐 아니냐 하는

것뿐이다.

그런데 장관이 오프더레코드를 지시한 '마지막 말'이란 지사들을 향해 한 "제대로 일하시오"였다. 왜 이 말을 오프더레코드로 해야 했던가? 누구도 그 까닭을 알 수 없을 것이다. '제대로 일하시오'라는 격려의 메시지에는 비밀로 감추어야 할 어떤 함의도 없기 때문이다. 그전에도 장관은 그보다 훨씬 '위험한' 발언을 몇 번이나 입에 담았다. 반면 이번에 오프더레코드로 지정한 말은 '아무런 위험성이 없는 발언'이었다. 도대체 장관은 무엇을 위해 그렇게 한 것일까?

생각해봄직한 해석은 하나밖에 없다. 그는 실로 사실 인지의 측면에서는 무의미한 발언을 오프더레코드로 지시함으로써 '이 자리를 총괄하고 있는 사람은 누구인가?'를 명확하게 짚어놓고 싶었던 것이다. '무의미한 명령을 할 수 있는 사람'을 권력자라고 부른다는 것을 그는 숙지하고 있었다. 다음날 전국지의 대다수는 그의 명령에 따랐고, 신문에 대한 우리의 신뢰는 또다시 깊은 상처를 입었다. 그가 예언한 대로 몇몇 신문사는 앞당겨 '끝장'이 나버렸다. (2011년 7월 18일)

• 동일본 대지진의 피해지역 복구와 재건을 총괄할 목적으로 2012년 신설되어 지진 10주년인 2021년까지 한시적으로 활동한 뒤 해산 예정인 기관이다.
•• 마쓰모토는 미야기현을 방문해서는 지사가 자신을 기다리게 했다며 악수를 거부하고 호통을 치는가 하면, 이와테현 지사와 만난 자리에서는 "(부흥의) 지혜를 내지 못하는 '녀석'은 도울 수 없다"는 등의 막말로 물의를 빚었다.

2 구하노라! 어른의 미디어

'쿨한' 저널리스트의 착각

《아사히신문》의 지면심의회 위원을 〔2011년〕 4월부터 맡고 있다〔2013년 3월까지〕. 이 제도는 지면에 대해 사외 인사로부터 '기탄 없는 고견'을 청취하기 위한 것이다. 위원들이 기자나 논설위원을 불러 '가식 없이 솔직하게' 지면을 비판한다. 그 자리에서 한 가지 마음에 걸리는 것이 있었다.

기자들은 '자기들이 알고 있는 정보'에 근거해 기사를 쓴다(또는 쓰지 않는다). 그 경우 어째서 '그런 식으로 썼는가?' 또는 어째서 '이것을 다루지 않았는가?' 하는 기사의 취사선택에 대해서는 일반적으로 설명하지 않는다.

다행스럽게도 심의회 위원은 그런 점을 따져 물어볼 수 있다. 그리고 확실하게 설득력 있는 설명을 듣는다. 과연 그렇게 듣고 나면 그런 식으로 글을 쓰는 것이 그럴 법하다는 생각이 들곤 한다. 우리 지면심사회의 위원 4명은 이러한 설명 덕분에 의문을 풀 수 있었지만, 일반 독자 800만 명에게는 그럴 기회가 없다. 사정을 알지 못하면 독자들은 스스로 '이야기'를 지어내는 수밖에 없다.

신문들은 마쓰모토 류 전 부흥청 장관의 '폭언'을 소극적으로

만 보도했다. 텔레비전 영상 등을 직접 본 수많은 독자는 '매체가 강압적인 정치가의 공갈에 굴복했다'는 '서사'를 적용해서 그 사정을 이해했다(나도 그렇게 했다).

그러나 실제로 취재에 임한 기자들은 '그때까지 영향력이 미미한 정치가가 갑자기 어깨에 힘을 주고 나섰다'는 점을 '병적'이라고 진단하고, 그 사태를 '딱히 정치적 의미가 없는 사소한 사건'으로 판단했던 듯하다. 실로 사임 후 장관 본인의 사이트에는 '병'이라는 자평이 실려 있고, "그러니까 그런 정도로 끝나서 다행이었다"고 설명한다. 그래도 부자연스러움은 지워지지 않는다.

사실상 보도를 어떻게 해석하든 그것은 독자의 자유다. 사정을 알지 못한 탓에 잘못 해석을 내린다 해도, 그런 연유로 어떤 '유언비어'가 퍼진다고 해도, 매스컴이 그것을 '정정할 의무'는 없다.

이러한 사고방식에도 일리는 있을 것이다. 그러나 기사의 데이터나 자료에 의한 근거에 대해서는 충분히 주의를 기울이는 반면, 그것이 '어떤 문맥으로 읽힐 것인가'에 대해서는 부차적인 관심밖에 가지지 않는 '쿨한' 저널리스트의 마음가짐을 도저히 이해할 수 없다. (2011년 8월 1일)

2 구하노라! 어른의 미디어

'사람을 알아보는 눈'을 잃다

이시노마키시石巻市의 재해자원봉사센터에서 의사 면허가 없는 인물이 의료 행위를 했다고 한다.《아사히신문》은 '히토ひと' 란에서 이 남성을 캐나다 대학병원 소속의 '소아 구명 구급 의사'라고 소개했는데, 외부로부터 사칭이 아니냐는 지적을 받고 이틀 후 기사를 삭제했다. 이 사건에는 일본 매스컴의 본질적인 약점이 드러나 있다고 생각한다.

그것은 바로 저널리스트에게 '사람을 알아보는 눈'이 없어졌다는 점이다. 취재할 때마다 기자들 앞에는 다양한 인물이 등장해 다양한 말을 한다. 대부분의 말에는 주관성과 편향성이 내포된다(개중에는 명명백백하게 과장과 허위가 들어 있다). 따라서 보도를 본업으로 삼는 사람에게 가장 필요한 자질은 자기들에게 들려주는 이야기 속 진실 함유량을 담담하게 저울질하는 능력이다.

그러나 이러한 능력은 입학시험이나 취직시험으로 검증할 수 있는 것이 아니다. 수험 과목에도 없고, 대학에서도 가르쳐주지 않는다(애초에 교사나 상사는 젊은이들이 그런 능력의 소유자이기를 진심으로 바라지는 않는다).

그 결과 우리 사회에는 '사람을 알아보는 눈'을 가진 사람이 절멸 위기에 처해 있다.

'사람을 알아보는 눈'이란 말하는 내용의 시시비비는 판단할 수 없더라도 '이 사람이 하는 말이라면 믿어도 좋다'고 판단할 수 있는 능력을 가리킨다. 또는 이야기의 앞뒤는 맞아떨어지더라도 '이 사람을 믿어서는 안 된다'고 직감할 수 있는 힘을 가리킨다.

선구적인 감별 행위에 의해 우리는 다양한 범죄나 업무상의 실수를 미연에 방지하고, 사회적 비용을 억제한다. 하지만 이 능력에는 눈에 보이는 증거가 존재하지 않는다. '사람을 알아보는 눈이 있는 인간'에게 당장은 '아무 일도 일어나지 않기' 때문이다. 이해할 수 없는 일이지만, 일본사회는 '예방 차원에서 불길한 생각이 들 때 회피하는 힘'의 가치를 제로로 평가한다. 위기 상황에 처할 때는 이 능력의 유무가 종종 삶과 죽음을 가르는데도 말이다.

《아사히신문》말고도 여러 다른 매스컴도 이 돌팔이 의사에게 속았다. '타사가 다루었다는 사실' 자체가 취재 대상의 신원 보증을 대신해줄 수 있다고 믿는다면 매스컴은 실로 위기 상황에 빠져 있다고 할 수 있다. (2011년 8월 29일)

2 구하노라! 어른의 미디어

'여론의 평준화'로 얻은 것과 잃은 것

후쿠시마의 원자력발전소 주변 지역을 시찰하고 난 하치로 요시오鉢呂吉雄 경제산업성 장관이 기자회견을 통해 "사람 하나 없는 '죽음의 마을'이었다"고 말하고, 또 보도진 중 한 사람에게 방재복을 문지르며 "방사능을 옮겨주겠다"고 발언했다. 이 발언이 물의를 일으켜 하치로 장관은 재임 9일 만에 사임했다. 각 신문은 '사임해 마땅하다'고 주장했다. 한편, 원자력발전 추진파와 매스컴이 그의 실언을 꼬투리 잡아 원자력발전 반대 노선을 추진하는 경제산업성 장관을 '함정에 빠뜨렸다'는 모략설이 인터넷을 통해 퍼져나가고 있다.

동일한 정치적 사안에 대해 신문사설과 인터넷 여론이 이토록 편차를 보이는 일은 보기 드물다. 진실은 무엇일까? 문외한인 내가 알 도리는 없다. 원자력발전소 사고가 일어난 이래, 신문·텔레비전이 조성하는 여론과 인터넷의 여론이 무슨 일이 있을 때마다 대립하기 시작한 것은 틀림없는 사실이다. 나는 이것을 위기의 징후라고 본다.

일본은 언론에 대해 오랫동안 '전 국민 중도층'의 상태였다. 발행 부수가 수백만 부에 달하는 몇몇 전국지 사설 속에 좌에서

대세를 따르지 않는 시민들의 생각법

우까지 정치적 의견이 거의 다 포섭되어 있었기 때문이다. 이 같은 언론의 '일률적인 늘어서기'가 어떤 지적 정체를 낳은 것은 사실이다.

그러나 거꾸로 말하면 '국론의 분열'이라는 정치적 긴장을 회피해왔다는 뜻이기도 하다. '여론의 표준화', 좀 정 떨어지게 말하면 '여론의 평준화'가 전후 일본의 안전과 번영에 지대한 공헌을 했다는 것을 우리는 잊어버리기 쉽다. 선진국 가운데 테러도 없고, 관용 없는 이데올로기의 대립도 없고, 거리에서 시민끼리 부딪치는 유혈 충돌도 없는 나라는 매우 드물다. 그렇지만 그 상태가 앞으로도 계속될지 아닐지, 나는 확신할 수 없다.

신문 사설과 인터넷 여론 사이에는 논쟁도 없고 대화도 없다. 그것을 위한 플랫폼이 존재하지 않기 때문이다. 따라서 타협점을 찾을 수도 없고, 합의를 형성할 수도 없다. 그리고 쌍방이 다른 쪽을 쳐다본 채 '이 지경이 되어버린 것은 네 책임'이라고 생각한다.

매스컴이 양성하는 여론과 인터넷 여론의 격차가 일정한 한도 이상으로 벌어질 때, 많은 사람들은 어느 한쪽을 선택하지 않을 수 없을 것이다. 그것은 전후 일본이 일찍이 경험해본 적 없는 '국론의 분열'일 것이다. (2011년 9월 26일)

매스컴은 '공룡과 같은 작업'에 임하라

오자와 이치로 씨의 비서들에 대한 재판의 판결을 둘러싸고 매스컴 여론과 인터넷 여론의 괴리가 매우 극심하다. 내가 인터넷에서 팔로우하는 사람은 100명이 채 안 된다. 그런데 그들의 트윗와 리트윗을 보면, 이번 판결〔비서 3명이 정치자금 수수 보고서에 거짓을 기재했다고 인정해 유죄 판결을 받았다〕을 타당하다고 생각하고 오자와 씨가 책임을 지고 물러나야 한다고 한 것은 하나도 없었다. 한편, 전국지의 사설은 하나같이 보조를 맞추어 오자와 씨에게 퇴진 '결단'을 요구했다. 매스컴과 인터넷의 여론 격차는 차츰차츰 위험 수위에 접근하고 있다.

매스컴에는 '타성'이 있다. 정치적 이슈에 대한 기존의 주장을 하루아침에 바꿀 수는 없다(딱히 독자가 요구하는 바가 아닌데도 신문사 자신은 자신의 주장을 바꾸는 것을 부끄러운 일이라고 생각한다). 한편, 인터넷을 통한 발신자들은 그때마다 입력되는 정보에 즉시 반응하면서 동일 사안에 대해 찬반의 태도를 바꾸는 것에 심리적으로 저항을 느끼지 않는다. 어제는 '예스'였지만 하룻밤 지나 다른 정보를 접했으니까 '노'로 전향한다. 그렇다고 '식언'이라고 따지는 사람이 인터넷상에는 없다.

대세를 따르지 않는 시민들의 생각법

지금 일어나는 사태는 이제까지 우리 사회가 이야기하던 '속보'와는 다른 차원의 상황이다. 달리는 방향(즉 정보에 대한 평가)을 급전환할 수 있는 미디어와 그렇게 할 수 없는 미디어의 차이가 두드러지고 있는 것이다. '매스컴이 조성하는 여론'과 '인터넷이 조성하는 여론'의 관계는 점차 백악기의 거대 공룡과 작은 포유류의 관계와 비슷해지고 있다.

　　오해하지 않았으면 하는데, 나는 원리주의에 입각해 "매스컴은 더 이상 진화의 막다른 곳에 도달했기 때문에 역사의 무대에서 사라져야 한다"고 이야기하려는 것이 아니다. 오히려 그 반대다. 공동체의 밑바탕과 관련된 사안에 대해서는 여론이 소란스럽게 급전환하지 않는 편이 낫다. 그러나 이미 재빠른 정보 입력과 날쌔고 정확한 정보 판단은 살아남기 위해 필수요소가 되어버렸다. 더 이상 매스컴은 그러한 작업을 충분히 감당할 수 없다. 매스컴이 담당해야 할 것은 긴 안목으로 국가의 전략을 논의하고 끈끈한 구심력을 발휘하는 '공룡과 같은 작업'이다. 그것은 요로 다케시 선생이 이 지면에서 언급한 바 있는, '반세기 이후의 일'만 생각하는 참의원의 역할과도 통한다. (2011년 10월 10일)

이런 '사소설'을 누가 읽는단 말인가?

어느 신문에서 '정치의 열악화'에 대한 취재를 의뢰했다. 정치가도, 미디어도, 유권자도, 정치과정 전체가 열악해지는 듯이 보인다고 말했더니 기자는 슬픈 듯 고개를 끄덕였다.

정치가와 유권자와 미디어는 마치 서로를 비추는 거울과 같은 관계에 놓여 있다. 정치가는 '다음 선거'를 위해 유권자의 지지가 필요하기 때문에 '유권자가 기뻐할 정책'을 제시해야 한다. 정치가를 향한 유권자의 요구가 오직 '내 마음에 드는 것'으로 한정된다면, 정치가가 내미는 정책은 언젠가 한없이 대중 영합적이고 찰나적인 것으로 전락할 수밖에 없다.

미디어는 그러한 정치과정 자체에 대해 '자의식' 또는 '사소설私小說'* 역할을 담당해야 한다고 생각한다. 그런데 미디어가 정치를 이야기할 때 동원하는 언어가 애통할 만큼 빈약하다(이토록 어휘가 빈곤하고 자기 성찰이 부족한 사소설을 누가 읽는단 말인가?).

시민은 미디어를 경유해서만 '정치를 이야기하는 언어'를 손에 넣을 수 있다. 어휘·문법·수사를 비롯해 표정과 음색에 이르기까지 정치 기사, 텔레비전 토크쇼를 통해 그것을 학습한다. 그러므로 미디어가 빈약한 언어밖에 갖지 못하면 자동적으로 시민의 언어도 빈약해진다.

　본래는 시민이 '정치를 이야기하는 생활인의 언어'를 스스로의 힘으로 창출해야만 한다. 지금은 '서민의 생활감각'까지 미디어가 일정한 틀에 맞추어 배포해주기 때문에 사람들은 (그것을 알지 못하고) 주어진 정형의 문장을 읽을 따름이다.

　오늘날 일본의 정치과정이 열악해지는 경향은 단적으로 '언어의 열악화'라는 현상으로 나타난다고 생각한다. 정치를 이야기하는 언어에 '두터움'이 없다. 모든 사안마다 소름이 끼칠 만큼 '나는 100퍼센트 옳고, 내 반대편은 100퍼센트 틀렸다'는 단순하고도 저급한 발언이 되풀이된다. 그런 언어 구사는 외교적인 교섭이나 국제 전략 같은 복잡한 사안에 부절적하기 짝이 없다. 세금·연금·교육 같은 제도에 관한 개혁에 대해서도 마찬가지로 부적절하다. 그렇게 단순한 구문에 매달려 있으면 복잡한 현실을 기술하고 분석하고 대책을 세우는 기안 같은 작업을 진행할 수 없다. 그러나 그 같은 위태로운 사태를 서술할 언어가 없다. (2012년 2월 20일)

• 자신의 경험을 허구화하지 않고 그대로의 모습으로 써나가는 일본 특유의 소설 형식.

'보수'는 없고 '혁신'만 북적거리는 이상함

〔2012년의〕 중의원 선거가 시작되었다. 최대 12정당이 난립해한 치 앞이 보이지 않는 선거전이 되어버렸다 민주당이 정권을내놓을 것은 확실하지만, 자민당이 과반수를 차지하리라고는 보지 않는다. 아베 신조安倍晋三 총재의 국수적인 발언에 국민 각계각층이 점차 불안을 느끼기 시작하는 것 같다.

자민당은 오랫동안 독수리파도 비둘기파도 아울러 포섭하는'국민 정당'이었다. "뭐, 자민당에 맡기면 변화는 일어나지 않겠지" 하고 다들 안심했기 때문에 장기 집권을 유지해왔다. 그러나고이즈미 준이치로小泉純一郎 정권 이후 자민당도 정신을 차려보니'혁신 정당'이 되어버렸다.

본래 사회 개혁이 긴급하다고 호소하는 것은 좌우 이데올로기 정당이 할 일이고, 능숙한 계량과 조절로 자원을 재분배함으로써 점진적인 개량을 추구하는 것이 중도보수 정당의 할 일이다. 이제 일본에서는 이러한 예정조화적인 역할 분담이 끝나고,'혁신 정당'만 우글대고 있다. 주위를 둘러보아도 '보수'를 내건정당이 하나도 없다. 미디어는 지적하지 않지만 이는 통상적인사태라고 할 수 없다.

대세를 따르지 않는 시민들의 생각법

자민당 총재가 '자민당을 때려 부수겠다'는 사자후를 토하고 대승리를 거둔 이래,* '보수'라는 깃발은 '반발하는 세력' '기득권의 수혜자'와 동의어가 되었다.

　하지만 미디어가 '보수 정당이 존재하지 않는' 오늘날의 비정상적인 정치 상황을 지적하지 않는 것은 본성상 그런 것이다. 미디어는 '뉴스'로 장사를 한다. "오늘은 어제와 똑같이 평화로운 하루였습니다. 참 다행입니다." 이래서는 밥을 먹고살 수 없다. 모든 시스템이 이쪽도 저쪽도 삐걱거리기 때문에 조속한 제도 개혁이 이루어지지 않으면 국가의 붕괴 위기가 바로 눈앞에 닥친다는 이야기를 미디어는 좋아한다. 진심으로 그렇게 생각해서 그런 것이 아니다. 그렇게 해야 신문 판매 부수가 늘어나고 텔레비전 시청률이 올라가기 때문이다. 우리는 미디어의 본능적인 '위기 선호'를 염두에 두고 정보의 내용을 읽어내야 한다.

　언젠가 유권자들은 선거전을 통해 미디어와 공범이 되어 큰소리로 외치는 '이제 기다릴 수 없어' '속도감 있게' '당장 결단을……' 같은 상투적인 어구를 지겹다고 느낄 것이다. 조용한 목소리로 '이것만은 소중하게 여길 것'이라고 실현 가능한 범위에서 정책을 제언하는 후보자가 있다면, 그런 사람에게 투표하고 싶은 생각이 든다. (2012년 12월 17일)

• 고이즈미 준이치로는 2001년 자민당 총재 경선에서 "내가 선두에 서서 자민당을 때려 부수겠다"는 자극적인 슬로건 아래 성역 없는 개혁을 약속하며 승리를 거두었다.

1억 독자의 권위지라는 헛된 꿈

2년 동안 《아사히신문》의 지면심의회 위원을 맡았다. 3개월에 한 번 본사에 모여 논설주간이나 각 부의 부장을 상대로 지면을 비평한다. 2년 동안 매일 네 가지 신문을 훑어보고 신문이라는 매체의 행방에 대해 생각했다. 솔직하게 말해 처음에는 '신문이 망한다고 해도 그야 역사의 필연일 것'이라는 냉정한 입장이었다. 하지만 매번 같은 기자들과 이야기를 나누는 동안 어느새 정이 든다. 그들이 지면을 만들기 위해 수면 아래에서 얼마나 시간과 노력을 들이는지 알수록 비판의 칼날도 무뎌진다. 결국 '어떻게 하면 신문 매체를 존속시킬 수 있을까?'를 진지하게 생각하기에 이르렀다.

발행부수가 수백만에 이르는 일간지 여럿이 공존한다는 것은 일본에 고유한 현상이다. 그런 나라는 달리 없다. 유럽과 미국에는 '퀄리티 페이퍼quality paper'*라는 것이 있다. 딱 꼬집어 말해 일본의 일간지에 비하면 '대학원생의 연구지'와 '고등학생의 학급 신문' 사이의 수준 차이가 난다. 하지만 이것은 어쩔 수 없다. 대상 독자의 머릿수가 다르기 때문이다. 《아사히신문》이 750만 부인 데 비해 《르몽드》는 35만 부이고, 《가디언》은 25만 부 정도다.

《뉴욕타임스》도 100만 부에 불과하다. 이들 퀄리티 페이퍼는 지적 수준이 높은 독자층을 대상으로 한정한다. 독자는 퀄리티 페이퍼를 읽고 정치·경제·문화에 대해 질 높은 조사와 보도, 분석을 접하고 현실에 대한 이해를 심화한다. 그리고 질이 높은 정보에 접근할 수 없는 '정보 약자'에 대한 우위를 한층 더 강화한다.

서구의 계층사회는 이런 방식으로 역동적인 구조를 갖는다. 이들 퀄리티 페이퍼의 목적은 '전 국민의 계몽'도 아니고 '지적인 평준화'도 아니다. 오히려 '지적 계층의 격차를 재생산'하는 것이다.

지적 평등주의가 일본의 후진성을 조장하는 하나의 원인이라는 주장에 일리가 있다는 점을 나는 부정하지 않는다. 그렇지만 나는 '1억 3천만을 독자로 상정한 퀄리티 페이퍼'라는 헛된 꿈을 추구하겠다는 일본 신문인의 의지를 '가련하다'고 생각한다. 일본에서도 지금보다 더 사회의 계층화와 시민의 원자화가 진척된다면 신문은 망할 것이다. 가능하다면 그날을 하루라도 늦추고 싶다는 것이 내 소박한 바람이다. (2013년 3월 18일)

• 발행 부수는 적지만 사회의 지식층을 독자층으로 삼아 객관적이고 공정한 정보와 논평에 주안점을 두고 발행하는 사회적 영향력이 큰 고급지, 권위지를 말한다.

2 구하노라! 어른의 미디어

올리버 스톤 감독의 신랄한 일본 비판

올리버 스톤Oliver Stone 영화감독이 원자폭탄과 수소폭탄 금지 세계대회에서 일본의 전후 정치를 신랄하게 비판하는 강연을 했다. 《아사히신문》은 겨우 "올리버 스톤 감독이 '핵무기가 남긴 잔인한 역사를 있는 그대로 젊은 세대에게 전하고 싶다'고 목소리를 높였다"고 보도했을 뿐이다. 그러나 그의 강연이 전하는 핵심 내용은 그렇게 미온적인 호소로 요약할 수 있는 것이 아니었다.

강연의 모두에서 그는 딱 잘라 말했다. "사람들은 평화와 핵 폐기에 대해 이야기해왔습니다. 아베 총리 같은 사람조차 그런 말을 입에 담았지요. 하지만 나는 그를 믿지 않습니다." 그리고 제2차 세계대전의 패전국인 독일과 일본을 비교했다. 독일은 미국의 세계전략에 대해 독자적인 평화 구상을 내세울 수 있었지만, 일본은 주권국가로서 미국에 맞서지 못했다고 통렬하게 비판한 것이다.

"제2차 세계대전 이후 일본은 훌륭한 문화, 훌륭한 영화, 훌륭한 음악, 훌륭한 음식문화를 내놓았습니다. 그렇지만 단 한 명의 정치가, 단 한 명의 총리대신도 평화와 도덕적 올바름을 대표하는 모습을 보여준 적이 없습니다."

이렇게까지 솔직하게 국제사회가 바라보는 일본을 평가하는 사람은 별로 없다. 개헌론자들은 때때로 이라크전쟁 때 일본이 군사적으로 공헌하지 못한 점을 들어 '일본은 국제사회의 웃음거리가 되었다'는 상투적인 말을 내뱉곤 한다. 그러나 도대체 누가 언제 무슨 말로 일본을 '웃음거리'로 만들었는가? 나는 그 구체적인 예를 제시한 사람을 만나본 적이 없다. 그에 비해 올리버 스톤 감독의 일본 비판은 현실의 발언으로서 더할 나위 없이 가차 없는 것이었다.

"당신들은 미국의 위성국가이자 종속국가일 뿐입니다. (중략) 당신들은 그 무엇을 위해서도 싸우지 않고 있습니다You don't stand for anything."

이 말은 '당신들은 아무것도 대표하지 못한다' '아무것도 의미하지 못한다'고 읽을 수도 있다. 그의 발언은 미국의 리버럴리스트가 생각하는 일본 평가의 전형이라고 생각한다. 그러나 일본의 매스컴은 그 뜻을 일본인 독자에게 전달하기를 원치 않았다. 실로 그의 단적인 지적이 그 이유를 말해주고 있다. (2013년 3월 26일)

2 구하노라! 어른의 미디어

NHK 경영진의 경솔함

사건이 속출하고 있기 때문에 이 원고가 실릴 즈음에는 사정이 바뀌었을지도 모른다. 그것은 바로 NHK에 관한 이야기다.

모미이 가쓰토籾井勝人 NHK 회장은 취임 기자회견을 통해 종군위안부에 대해서는 "전쟁을 치르는 나라에서는 어디에서나 있었던 일"이라고 말했다. 영토 문제에 대해서는 NHK 국제방송이 "일본의 입장을 주장하는 것은 당연한 일이며, 정부가 오른쪽이라고 말하는데 방송이 왼쪽이라고 말할 수는 없는 일"이라고 말했다. 그리고 특정비밀보호법에 대해서는 "이미 법안이 통과되었기 때문에 말해본들 소용없다"고 말했다. 나중에 '오해를 불러일으켰다'고 하면서 자신의 발언을 철회했지만, 그에게 방송인이 가져야 할 식견이 없다는 것을 엿볼 수 있었다.

도쿄도 지사 선거에서 어느 후보의 지원 유세에 나선 햐쿠타 나오키百田尚樹 NHK 경영위원은 이렇게 발언했다. "일본이 난징에서 학살을 저질렀다고 장제스가 선전했지만, 해외 미디어는 무시했다. 그런 사실이 없기 때문이다." 이 발언은 국내외에서 물의를 일으켰다. 이어 하세가와 미치코長谷川三千子 경영위원이《아사히신문》도쿄 본사에서 권총으로 자살한 우익 활동가*를 추도하는 글에서 테러리즘을 예찬하는 발언을 했다는 사실이 알려졌다.

회장을 선출하는 경영위원회의 새로운 구성원에 아베 총리와 가깝다고 알려진 사람 네 명이 들어가 모미이 가쓰토 씨가 회장으로 취임했다. 자고로 인선에는 선발 책임자의 '사감'이 반영된다. 그들의 공통적인 특징은 한마디로 '경솔함'이며, 하나 더 지적하자면 '도발적'이라는 점이다.

물론 개인의 자질은 개성의 범위에 속한다. 그런 점을 매력적이라고 여기는 사람도 있을 것이다. 따라서 그들이 NHK의 방송내용에 대해 '가식 없이 쓴 소리를 하기' 위해 선임한 외부 위원이라는 점을 강조하면 '꽤나 쓴맛이 강한 인선'이라고 평가할 수도 있을 것이다.

그렇지만 경솔함과 도발하는 버릇은 공영방송을 이끄는 경영자에게는 적절하지 않은 자질이다.

공영방송의 임무는 우리가 어떤 세계에 살고 있고, 그곳에서 무슨 일이 일어나는지를 될수록 중립적인 입장에서 될수록 침착한 언어로 이야기하는 것이다. '호랑이 꼬리를 밟아 안팎으로 매체를 들쑤시는 것을 즐기는' 사람에게는 어울리지 않는 일이다. 무엇보다도 일반 민간 기업이라면 자신의 발언 탓에 '수신료 지

● 신우익 활동가 노무라 슈스케野村秋介는 《아사히신문》 만평이 자신이 이끌던 우익단체 '바람風의 모임'을 '이風의 모임'이라고 풍자한 것에 분노하여 1993년 10월 20일 신문사에 난입하여 경영진의 사과를 요구하다가 '천황폐하 만세'를 외치고 권총 자살했다. 하세가와는 그의 자살 20주년을 맞아 쓴 글에서 "그의 자살로 폐하가 다시 살아있는 신이 되었다"는 궤변을 늘어놓았다.

2 구하노라! 어른의 미디어

불 거부 운동'을 일으키는 경영자는 책임을 지고 사임해야 한다.**

　민간 기업이 기용하지 않는 민간인 경영위원이라니……. 대체 뭘 하자는 것일까? (2014년 2월 17일)

** 잇따른 역사 왜곡 망언과 아베 정권에 편향된 발언으로 공영방송의 중립성 논란을 빚은 모미이 가쓰토 회장은 3년간 재임한 후 2016년 12월에 물러났다.

　대세를 따르지 않는 시민들의 생각법

3

국제사회의
웃음거리가 되다

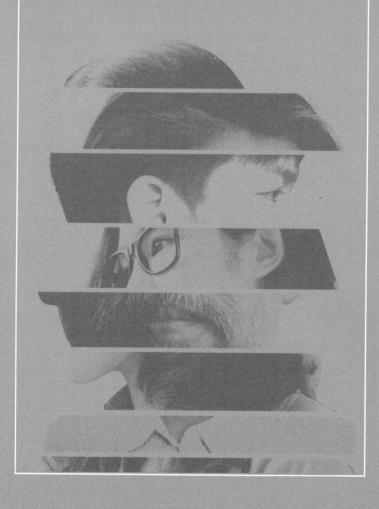

'안전'이라는 외교 자원

    한 10년 전에 미국인 관광객은 세계의 어떤 곳이든 자기 나라
인 양 활보했다. 그런데 9·11을 겪은 이후에는 테러리스트의 얼
굴을 피해 다녀야 하는 지경에 이르렀다. 어쩌다가 이슬람 지역
에 발을 들이거나 하면 어떤 일이 벌어질지 알 수 없다. 아시아의
리조트에 가더라도 어깨가 움츠러든다. 차라리 중국 관광이 안전
할지도 모른다. 그런데 미국인이 세계에서 가장 (본국에 있는 것 이
상으로) 안전하게 여행할 수 있는 나라가 바로 일본이다.

    일본의 긴자銀座, 전국의 온천, 스키장은 중국의 신흥부자들
로 북적거린다. 혐중嫌中 기운이 높아져도 일본인은 외부 손님에
게 일단 웃는 얼굴을 보이고, 갑자기 티베트 문제를 들이밀거나
하지 않는다. 올림픽 문제(티베트 사태를 무력으로 진압한 중국정부를
향해 베이징 올림픽 성화 릴레이 때 세계 각지에서 항의 움직임이 일어났다)
로 신경이 예민해진 중국인이 보기에 일본은 그렇게까지 불안하
거나 불편하지 않다.

    무슬림도 그렇다. 미국이나 유럽이라면 상당히 긴장하며 지
낼 테지만, 일본이라면 그럴 필요가 없다. 일본인은 애초부터 이
슬람에 대한 알레르기가 없다. 법무장관 하토야마 구니오鳩山邦夫

대세를 따르지 않는 시민들의 생각법

씨가 "내 친구의 친구가 알카에다*인데……"라고 말해도 실직하지 않는다. 이런 나라는 아마 세계에서 유일하지 않을까.

　일본은 지금 전 세계 누구에게도 안전하고 쾌적한 '도피의 나라'라는 평가를 얻고 있다. 이와 같은 일본의 아주 예외적인 보안 상태야말로 우리가 국제사회에 자랑할 수 있는 몇 안 되는 외교 자원이라고 생각한다. 음, 내 말이 좀 그럴듯하지 않나요? (2008년 5월 12일)

• 1979년 소련이 아프가니스탄을 침공했을 때 사우디아라비아 출신의 오사마 빈 라덴Osama bin Laden이 조직한 과격 이슬람 테러단체로, 2001년 9·11 테러 공격을 자행했다.

세상은 언젠가 변한다

버락 오바마는 '변화'라는 깃발을 높이 내걸고 대통령 선거를 휘어잡았다. 어째서 미국의 지지자들은 이 말에 그토록 격하게 반응했을까? 나로서는 이해가 가지 않았다.

그런데 취임식이 있고 나서 유튜브에 나오는 어떤 투고 영상을 보고 깨달았다.

노예제 시대에 교수형을 당한 흑인들, 시민권 운동에 참여한 시위 대열, 맬컴 엑스와 마틴 루터 킹 목사의 모습이 이어지는 가운데 그 속에 오바마 대통령의 영상이 들어가 있었다. 그리고 미국 흑인의 역사를 훑어보는 그 영상에는 샘 쿡°의 〈A Change is gonna come〉(언젠가 변한다) 노래가 줄곧 흐르고 있었다.

쥐어짜는 듯한 샘 쿡의 목소리에 킹 목사의 "나에게는 꿈이 있습니다"가 겹쳐지고, 버락 오바마가 그것에 "우리는 할 수 있습니다"라고 화답한다. 이 음악을 듣는 동안 나도 모르게 눈시울이 붉어졌다.

샘 쿡의 노래는 이렇게 시작한다.

"나는 강가의 작은 텐트에서 태어났다. 그때부터 나는 계속 그 강처럼 흘러왔다. 그것은 멀고 먼 여정이었다. 하지만 나는 안

대세를 따르지 않는 시민들의 생각법

다. 세상은 언젠가 변한다. 그렇다, 반드시 변한다."

사람들은 필시 오바마의 '변화'를 통해 샘 쿡의 비통한 소원에 대한 응답을 들었던 것이 아닐까. (2009년 2월 9일)

• 샘 쿡Samuel Cook(1931~1964)은 미국의 가스펠·소울 가수로, 소울 음악을 개척한 인물로 여겨진다. 〈You Send Me〉 〈Chain Gang〉 〈A Change Is Gonna Come〉 등이 대표곡으로 꼽힌다.

3 국제사회의 웃음거리가 되다

물을 찾는 사람은 우물을 판 사람을 잊지 않는다

중국은 일본의 민주당 정권 탄생을 환영하는 듯하다. 이유는 간단하다. '민주당은 다나카 파*'이기 때문이다. 하토야마 유키오 총리도, 오자와 이치로 간사장도, 오카타 가쓰야 외무장관도 다 옛날 다나카 파다. 다나카 가쿠에이의 외동딸 다나카 마키코 전 외무장관도 민주당에 들어왔다.

다나카 가쿠에이는 1972년 극적인 공동 성명을 통해 양국 우호관계의 기초를 다졌다. 그러므로 지금도 중국의 요인들은 일본을 방문할 때마다 그의 묘를 찾아 반드시 '물을 찾는 사람은 우물을 판 사람을 잊지 않는다'는 속담을 가져다 쓴다.

중일 공동 성명은 전후 일본의 외교 가운데 일본정부가 미국의 허락을 받지 않은 유일한 외교적 결단이었다. 헨리 키신저는 이 보도를 접하고 다나카 가쿠에이를 절대로 용서하지 않겠다고 사자후를 토했다고 전해진다(그리고 실제로 미국은 그를 용서하지 않았다).

그가 실권을 잡았던 시대에 중일 관계는 좋았다. 중국에 주재하는 여러 나라 대사 중 일본대사가 가장 우대를 받았고, 각국 대사관은 일본 대사관으로 중국정부의 정보를 얻으러 왔다고 한다.

대세를 따르지 않는 시민들의 생각법

하지만 지극히 친일적이었던 후야오방胡耀邦**은 항일전쟁에 나가 싸웠던 당 원로들의 분노를 사면서 실각했고, 그 후 장쩌민江澤民***은 반일 교육정책으로 돌아섰다. 민주당 정권 탄생으로 중일 관계는 다시 우호적으로 돌아갈지 모른다. '기대'가 높아지면 '분위기'는 단번에 변한다. '분위기'만큼 불확실한 것은 없지만 변할 때는 무섭게 변한다. (2009년 10월 12일)

• 1972~1974년 총리를 지낸 다나카 가쿠에이田中角榮의 파벌. 다나카는 총리가 되자마자 중국을 방문해 국교를 수립하는 등 외교적 성과를 냈지만 미국의 군수업체 록히드 사로부터 금품을 수수한 혐의로 사임했다. 하지만 사임 후에도 1990년 정계를 은퇴할 때까지 일본 정치에서 가장 큰 파벌의 실질적 지배자로서 절대적인 영향력을 행사했다.
•• 1934년 장정 때부터 마오쩌둥과 함께 했으나 문화혁명 때 두 차례나 숙청을 당했다. 1977년 복권된 후 덩샤오핑의 지원을 받아 중국공산당 주석을 지냈다. 개혁주의자로서 학생들 사이에서 지지가 높았던 그가 1989년 사망하자 그를 추모하고 당 지도부를 비판하는 시위가 일어났고, 이 것이 '톈안먼 사건'으로 비화했다.
••• 기술관료 출신으로 상하이 시장 등을 역임하다가 톈안먼 사건 이후 덩샤오핑의 신임을 얻어 공산당 총서기, 국가 주석에 올랐다. 2005년 모든 공직에서 물러날 때까지 자유시장 정책을 지속적으로 추진하는 한편 공산당 독재 권력을 강화했다.

3 국제사회의 웃음거리가 되다

영웅이 사실은 악의 근원이라면……

할리우드의 대작 오락영화는 꼭 챙겨서 보려고 한다. 그 밑바탕에는 미국 국민의 무의식적 욕망이 스며 있기 때문이다.

최근에는 〈왓치맨Watchmen〉(2009)이 흥미로웠다. 닉슨 대통령이 3선으로 당선한 냉전시대의 미국(이라고 하니 그 속에는 현실의 미국은 없다)이 무대였다. 케네디 암살 사건, 베트남 전쟁, 쿠바 위기의 배후에 슈퍼 히어로들이 깊이 관여했다는 이야기인데, 재미있게도 영웅들이 끊임없이 미디어와 여론의 공격 대상이 되어 차례로 죽어나간다. 주인공들은 주관적으로 사악한 악당과 열심히 싸우지만, 그들이 최선의 계획을 효율적으로 실행하고자 할수록 사람들은 죽어 나가고 도시는 파괴당한다. 무슨 수를 써서라도 궁극적인 세계 평화와 정의를 이룩하고자 하는 영웅들 자신이 사실은 악의 근원이라는 말이 된다. 이 점을 깨달은 그들은 점차 '우리들이 차라리 없어지는 편이 세상을 위해 좋지 않을까?' 하고 생각하기 시작한다. 이런 이야기가 최근 10년 동안 할리우드 영화에서 몹시 자주 눈에 띈다.

세계에 정의를 실현하기 위해 싸우는 미국 영웅이 싸우면 싸울수록 평화를 달성하기 위한 노력은 더 한층 폭력과 파괴라는 결과밖에 가져다주지 않는다. 나는 이러한 서사의 원형을 통해 미국 영화 제작자들이 품은 무의식적인 '자기 처벌' 충동을 감지한다. (2009년 12월 21일)

3 국제사회의 웃음거리가 되다

미국이 서부 진출을 포기할까?

18세기 말 미국은 동부 해안 한구석에서 13주로 출발했다. 나폴레옹에게서 루이지애나를, 러시아에서 알래스카를 헐값에 사들이고, 멕시코에서 텍사스를 빼앗았다. 대륙 횡단 철도가 태평양 해안까지 이어지자 배를 만들어 태평양을 건너 쇄국 상태였던 섬나라에 개국을 압박하고, 하와이를 병합하고, 필리핀을 식민지로 삼았다. 일본 열도, 한반도, 인도차이나 반도를 순서대로 초토화하고, 아프가니스탄을 건너 아라비아 반도에 이르렀을 때 드디어 '프런티어 라인'을 멈추었다. 속마음으로는 보스포루스 해협을 건너 대서양까지 건너가지 않으면 '세계일주 여행'이 끝나지 않는다고 생각하겠지만, 일단 현재는 이라크가 종점이다.

일찍이 토크빌은 멈추기 힘든 미국인의 '서점西漸'* 지향에 대해 로마제국 멸망 후 게르만 민족의 대이동 말고는 가히 비견할 것이 없다고 기술했다. 따라서 미국인이 '동쪽으로 돌아가는 것'은 단순한 지리적 이동이 아니라 국민적 아이덴티티의 근간과 관련되어 있다. 우리는 그 점을 고려해 미일 관계를 논해야 할 것이다.

미국인에게 '오키나와 기지를 동쪽으로 옮기라'고 요구하는 것은 원주민들이 프랑크족이나 고트족 전사에게 "우리에게도 우리 나름의 생활과 사정이 있으니까 여러분의 고향으로 돌아가 달라"고 제안하는 것과 별반 다르지 않다고 생각한다. (2010년 1월 4일)

• 17세기 이후 미국에서 이주민들이 대서양 연안에서부터 서부 지역을 개척하면서 이주하던 경향.

3 국제사회의 웃음거리가 되다

폭력이 고래를 향할 때

우리 대학은 효고현兵庫県 니시노미야시西宮市 오카다야마岡田山에 있다. 3년 전쯤인데 새 교사의 건축을 둘러싸고 문제가 생겼다. 캠퍼스 안에 환경부가 준절멸위기종으로 지정한 희귀한 거미가 서식한다는 사실을 알았기 때문이다.

당초 계획대로 밀고 나가면 '그 거미의 생활'에 지장을 주고 만다. 우리 학교에는 '환경 바이오 사이언스 학과'가 있고 환경교육을 전면에 내걸고 있다. 그 거미의 생태를 연구해 논문을 쓰는 학생도 있다. 그런 만큼 학교가 나서서 "흥, 거미야 살든 죽든 알바 아니잖아" 하는 입장을 표할 수는 없다. 그래서 그 거미의 생활권을 배려한 건축 설계로 변경했다.

그런데 왜 그 거미만 유별나게 보호해야 하고 그 밖의 '숱한' 거미는 보호 대상에서 제외하는 것일까? 나는 그 논리의 진의를 솔직히 이해할 수 없었다.

물론 생태 시스템의 안정을 위해 생물학적 다양성이 필수적이라는 점은 이해할 수 있다. 그렇지만 '시스템의 안정'이란 본질적으로 정량적 문제에 속한다. 어디까지 환경의 변화가 허용될지는 수치적으로 계량할 수 있을 것이다.

대세를 따르지 않는 시민들의 생각법

포경선을 공격하는 환경단체 사람들이 있다. 설마 '고래가 불쌍하다'는 감정적인 이유로 그들이 고래 보호운동을 펼치지는 않으리라. 시스템의 안정을 위한 운동이라면 고래의 개체 수가 어느 한도를 넘었을 때, 과연 고래를 향한 폭력을 말할 것인가? (2010년 1월 25일)

먼저 자신의 '무법'부터 멈춰라

오키나와 기지에 대해 일본정부는 과거 65년 동안 '동아시아의 지정학적 안정을 위해 불가결하다'는 설명을 반복하면서 오키나와 사람들에게 비인도적인 희생을 강요해왔다. 여기에는 '속국은 종주국의 요구가 아무리 무법적이라도 받아들일 수밖에 없다'는 야생의 법칙이 관통되고 있다. 미국, 일본, 오키나와는 입장을 바꾸어가면서 동일한 도식을 반복해왔다. 하지만 21세기에 들어와 동아시아의 상황은 변했다. 냉전은 막을 내렸고, 러일 관계, 중일 관계는 예전과 같은 긴장이 풀려버렸다. 미국의 패권에는 슬슬 내리막이 보인다. 거듭된 파병에 의한 전비 부담으로 몸부림치고 있으니까……. 동아시아에 기지는 더 이상 필요 없다는 목소리가 미국 국내에서도 나온다.

현재 미군은 동아시아 최대의 필리핀 클라크 기지, 수비크 기지에서 철수하고, 한국 내 기지도 대폭 축소하기로 결정했다. 그러한 가운데 일본에 대해서만 미국이 기지 철수를 받아들이지 않는 까닭은 일본이 동아시아 유일의 패전국인 만큼 '무법이 통한다'고 여기기 때문이다. 이와 똑같은 구조로 일본정부가 오키나와 주민들에게 희생을 강요하는 까닭은 오키나와가 메이지 이후 병

대세를 따르지 않는 시민들의 생각법

합한° 변경의 땅인 만큼 '무법이 통한다'고 여기기 때문이다.

　일본정부는 우선 자신의 '무법을 멈추는 것'부터 시작하는 수밖에 없을 것이다. 그때 비로소 미국에 대해 '무법을 요구하지 말라'고 말할 '윤리적' 권리를 얻을 수 있다고 생각한다. (2010년 5월 24일)

• 오키나와에는 15세기부터 류큐 왕국이라는 미약하지만 독립적인 정권이 있었다. 17세기 초 사쓰마 번의 침략 이후 조공을 바치면서도 독립을 유지했으나, 1879년 메이지 정부가 류큐 번을 폐지하고 오키나와 현을 설치하면서 일본 영토로 편입되었다.

　　　　　　　　　　　　　　　3 국제사회의 웃음거리가 되다

북한의 진정한 파트너

이번 참의원 선거에서 오키나와 기지 문제는 거의 쟁점으로 떠오르지 않았다. 하지만 '왜 일본 국내에 미군 기지가 없으면 안 될까?'는 항상 되물어야 할 물음이다.

군대의 치명적인 난점은 평화가 오래 지속됨에 따라 '왜 이렇게 쓸모없는 것에 거액의 세금을 들여야 하느냐?'는 납세자들의 불만이 반드시 불거진다는 점이다. 군대는 '평화 유지' 기능을 효과적으로 달성하면 자신의 존재 이유를 상실한다. 그렇기 때문에 군대는 본성상 '제어할 수 있는 만큼의 군사적 위기가 끊임없이 존재하기'를 희망한다. 이는 군대 자체의 본성일 뿐 군인들의 개인적 의견이나 자질과는 아무런 관계가 없다.

군대의 본성은 국경을 넘어도 변하지 않는다. 따라서 동아시아에 군사적 긴장이 있어야 이익을 얻는다는 점에서 미국 군산복합체와 중국 인민해방군과 북한 조선인민군은 비슷한 부류에 속한다. 이들 셋은 서로 의존 관계에 있다. 언젠가 동아시아에 항구적인 동맹 관계가 구축될 때 그들은 존재 이유의 대부분을 잃을 것이다. 아시아가 항상 잠재적으로 전쟁의 불씨를 품고 있어야만 그들의 군대는 비로소 거대한 국가 예산을 소비하고 국정에도 간

대세를 따르지 않는 시민들의 생각법

섭할 수 있는 특권을 누릴 수 있다.

　미국이 오키나와에 기지를 '소유'하도록 허용하는 근거는 북한이 '저런 나라'라는 사실에 있다. 따라서 미군은 북한 '왕조'가 오래토록 존속하기를 누구보다 간절하게 원하고 있다. (2010년 8월 2일)

만약 일본이 '전승국'이었다면

8월은 전쟁을 돌아보는 계절이다. 올해(2010년)는 히로시마 평화기념 식전에 미국의 루스John Victor Roos 주일대사가 처음으로 참석했다. 그러나 미국 국민의 대다수는 여전히 지금도 원자폭탄 투하의 정당성을 믿는다.

전승국과 패전국은 전쟁을 기억하는 방식이 다르다. 패전국민은 피해를 선택적으로 기억하고, 전승국이었다면 어떠했을까 하는 상상력을 펼치며 아쉬워한다. 메이지 시대 이래 80년 동안 일본은 전쟁에서 승리를 거듭했고 늘 전승국민으로 행세해왔다. 인도네시아에 해군 보도반원으로 파견된 히사오 주란久生十蘭의 《종군일기》를 읽으면 당시 일본인이 현지에서 얼마나 호사로운 생활을 누렸는지 경악스럽다. 현지 주민을 노예처럼 부려먹고, 식민지에 들어온 유럽인을 경멸했다. 더구나 일본 군인이나 관료의 방탕함과 방종에 관해 저자 자신이 '당연하다'고 생각했다는 점이 놀라울 따름이다.

전쟁에 패한 뒤 맥아더는 일본이 세계의 '4등국'이고 '정신연령은 열두 살'이라고 잘라 말했다. 우리는 그 판정을 받아들였다. 동시에 일본이 '일등국'이자 '어른'이었던 때 전승국으로서 무엇

대세를 따르지 않는 시민들의 생각법

을 했는지를 잊었다. 미국의 원자폭탄 투하는 용서할 수 없는 만행이다. 그렇지만 전쟁 말기에 독일이 미국보다 앞서 원자폭탄을 실용화하여 뉴욕이나 로스앤젤레스에 떨어뜨렸다면 당시의 일본인은 갈채를 보냈을 것이다. 그런 식으로 상상력을 가동하는 것도 전쟁을 돌아보는 하나의 방식이 될 수 있다. (2010년 8월 30일)

3 국제사회의 웃음거리가 되다

'개국파'와 '양이파'의 대립은 끝나지 않았다

　대표 선거를 앞두고 민주당에서 내분이 계속되고 있다. 무슨 이유로 이렇게 어수선한 사태에 이르렀을까? 알 수 없는 것도 당연하다. 내분의 '진정한 이유'를 아무도(당사자들도) 입 밖으로 꺼내지 않기 때문이다. 민주당의 내분을 뿌리까지 파고들면 '개국파開國派'와 '양이파洋夷派'의 뿌리 깊은 대립을 반영한다. '대미 유화파'와 '대미 독립파'라고 바꾸어 말해도 좋다. 일본의 정치 과정은 '미국'이라는 보조선을 긋지 않으면 이해할 수 없을 때가 많다.

　하토야마 유키오와 오자와 이치로가 왜 손을 잡았을까? 두 사람에게는 정책적으로 깊이 일치하는 점이 있다. '대미 독립과 주권 회복'이라는 목표가 그것이다. 오자와 이치로가 말하는 '보통의 나라'란 '주권 국가'를 말한다. 미국의 허락 없이 외교와 군사 행동이 가능한 나라가 되고 싶다는 것이 (미국의 허락 없이 중일 공동 성명을 발표했을 때 키신저가 '다나카 가쿠에이를 절대로 용서하지 않겠다'고 사자후를 토했다는) 다나카 가쿠에이의 후계자가 떠안은 비장한 염원이다. 하토야마 유키오는 오자와 이치로처럼 꺼림칙하지는 않지만 후텐마 기지 문제가 있었을 때 재일 미군 기지의 '국외' 이전을 입에 담은 인물이다. '일본의 총리가 결코 입 밖으로 내서는 안 되는 말'을 입 밖으로 낸 것에서 알 수 있듯, 그는 본디 대미 독립파에 속하는 것이다.

가스미가세키霞が関˙ 관료와 매스컴을 중심으로 일본의 기득권층은 '대미 유화파'가 차지하고 있다. 민주당의 당내 대립이 벌어지는 기본 구도는 각 정책의 차원을 벗어나 있다. '정치와 돈' 문제도 아니다. 대미 자세의 차이인 것이다. (2010년 9월 13일)

• 도쿄도 치요타구千代田区 지역 내 일본의 중앙 관공청들이 모여 있는 곳. 특히 이곳에서 가장 오래된 일본 외무성의 딴 이름처럼 쓰인다.

중국인의 '국경' 개념

중일 외교 관계가 긴박감을 더하고 있다. 중국 국내의 반일 시위는 눈에 띄게 과잉 반응을 나타내고 있다. 아편전쟁의 패배 이후 100년도 넘게 영토를 상실하기만 해온 중국 역사를 생각하면 이해를 못 할 바도 아니다. 마오쩌둥이 엄청난 실정을 저질렀음에도 아직도 중국의 국민이 그를 영웅적 존재로 여기는 가장 큰 까닭은 다름 아니라 그가 청나라가 잃어버린 영토의 판도를 회복했기 때문이다.

다만 중국인의 '국경' 개념은 근대적인 정치학 개념과 미묘하게 어긋난다는 점을 기억해두어야 한다. 중국인의 우주론은 '화이華夷 질서'의 관념으로 이루어져 있다. 세계의 중심에 중화 황제가 있고, 왕토가 동심원적으로 퍼져 있다. 중심에서 멀어질수록 왕화王化*의 빛이 어두워지고 사람은 금수에 가까워진다. 황제에게는 '이역의 땅'을 직접 지배할 마음이 없다. 하지만 그곳도 제국의 일부라는 사실은 변함없다. 따라서 '화외化外**의 백성'이 국경선을 긋고 '여기서부터 여기까지는 중국이 아니다' 하고 선언하는 것은 이러한 우주론의 관점에서는 허용할 수 없다. '어디에 귀속하는지 알 수 없는 땅'이 제국의 주변부에 존재하는 것은 중국인이

대세를 따르지 않는 시민들의 생각법

보기에 '자연스러운' 일이다. 그것은 반드시 계쟁지係爭地***를 실질적으로 지배할 마음이 있다는 것을 의미하지 않는다. 중국인의 '국경' 개념이 지닌 특수성을 고려하지 않는다면 국경선 외교를 둘러싸고 그들의 '빗장'이 무엇인지를 이해하는 데 어려움을 겪을 것이다. (2010년 10월 11일)

● 임금의 덕행으로 감화시키는 일.
●● 불교에서는 부처의 교화가 미치지 못하는 곳. 봉건적 관념에서는 임금의 교화가 미치지 못하는 곳.
●●● 문제를 해결하거나 권리를 얻기 위해 당사자끼리 법적 다툼이 일어난 땅.

3 국제사회의 웃음거리가 되다

원자력발전과 백악관의 꾀쟁이

간 나오토 총리가 하마오카浜岡 원자력발전소의 운행 정지를 요청하고 중부전력 회사가 이것을 승인했다. 정치적인 영단을 내렸다고 해도 무방하다. 매스컴도 다들 호의적이었다. 그런데 왜 총리는 갑자기 이런 발언을 했을까? 또 중부전력은 왜 그 말을 순순히 따랐을까? 나는 그 이유를 잘 모르겠다. 경제산업성이나 전력회사나 이구동성으로 '하마오카는 안전하다'고 계속 이야기해왔다. 따라서 이렇게 '앉은자리에서 불쑥' 내놓은 제안을 일축하지 않았다는 것은 아무래도 앞뒤가 맞지 않는데도 아무도 그렇게 하지 않았다. 어째서일까?

만약 정부와 가스미가세키와 재계가 사전 조율 없이 합의할 수 있었다면 합의에 도달한 조건은 하나밖에 없다. 미국정부가 요청했기 때문이다. 원래 미국이 일본 열도에서 원자력발전소 설치를 추진하기 시작한 것은 원자력발전소를 팔아넘기기 위해서였다. 그런데 스리마일 섬의 사고 이후 미국은 새로운 원자력발전소를 짓지 않았다. 그 결과 문득 정신을 차려보니 '원자력발전의 후진국'이 되어버렸다. 하지만 사고 처리와 폐로廢爐* 기술은 아직 국제 경쟁력을 가지고 있다.

미국은 후쿠시마 원자력발전소의 사고 처리 때 프랑스의 원자력 그룹 AREVA에 먹음직한 부분을 내주고 분해서 발을 동동 굴렀다. 그래서 "자, 그러면 이제부터 폐로 비즈니스에 명운을 걸어보자"고 다함께 즉시 결정했다(내 눈으로 보지는 않았으니까 상상에 지나지 않지만).

　그러므로 미국은 앞으로 일본을 향해 이렇게 통고할 것이다. "너희들은 원자력발전을 적절하게 제어할 수 없다는 조직적인 무능을 전 세계에 드러냈어. 주변국에도 많은 피해를 끼쳤으니까 일본이 원자력발전을 계속하는 것은 국제 여론이 허락하지 않을 거야." 이 말은 하나도 틀린 구석이 없기 때문에 일본정부는 반론할 수 없다. 게다가 하마오카에서 사고가 일어나면 미국 서태평양 전략의 요충지인 요코스카橫須賀 제7함대 사령부의 기능에도 지장이 생긴다. 이것만은 절대로 허용할 수 없다.

　따라서 미국의 통고는 이렇게 이어질 것이다. "현재 있는 원자력발전소 54기는 순차적으로 폐로를 결정해라. 폐로 작업은 미국의 폐로업자가 모조리 맡아야 하지 않을까?(요금은 약간 비싸겠지만)" 물론 "저 말이야, 앞으로 대체 에너지를 찾는다면 나한테 좋은 계획이 있어(이것도 꽤 비싸겠지만)" 하는 구매 권유도 잊지 않을 것이다. (2011년 5월 23일)

● 수명이 다한 원자력발전소의 원자로를 처분하는 것. 원자로의 수명은 대개 운전 개시 후 30년이라고 한다.

미국의 시대는 끝났다

미국의 비즈니스맨이 일본의 영자신문에 기고해 "미국 내 일본의 존재감이 낮아지고 있다"고 한탄했다. 이 사람에 따르면 세 가지 분야에서 일본의 무게감이 아주 희박하다고 한다.

첫째는 대학이다. 1970년대부터 1990년대에 걸쳐 일본정부와 민간 기업은 미국 대학에 일본학을 뿌리 내리기 위해 넉넉하게 자금을 제공해왔다. 그 액수가 점점 적어지더니 지금은 다른 아시아 국가가 미국 대학에 내는 기부 금액이 일본을 능가한다고 한다. 둘째는 예술문화다. 일본이 미국의 미술관과 문화시설로 보내는 인재와 자금이 현저하게 감소했다고 한다. 셋째는 비즈니스다. 일본 기업은 미국 진출의 발판이었던 서해안 지역에서 차츰 철수하고 있다. 일본은 실리콘벨리에서 도전적으로 사업을 벌이는 데 이미 의욕을 잃은 것 같다.

이 비즈니스맨은 이들 현상을 일본의 '내향적인' 자세와 퇴행성의 징조라고 보고 강하게 비판한다. 그렇게 하면 국제 경쟁에서 이길 수 없다고 말이다. 하지만 이 글을 읽으면서 나는 의아한 생각이 들었다. 일본 기업이 미국에서 속속 철수하는 것은 사실이지만, 그 이유는 단적으로 말해 '미국이라는 나라가 수지맞는

대세를 따르지 않는 시민들의 생각법

대상이 아니기' 때문이다.

어떤 대기업이 지난번 샌프란시스코 지사의 문을 닫았다. 실리콘밸리를 상대로 한 거래 수수료로는 지사의 운영비를 감당할 수 없어졌기 때문이다. 장사가 안 되는 곳에다 가게를 열라고 하면 기업이 곤란할밖에……. 일본 연구나 예술문화 활동에 대한 자금 제공이 끊어진 것도 정부와 민간 기업이 '메세나mecenat'•로 나설 여력을 잃었기 때문이다. 고용을 삭감하고 설비 투자를 줄이면서까지 미국을 상대로 '후원'을 계속할 수는 없다.

결국 그가 하는 말은 (세련된 어조이기는 해도) 한마디로 '어쨌든 미국으로 돈을 갖고 오라'는 것이다. 이렇게 위협조로 밀어붙일 때 상투적으로 구사하는 말이 바로 '일본은 세계화, 기술혁신, 다양성에 기여하지 않는다'는 것이다. 과연 '세계화'라는 말은 이럴 때 쓰는구나 하고 나는 필자의 솔직함에 탄복하고 말았다. 그리고 '미국의 시대는 끝났다'는 것은 정말이구나 하고 느꼈다.

(2011년 10월 24일)

• 기업이 문화예술 활동에 후원과 자금을 지원하는 일. 고대 로마의 아우구스투스 황제 시대에 예술문화를 비호하던 정치가 마에케나스Maecenas의 이름에서 유래한 말이다.

누가 '아니야' 하고 말해다오

북한의 김정일 국방위원장이 갑자기 죽고 '왕위'를 3대째인 김정은이 계승했다. 21세기의 세계에 아직도 독재자가 군림하는 세습제 '왕조'가 존속하고, 국민이 비밀경찰과 이웃의 밀고에 벌벌 떠는 나라가 '노동자의 국가'라는 이름으로 국제사회에 알려졌다는 사실에 나는 새삼스레 경악한다. 이는 단호하게 '놀라움을 드러내야 할 일'이라고 생각한다.

인간은 자기들이 생각하는 만큼 그렇게 정치적으로 진화하지 않았다. 물론 전제정치는 고대에도 있었다. 그렇지만 그것은 되풀이될 때마다 원리는 똑같아도 제도적으로 열등하다고 여겨졌다. 인류사상 최초의 세습제 왕조를 창시한 인물은 '독창적인 정치제도'를 만들어냈다는 뿌듯함으로 한껏 들떴을 것이다. 그러나 이웃 나라의 '왕조'에서는 인류 여명기의 왕들이 가지고 있었을 순진함도, 역동성도 느껴지지 않는다.

일찍이 마르크스는 인간이 만든 정치체제가 전부 과거의 모방이라는 탁견을 제시했다. "사멸한 모든 세대의 전통이 살아있는 자들의 뇌수를 악몽처럼 내리 덮치고 있다." 그리고 사람들은 "예전에 일찍이 없었던 것을 만들어낸 것에 전념하는 듯 보일 때"

반드시 "과거의 망령을 불러내어 빌린 언어로 새로운 세계사의 장면을 연출한다."(《루이 보나파르트의 브뤼메르 18일》)

2012년은 강대국 지도자의 교체가 이루어지는 '슈퍼 이어 super year'라고 할 만하다. 하지만 미국, 러시아, 중국, 프랑스, 일본 할 것 없이 강한 기시감을 안겨주는 정치가들이 낡고 더럽고 닳고 닳은 정치 슬로건을 내걸고 몇 번째인지 모를 무대를 활보하는 것을 목격할 것만 같은 불길한 예감에 사로잡힌다.

세계사적인 사건이 첫 번째는 위대한 비극으로, 두 번째는 초라한 희극으로 나타난다는 것이 정말이라면, 마르크스는 몇 십 번째 되풀이되는 이 드라마의 초라한 행색을 무어라 형용할 것인가?

우리는 벌써 '새로운 세계사의 장면'이 더 이상 나타나지 않는 '역사의 끝'에 와 있는 것일까? 새로운 것은 더 이상 일어나지 않는 것일까? 누가 '아니야' 하고 말해다오. (2012년 1월 2일)

미국이 '평범한 나라'가 되는 날

올가을 미국 대통령 선거에서 버락 오바마의 재선이 위태롭다. 티파티(Tea Party, 오바마 정권에 비판적인 풀뿌리 보수파 운동)가 추천하는 공화당원이 다음 통치자로 선출될 가능성이 높다.

이는 미국이 패권주의에서 고립주의로 대대적으로 돌아섰음을 의미한다. 이라크에서 철군한 것도, 리비아에 개입하기를 주저한 것도, 전통적인 '두 개의 전쟁 전략'*을 포기한다고 선언한 것도 같은 문맥에서 일어난 사건이라고 볼 수 있을 것이다. 미국정부에는 더 이상 거액의 국방 예산을 떠안을 만큼 재정적인 힘이 남아 있지 않다.

저출산 고령화와 인종집단의 분열이라는 미국의 인구 동태는 미국이 더 이상 세계의 초강대국으로 군림할 수 없는 요소가 되고 있다. 세계를 '올바른 길'로 이끄는 '책무'가 미국에 있다는 국민적 합의를 더 이상 유지하기 힘들어지는 것이다.

식민지 시대에는 복음국가를 건설하겠다는 이상이 있었다. 건국 시대에는 '독립선언' 이데올로기가 있었다. 개척 시대에는 유럽으로부터 헐벗고 굶주린 이민자를 받아들일 만큼 충분한 자원이 있었다. 산업사회 시대에는 자립과 자조 정신이 강하고 유동성이 높은 사회 시스템이 있었다. 두 차례의 세계대전과 동서 냉전 시대에는 '민주주의의 수호자'라는 높은 기백이 있었다.

그러나 이라크·아프가니스탄 전쟁과 리먼 쇼크 이후, 미국이 세계의 앞자리에 나서야 할 권리와 의무가 있다고 생각하는 사람이 없어졌다. 수사적으로는 아직 남아 있지만 진심으로 그렇게 생각하는 사람은 없다.

그런 것보다는 미국이 살아남는 일이 우선이다. 미국이 살아남는 것보다 자기들의 인종집단이 살아남는 것이 우선이다. 인종집단보다 나 한 사람이 살아남는 것이 우선이다. 이런 식으로 미국은 분열하기 시작했다. 지도자 집단 자체가 '자기 자신만 좋으면 아무래도 좋다'는 사람들로 채워지고 말았다. 그들이 국민을 향해 자기희생과 국가에 대한 헌신을 호소한다고 한들 그 말을 들을 사람은 없다.

미국은 앞으로 요깃거리도 되지 않는 이상을 이야기하기를 멈추고 '평범한 나라'가 될 것이다. 예전에 한 번도 스스로를 '평범한 나라'라고 생각한 적 없는 나라가 '평범한 나라'가 되었을 때 미국에는 무슨 일이 벌어질까? 그것을 예견하기 위해서는 특별한 상상력이 필요하다. (2012년 1월 23일)

• 냉전체제가 붕괴된 1990년 미국의 콜린 파월 합참의장 등이 주도한 지역분쟁 대처 방안으로, 전 세계 두 곳에서 재래식 전쟁이 일어나더라도 지상군을 파견해 동시에 승리한다는 '두 개의 전장 동시 승리 전략'이다.

3 국제사회의 웃음거리가 되다

'외국인 공포'가 퍼지는 메커니즘

에두아르 드뤼몽Edouard Drumont이 《유대 프랑스France juive》를 세상에 발표하여 평가를 요구한 것은 지금부터 126년 전이다.

이 책은 정계·재계·매스컴을 지배하는 것은 모조리 유대인이고, 그들이 모든 특권을 점유한 탓에 프랑스인은 차별과 수탈에 시달린다고 '간주'했다. 이 저서는 출판된 지 1년 이내에 114쇄나 찍었고, 19세기 프랑스에서 출판 역사상 가장 잘 팔린 책이라는 족적을 남겼다.

"프랑스를 프랑스인에게!" 에두아르 드뤼몽의 이 슬로건은 지금도 프랑스 우익이 계승해 애용하고 있다. 그뿐만이 아니다. 제2차 세계대전 때 프랑스 국적을 가진 유대인 7만 명이 프랑스 국내에 있던 드랑시Drancy 수용소를 거쳐 아우슈비츠 강제수용소로 끌려가 대부분 학살당했다. 게슈타포 이외에도 그의 사상에 물든 적지 않은 프랑스인들이 그들의 압송 작업에 열정적으로 가담했다.

사회제도의 불합리는 나라에 기생하는 외국인이 본래 국민이 누려야 할 권리와 부를 침해하고 문화를 오염시킨 탓이라고 보고, 그들만 배제하면 사회는 본래적인 깨끗함과 풍요로움을 회복

대세를 따르지 않는 시민들의 생각법

할 것이라고 생각하는 사고방식을 '외국인 공포xenophobia'라고 부른다. 이것은 태곳적 기원을 가진 심리적인 경향이기는 하다. 그러나 이 사고방식 때문에 20세기에만 무릇 1000만 명이 넘는 사람이 목숨을 잃었다.

외국인 공포의 담론을 선호하는 역사적 조건에는 공통점이 있다. 무언가 좋지 않은 일이 일어날 것 같은데 어떤 이유인지, 어떤 형태인지, 대응 방법이 무엇인지 알지 못한다는 것이다. 딛고 선 곳이 흔들거리는 듯한 불안감이 사회를 뒤덮을 때 이때다 하고 외국인 공포를 조장하는 정치평론가가 화려하게 등장한다. 오늘날 일본에도 그런 유형의 정치적 담론이 유행하고 있다. 그만큼 우리가 독성이 강한 불안감에 사로잡혀 있다는 뜻이다.

일본이 어디로 나아갈지에 대해서는 변수가 많아서 누구도 예측하기 어렵다. 가능한 것은 기껏해야 '무슨 일이 일어나든 그때그때 가장 적절하게 대응할 수 있도록 담력과 유연성을 기르는 것'뿐이다. 하지만 그런 이야기를 하는 사람은 어디에서도 찾아볼 수 없다. 적지 않은 사람들이 "우리 사회에는 불합리한 제도를 빌미로 이익을 챙기는 '외국인'이 있다. 그놈들을 색출해서 쫓아내자"는 이야기에 열을 올리고 있다. 가히 씁쓸한 말기적 광경이다.

(2012년 6월 18일)

'미국 배제'는 있을 수 없다

영토 문제를 해결하기 위해서는 두 가지 방법밖에 없다. 영토 문제를 '강하게 밀어붙여라!' 하고 말하는 사람들이 있는데, 그들은 중국과 한국을 상대로 전쟁이 벌어지는 경우를 상정하고 상상력을 발휘하고 있는 것일까? 전쟁을 시작하려면 일단 해야 할 일이 있다. 우선 헌법을 개정해야 한다. 그런데 그것 말고도 또 하나 풀어야 할 까다로운 문제가 있다.

한국은 미국과 한미상호방위조약을 체결하고 있다. 그리고 한국군의 전시작전통제권은 주한미군 사령관이 갖고 있다. 다시 말해 독도를 둘러싸고 한국 정규군과 군사적 충돌이 일어날 경우 작전을 지휘하는 주체는 미군이라는 뜻이다. 한국과 일본의 군사적 충돌은 미국이 미일안보조약을 일방적으로 파기하고 일본이 미국과 전쟁(그것은 일본 국내의 모든 미군기지가 공격에 나선다는 것을 의미한다)에 돌입한다는 뜻이다. 아마도 미국은 그런 사태를 바라지 않을 것이다.

센카쿠 열도(댜오위다오)를 둘러싼 사태도 마찬가지다. 센카쿠 열도를 중국이 무력으로 점령할 경우, 일본정부는 미일안보조약 규정에 근거해 미군의 출동을 요청할 것이다. 그러나 미군은 '우리가 중국과 일본의 영토 문제에 관여할 입장은 아니'라고 하면서 출동을 거부할 것이다. 조정을 주선하기는 하겠지만 군사행동은 일으키지 않는다는 말이다(중국과 미국의 전쟁이 벌어질 것이기 때문이다).

이때 일본 국민은 '미일안보조약이 속 빈 강정'에 불과했음을 깨달을 것이다. 전후 60여 년 동안 속국 같은 취급을 견디며 거액의 '퍼주기 예산'을 헌납해온 결과가 이 꼴이라고 말이다. 당연히 '미일안보조약 즉시 폐기'를 위한 국민적 운동에 불이 붙을 것이다. 그러면 19세기 이래 미국의 서태평양 전략은 무너지고 미국은 '마음대로 부려먹은' 동맹국을 잃을 것이다. 참 곤란한 일이다. 따라서 미국은 '센카쿠에는 손대지 말라'고 중국 지도부에게 말할 것이다. 그렇기 때문에 중국이 센카쿠를 군사적으로 점령했을 때 '미국은 일본을 버리고 중국을 동아시아의 파트너로 선택했다'고 최악의 경우를 각오할 수밖에 없다.

어느 경우든 독도와 센카쿠를 둘러싼 군사적 충돌이 일어나면 전후 일본은 끝나버린다. 우리는 '미국을 뺀' 완전히 새로운 정치체제를 제로에서부터 창조해야만 한다. (2012년 9월 10일)

이 보고서를 읽어본 적 있습니까?

리처드 아미티지Richard Armitage와 조지프 나이Joseph Nye의 〈미일 동맹 보고서〉를 읽었다. 2000년, 2007년에 이은 제3탄이다. 이 보고서는 에너지, 경제, 무역, 외교, 안전보장 등에 걸쳐 일본이 미국을 위해 무엇을 해야 하는가라는 문제에 대해 포괄적인 제언을 내놓고 있다.

신문기사에서는 이 보고서가 "미일 동맹이 이루어내야 할 것을 상정했다"고 소개하는데, 이는 부정확한 표현이다. 이 보고서가 기술한 내용은 대부분 '일본이 해야 할 일'이고, '미국이 해야 할 일'은 오로지 일본에 주어진 임무를 성실하게 이행하도록 지도하는 일이라고 한정해놓았기 때문이다.

이 보고서가 주장하듯 미국과 일본이 '어깨를 맞대고' 협력하는 '대등한 파트너'라고 믿는 사람이 있다면, 그 사람은 지성에 매우 심각한 문제가 있다고 판단할 수밖에 없다. 만약 대등한 파트너라면 당연히 일본도 '미일 동맹을 위해 미국이 해야 할 일'을 열거한 문서를 정기적으로 발표했을 것이다. 하지만 과문한 탓인지 나는 그런 문서의 존재를 알지 못한다.

이 보고서는 원자력발전소의 재가동에 대해서도, TPP*에 대

대세를 따르지 않는 시민들의 생각법

해서도, 오키나와 기지 문제에 대해서도, 영토 문제에 대해서도 오로지 미국의 요구만 열거하고 있다. 그리고 그것은 모두 일본 정부가 이미 실현했거나 실현 중인 사안이다.

'미국의 요구를 잠자코 따르는 것이 일본의 국익을 최대화하는 길'이라는 판단에 그 나름대로 합리성이 있다는 점은 나도 인정한다. 그러나 그것을 '동맹 관계'라고 부르는 것은 억지라고 생각한다. '결과적으로 합리적인 정책을 선택했다는 것'과 '주권 국가로서 정책을 스스로 결정하는 것'은 차원이 다른 이야기이기 때문이다.

"일본은 계속해서 일류 국가이기를 바라는가, 아니면 이류 국가로 전락할 생각인가?" 이 보고서는 이렇게 명확한 호통으로 시작한다. 만약 이 물음에 "예, 일류 국가이고 싶습니다" 하고 일본 정부가 대답했다면, 실로 그 종속적인 태도를 보고 세계는 일본을 '이류 국가'로 여길 것이다. 현재 이 보고서는 일류 국가의 조건으로 경제력·군사력 이외에 '전 세계적인 비전'과 '국제 문제에 대한 단호한 리더십'을 들고 있기 때문이다. (2012년 10월 8일)

• 환태평양경제동반자협정Trans-Pacific Partnership의 줄임말이다. 아시아·태평양 지역 국가 간 진행 중인 광역 자유무역협정FTA을 말한다.

미국에 '사려 없다'는 말까지 듣다니

　일본유신회의 공동대표 하시모토 도루가 '종군위안부' 제도에 대해 발언한 내용이 국내외에 커다란 파문을 일으키고 있다. 나는 해외 매체들이 일본유신회의 움직임을 어떻게 파악하는지를 알고 싶어 인터넷을 통해 정기적으로 보도 내용을 점검해왔다. 그런데 일본유신회와 하시모토 도루 대표에 대한 정보는 대부분 일본의 신문기사나 정치학자의 발언을 인용한 것이었다. 해외 매체가 그들의 정책을 직접 평가한 기사는 찾아볼 수 없었다.

　이번 '설화舌禍' 사건을 다루는 각국 미디어의 태도는 예전과 비교할 수 없을 만큼 달라졌다. 하시모토 도루의 태도가 '일본이라는 나라의 미래'에 대한 국제사회의 불안을 부추기는 '방아쇠' 같았기 때문일 것이다.

　이에 앞서 아베 총리와 자민당에 대한 '우려'를 노골적으로 표명한 미국의 신문은 (2013년) 4월 23일자 《뉴욕타임스》였다. 이 매체는 '일본의 불필요한 내셔널리즘'이라는 사설을 실었다. 이 사설은 야스쿠니신사에 최대 인원인 국회의원 168명이 참배한 일에 대해 이렇게 기술한다. "관계 각국이 북한과 핵문제에 대해 협조해야 할 때, 일본이 중국·한국과 대립 관계의 각을 세우는 것은 심히 사려 없는foolhardy 행위다."

'사려 없다'는 말은 동맹국의 정책을 평가하는 형용사 치고는 상당히 격앙된 어조를 드러낸다. 그 다음에 '침략'의 정의는 상대적이라는 총리의 국회 발언과 (이스탄불을 폄하한 이노세 나오키猪瀨直樹 도지사의 부주의한 발언*이 '간주'로 들어가고) 이번 하시모토 도루의 발언이 이어졌다.

일본에 새 정권이 들어선 지 반년 동안 미국은 일본을 조용히 지켜보았다. 하지만 최근 들어 국제사회에 도발적인 태도를 내보이는 일본 정치가들의 태도를 심각하게 여기고, "저들을 이대로 내버려두면 서태평양에서 미국이 얻는 국익을 잃어버릴 가능성이 있다"고 판단했기에 '다소 강경하게 지도 편달'에 나선 것이다. 내게는 그렇게 보인다.

자국에 유리하도록 타국 정부를 높이 평가하거나 낮게 평가하는 일은 미국의 사정일 뿐, 우리가 관여할 바는 아니다. 그러나 지금 문제로 떠오른 일련의 행위가 주관적으로는 '국제사회에서 일본의 위신을 높이려는(가능하면 미국의 환심을 사려는)' 의도에서 비롯되었다는 것, 요컨대 국제 감각이 결여되었다는 것이 심히 '통탄스러울' 따름이다. (2013년 5월 27일)

• 이노세 나오키 도쿄도지사는 2020년 하계 올림픽 유치 경쟁 당시 《뉴욕타임스》와의 인터뷰에서 이슬람 국가들은 서로 싸움만 하고 계급사회를 벗어나지 못했다고 말해 물의를 빚고 사과했다.

3 국제사회의 웃음거리가 되다

기묘한 '친미 내셔널리스트'

'일본의 내셔널리즘을 어떻게 이해하면 좋을까?'라는 주제에 대해 중국의 잡지가 취재를 요청했다. 중국인의 관점으로는 야스쿠니신사에 참배하고 도쿄 전범재판 역사관*을 부정하는 자민당의 정치가들이 주관적으로는 친미파라는 사실을 잘 이해할 수 없는 듯하다. 그도 그럴 법하다. 고이즈미 이치로 씨를 예로 들어 설명해보겠다.

고이즈미 이치로 씨는 역대 총리 가운데 가장 친미적인 인사였다. 그는 부시 대통령의 갖가지 정책을 지지했다. 규제 완화를 통해 미국 기업을 위해 일본의 시장을 개방했다. 그는 철저한 친미적 자세를 보여주었기 때문에 야스쿠니신사 참배라는 행위로 이른바 '미국의 발'을 힘껏 밟았을 때에도 미국은 '아프다'는 말을 자제했다. 잃어버리기에는 참으로 아까운 우호적인 동맹자였기 때문이다.

그 이후 우파의 정치가들은 고이즈미 이치로 씨를 그대로 답습했다. 우선 입에 침이 마르도록 친미적인 제스처를 보여주기만 하면, 국내에서 대동아전쟁 긍정론, 개헌과 핵무장론, 중국과 한국에 대한 국수주의적인 망언을 아무리 퍼부어대도 '미국이 질타하지 않는다'는 것을 학습했기 때문이다. 이리하여 다른 나라에서는 찾아볼 수 없는 '친미 내셔널리스트'라는 기묘한 인종이 등장하기에 이르렀다. 일본의 우파는 '자국에 무기한으로 주둔하는 외국 군대에 대한 저항운동을 조직하지 않는 세계 유일의 내셔널리스트 집단'일 것이다. 이 같은 '뒤틀림'을 중국인에게 이해시키는 데 상당히 시간이 걸렸다.

일본유신회의 공동대표인 하시모토 도루 오사카 시장이 방문할 예정이었던 샌프란시스코 시가 한 달 전에 "공식 방문으로 다루지 않겠다. 예방禮訪도 받지 않겠다"는 문서를 보냈다는 사실이 밝혀졌다. 이는 국내를 향해 내셔널리스트의 폭언을 마구 남발하고 싶으면 먼저 친미파라는 것을 상대에게 납득시켜야 함에도 그 '순서'를 간과한 하시모토 도루 씨에게 벌칙을 내린 것이라고 생각한다. 그러므로 오사카 시장은 황급히 친미파라는 정체를 보여주기 위해 오키나와의 오스프리Osprey**를 오사카 야오八尾 공항에 배치하자고 제안했다. 자신이 지역 주민의 안전보다 미국 군사전략의 지원을 우선시하는 친미파 정치가라는 것을 백악관이 알아주기를 바랐기 때문이다. (2013년 6월 24일)

● 도쿄재판(극동국제군사재판)은 1946~1948년 태평양전쟁의 전범자를 심판한 재판으로, 도쿄 전범재판 역사관이란 일본의 전쟁 책임을 인정하는 역사관을 말한다. 일본 우익은 이를 부정하는 수정주의 역사관을 강조한다.
●● 미 해병대의 수직이착륙 수송기 V-22의 애칭. 오키나와에 배치한 이후 잦은 추락사고로 주민들의 반발이 높다.

일본과 중국의 군사 충돌이라는 망상

〔2014년에 들어〕 이 칼럼을 처음 쓰는데 즐거운 일이 하나도 떠오르지 않는다. 그래서 어쩔 수 없이 '일어날 것 같기는 한데 일어나지 않기를 바라는 것'에 대해 써보겠다. 내가 지금 쓰기 시작하는 일이 실제로 일어난다면 내 선견지명을 증명해주겠지만, 일어나지 않는다면 내 소망이 이루어진다. 어느 쪽으로 굴러도 '진창구르기'만으로 끝나지는 않을 것이다.

'일어날 것 같기는 한데 일어나지 않기를 바라는 것'이란 일본과 중국의 군사 충돌이다. 중국은 새로운 방공식별권*을 설정했다. 며칠 전에도 중국인이 탄 기구가 일본 근해에 추락했다. 만약 그가 센카쿠에 불시착했다면 구출을 위해 중국 선박이 출동할 가능성이 있었다. 인민해방군은 조직 방어를 위해 정기적으로 소규모 군사적 충돌을 바라고 있다. 한편, 아베 총리는 자위대의 사열식에서 "방어력은 그 존재만으로도 억제력이 된다는 종래의 발상은 완전하게 사라져야 한다"고 말해 군사력의 발동을 주저하지 않는 자세를 보였다. '일본과 중국의 치킨 게임'**이 벌써 시작된 것이다.

정작 군사적 충돌이 일어나면 일본정부와 국민은 미일안보조약 제5조가 즉시 발동되기를 기대하겠지만, 그렇게 될지는 미지수다. 주지하는 바와 같이 미국정부는 센카쿠의 영유권에 대해 이제까지 자신의 태도를 표명하지 않고 있기 때문이다.

미국정부가 일본과 중국의 군사 충돌을 '자국의 평화 및 안전을 위태롭게 하는 것'으로 확인할지 아닐지, 미국정부와 의회가 '헌법이나 절차'에 따라 당연히 참전하겠다고 할지 아닐지 예측하기란 어렵다. 다만 미국의 여론이 더 이상 해외 분쟁에 개입하기를 바라지 않는다는 것은 알고 있다. 어느 쪽이 이기든 미국 국민이 아무런 이익도 없는 전쟁에 나가 자기 나라 젊은이들이 피 흘리는 것을 허용할 리 없다. 따라서 미국에는 '신중한 조정 역할' 이상을 기대해서는 안 된다.

일본 국민은 동맹국의 미온적인 태도를 '조약 위반'이라고 여길 것이다. '이럴 때 도움이 되지 않는 안보조약은 없는 편이 낫다'고 하면서 안보조약 불필요론이 비등할 것이다. 그리고 격앙한 내셔널리스트가 '자주적인 핵무장'이나 징병제를 논의하기 시작할 것이다. 전후 70년 동안 유지해온 미일 동맹은 이렇게 막을 내릴 것이다. 내 상상력이 그려낼 수 있는 그림은 여기까지다. 내 망상이 망상으로 끝나기를 기원해 마지않는다. (2014년 1월 20일)

● 국제법이 정하는 영토·영공과 달리 방위를 목적으로 타국의 항공기에 대해 각국이 독자적으로 설정한 지역을 말한다. 일본은 방공식별권에 타국 비행기가 사전 통고 없이 진입할 경우 전투기를 자동 발진시키는 반면, 중국은 일본의 방공식별권을 인정하지 않고 있다.
●● 어느 한 쪽이 양보하지 않을 경우 양쪽이 모두 파국으로 치닫게 되는 극단적인 게임이론.

3 국제사회의 웃음거리가 되다

해석의 차원, 감정의 차원

내게는 특기가 여럿 있는데 그중의 하나는 '재빨리 사과하기'다. 무슨 일이 있으면 전광석화와 같이 "미안합니다" 하고 사과한다. '전광석화'라는 점이 포인트다. '기선을 제압하는' 것이다. '그 자리를 리드하는' 것이기도 하다. 무도武道가 추구하는 심오한 경지다. 여기에서 '무엇을' 하느냐는 부차적인 중요성밖에 지니지 못한다. 문제는 누가 먼저 자리에서 일어나 그곳의 규칙을 정하느냐 하는 것이다. 혼잡해서 어깨가 부딪쳤을 때 다소 기분이 상해 서로 흘겨본 다음에 "미안합니다" 하고 마지못해 사과하면 상황이 도리어 꼬여버린다. "이게 미안하다고 될 일이야?" 하는 식으로 일이 커질 수도 있다. 하물며 "난 절대로 미안하다는 말은 하지 않을 거야" 하는 입장을 고집하면 수습할 수 없는 지경에 빠져버린다.

내가 지금 무슨 이야기를 하고 있느냐 하면, 바로 외교 이야기를 하고 있다. 그런 일상적인 일에 빗대어 외교를 논하지 말라고 버럭 화를 내는 사람도 있겠지만, 이 정도 이야기에 버럭 화를 내는 인물이라면 교섭 능력이 형편없다고 할 것이다.

중국·한국과 역사 인식 문제로 인한 갈등 때문에 동아시아 외교가 암초에 걸려버린 까닭은 '제대로 사과하면 될 것'을 사과하지 않고 질질 끌고 있기 때문이다. "우리는 이대로 끝도 없이 사죄만 하고 있으란 말인가?" 하고 불만스럽게 여기는 사람도 있다. 그런데 그 '불만스러운 얼굴'이야말로 이웃나라 사람들의 사죄 요구를 무한하게 연장시키고, 반일 감정을 드높인다는 점을 이제 슬슬 깨달을 때도 되지 않았을까? 상대방의 처지에서 생각하는 상상력이 있다면, "사죄는 할 만큼 했다. 그러니까 우리가 비난받을 이유는 없다"는 태도를 보일수록 상대는 "그런 식의 태도라면 영원히 용서할 수 없다"는 마음이 든다는 것쯤 충분히 짐작하고도 남는다.

오늘날 역사 인식 문제는 사실 관계의 차원에 있지 않다. 해석의 차원, 나아가 감정의 차원에 있다. 우리가 맞닥뜨리고 있는 물음은 "어떻게 하면 피해자들의 무한한 사죄 요구를 멈출 수 있을까?" 하는 실용주의적인 물음이다. 그리고 경험에 따르면 '무한한 사죄 요구'는 "이미 사죄했잖아? 그럼 된 거 아니야?" 하는 자기 사정이 아니라 "네가 하는 말에 충분히 일리가 있어. 알았어……" 하는 인정의 자세, 다시 말해 '자신의 입장을 일단 떠나 승인해주는 일'에 의해서만 바꾸어나갈 수 있다. (2014년 3월 3일)

3 국제사회의 웃음거리가 되다

선진국 싱가포르의 고민

싱가포르는 세계화에 적응한 훌륭한 성공 사례로서 우리나라 경제성장론자들로부터 뜨거운 선망의 시선을 받는다. 하지만 그 나라에는 우리가 알지 못하는 그 나라의 고민이 있다. 현재 싱가포르 사회의 문제는 외국인의 급증이다.

이제까지 싱가포르는 경제 활성화를 위해 대담하게 이민자를 받아들였다. 그 결과 과거 20년 동안 영주권을 갖지 못한 외국인이 280퍼센트 증가하면서 전체 인구의 30퍼센트에 달했다. 그런 탓에 부동산 가격이 끓어오르고 교통기관이 혼잡해지면서 싱가포르 국민의 불만이 점차 커지고 있다.

무엇보다도 비자의 발급 조건을 엄격히 제한하기 위해 정부는 고용주에게 최저임금의 증액을 부과했다. 이민 노동자를 받아들이더라도 생각만큼 인건비를 줄일 수 없다고 견제한 것이다.

그 결과 여러 가지 사태가 벌어졌다. 하나는 생산성이 높은 업종밖에 살아남지 못하는 현상이 나타나고 있다. 인건비의 증액으로 타격을 입지 않은 분야는 R&D, IT, 금융 등 사람을 별로 고용하지 않는 업종, 즉 '고용을 창출하지 않는 업종'뿐이다. 그런 기업만 남는다면 확실히 이민의 유입은 억제할 수 있겠지만 고용

　　　대세를 따르지 않는 시민들의 생각법

감소가 초래하는 마이너스 영향이 싱가포르 국민 일반에게도 미칠 것이다.

나아가 고액의 급여에 걸맞게 특별 기술을 가진 외국인만 입국시킨다면, 조세 회피를 위해 싱가포르에 모인 초부유층과 더불어 '외국인만 국내의 상류 계층을 점하는' 전형적인 식민지 풍경이 나타날 것이다. 이것도 싱가포르 국민의 시각에서는 그리 유쾌한 일이 아니다. 국민의 감정을 배려한다면 정부는 외국인에 대해서만 소득세를 인상하고, 외국인에 대해서만 부동산 취득의 제약을 가하고, 외국인 청년에 대해서만 병역을 부과하는 등 '외국인에게 쾌적한 생활을 허용하지 않는' 정책을 채용할 수밖에 없는 궁지에 몰릴 듯하다. 외국인을 불러들이거나 쫓아내야 하는 이민 정책의 '조절'은 대단히 까다롭다.

일본에도 이민 노동자를 대담하게 받아들이자는 경제학자가 있다. 그들이 선행 사례에 관해 얼마나 검증해보고 나서 그런 발언을 하는지 도통 모를 일이다. (2014년 6월 2일)

국제사회의 웃음거리가 되다

아베 신조 총리는 아까 예산위원회에서 호르무즈 해협의 기뢰 부설을 둘러싸고, "석유의 공급 부족으로 국민 생활에 치명적인 영향이 발생함으로써 우리나라의 존립이 위태로워지는 사태가 벌어질 수 있다"는 이유를 들어 무력행사를 위한 요건을 갖추어야 한다는 해석을 내렸다.

솔직히 말해 나는 이 말이 무슨 뜻인지 모르겠다. 의원 양반들은 이 말의 뜻을 이해하고 있을까? 만약 기뢰 부설에 의해 석유의 공급 부족으로 '우리나라가 직접 공격을 받은 것과 맞먹는 피해를 입을 것'을 인정할 수 있다면(나는 이러한 인정에 동의하지 않지만), 그것은 개별적 자위권의 발동으로 대처해야 할 사태일 것이다. 그런데도 어째서 "밀접한 관계에 있는 타국이 무력으로 공격당했을 경우 직접 공격을 받지 않은 일본이 군사행동을 취할 권리," 즉 집단적 자위권*으로 타국을 끌어들이는 방식에 의해 그 사태를 대처해야 할까? 나는 그 논리를 이해할 수 없는 것이다.

석유 자급률이 0.4퍼센트인 일본은 석유 수입의 대부분을 중동의 산유국에 의존한다. 따라서 기뢰 봉쇄로 '치명적인 영향'을 받는다는 이야기는 이해하지 못할 바도 아니다. 하지만 '일본과

대세를 따르지 않는 시민들의 생각법

밀접한 관계에 있는' 미국은 중동 산유국에 대한 의존율이 25퍼센트다. 지금 미국은 석유의 자급을 위해 기술 개발에 온힘을 쏟고 있기 때문에 언젠가 그 의존율은 제로에 가까워질 것이다. 미국은 먼 나라에서 일어나는 사건이 자국에 치명적인 영향을 미치지 않도록 '끊어버리는' 것을 전략적 급선무로 삼고 있다. 그런 미국의 입장에서 해상교통로 방어를 위한 군사비를 일본이 대신 부담하라고 요구하는 것은 (거북스러운 이야기지만) 논리적으로 할 수도 있는 말이다. 그렇다면 아베 총리는 솔직하게 속내를 말해야 할 것이다. 그런데 말을 못한다. 왜 말을 못할까? 머나먼 곳에 있는 해협 하나를 기뢰로 봉쇄하는 정도로 '존립이 위태로워질' 만큼 취약한 나라가 있다면, 그것은 그 나라의 국방전략 제도가 잘못 설계되어 있다는 것을 의미하기 때문이다.

전 세계의 나라들은 중동의 리스크가 국익에 미치는 영향을 최소화하는 방향으로 필사적으로 지혜를 쥐어짜고 있다. 그러한 가운데 일본만 유독 미미한 군사적 간섭에 의해 국가 시스템이 쉽게 와해될 것이라고 허풍스럽게 떠들어댄다. 이것이야말로 '국제사회의 웃음거리'가 될 만한 행동이다. 사람들은 어째서 이 점을 눈치 채지 못하고 있는 것일까? (2014년 7월 28일)

● 제2차 세계대전 패전 이후 일본은 평화헌법 아래 일체의 무력행사를 포기하고 자국만을 방위하는 자위대를 유지해왔다. 그러나 일본의 보수 세력은 '집단적 자위권'은 허용된다고 헌법 해석을 바꾸어 다른 나라의 전쟁에도 군대를 보낼 수 있도록 하는 안보법 개정을 추진했고, 급기야 2015년 9월에 법이 통과되었다.

유대인이 이스라엘에 대해 느끼는 양가감정

가자Gaza 지구에서 전투가 끊이지 않는다. 비전투원들이 잇따라 희생당하고 있다. 팔레스타인에 평화를 불러온 오슬로 합의의 공적을 인정받아 야세르 아라파트Yasser Arafat 팔레스타인해방기구PLO의 의장과 이츠하크 라빈Yitzhak Rabin 이스라엘 총리, 시몬 페레스Shimon Peres 외무장관이 노벨평화상을 수상한 것은 1994년이다. 그로부터 벌써 20년이 지났다. 그 후 합의는 사실상 무너졌고 지금은 팔레스타인 문제 해결의 전망에 대해 설득력 있는 이야기를 하는 사람을 찾아볼 수 없다. 앞으로 어떻게 될지는 내다볼 수 없지만, 그래도 '이제까지 존재하지 않았던 요소' 두 가지가 상황을 변화시킬 것 같은 예감이 든다.

하나는 미국의 '무관심'이라는 요소다. 미국이 '중동을 떠나는' 경제적 이유에 대해서는 앞에서 기술했다. 거의 원시적이라고 해도 좋을 기뢰 같은 무기 때문에 자국의 경제가 마비되어버린다면, 미국이 그런 시스템을 지속시킬 합리적 이유가 없다. 그보다는 에너지의 자급률을 높이고 수입처를 분산시켜 위기를 분산시키는 것이 당연하다.

또 하나, 미국이 중동에서 떠날 수 없는 것은 이스라엘이 거

대세를 따르지 않는 시민들의 생각법

기에 있기 때문이다. 미국 국내의 '유대인 로비'가 정부의 중동 정책에 막대한 영향력을 행사해왔다는 것은 주지의 사실이다. 그러나 이번 가자 지구에서 벌어진 '학살'(이스라엘 소년 세 명이 유괴, 살해당한 사건을 빌미로 이스라엘군이 가자 지구에 대규모 공습을 감행하고 지상을 침공했다)에 대해서는 전 세계의 유대인들이 '반이스라엘' 감정을 분출했다.

이스라엘은 유대인에게 친밀함과 혐오를 동시에 불러일으키는 양면적인 존재다. 홀로코스트의 악몽으로부터 기껏해야 70년이 지났을 뿐이다. 언제 반유대주의적 박해가 또 일어날지 알 수 없다. 그때 '그곳으로 도피하면 목숨을 건질 수 있다'고 믿을 만한 장소는 이 세계에 딱 하나뿐이다. 그곳은 유대인에게 심리적인 버팀목이었다. 그렇기에 '유대인의 마지막 보루'를 지키기 위해 이스라엘이 '정치적인 악행'을 되풀이해도 유대인들은 스스로에게 이스라엘을 비난할 수 있는 윤리적 우위성이 있다고 생각할 수 없었다.

그렇지만 이번 가자 지구에서 일어난 사건을 목격하고 나서 세계 각지의 유대인들은 생각이 무척 변했으리라고 본다. 그렇게까지 해서 지켜야 할 땅이라면 이제는 필요하지 않다고 생각하는 유대인, 자신이 사는 나라에서 반유대주의적 박해를 받는 편이 오히려 '낫다'고 여기는 유대인이 생겨났다. 앞으로 이런 추세는 더욱 거세질 뿐 약해지지는 않을 것이다. (2014년 8월 11일)

3 국제사회의 웃음거리가 되다

무엇을 위해 피를 흘려왔는가?

미국은 〔2014년 8월〕 8일에 이라크 북부에서 '이슬람 국가'에 대한 '한정적인' 공습을 개시했다. 쿠르드인이나 기독교도가 산간 지방으로 피난한 사태를 '대학살'의 징조로 보고 예방하는 차원에서 공습에 나섰던 것이다.

이제까지 오바마 대통령은 군사 개입에 신중한 자세를 보여온 만큼, 이런 방침의 전환에 대해서도 '이라크에서 일어나는 새로운 전쟁'에 휘말리지 않겠으며 지상 부대도 파견하지 않겠다고 공언하고 있다.

미국은 과거 70년 동안 쉴 새 없이 해외에 군사적으로 개입해왔는데, 이 지경에 이르러서야 '엉거주춤한 자세'를 취하기 시작했다. 해외의 군사 개입이 있을 때마다 미국은 언제나 '악한 인디언'에게 피습 받은 '포장마차 행렬'을 구하기 위해 거칠게 달려가는 '기병대'라는 자기 이미지를 구축해왔다. 그러나 이제는 '포장마차 행렬'이나 '인디언'이 그곳에 존재하는 현실이 아니라 '기병대'의 눈에만 그렇게 '보이는' 허상이라는 점을 깨닫기 시작했다.

구소련이 아프가니스탄을 침공했을 때 CIA는 파키스탄 정부와 함께 이슬람 전사들에게 군사 교련을 실시했다. 이는 결과적으로 나중에 알카에다가 된 조직의 기초를 만드는 데 가담한 셈이었다. 아마도 이 무렵부터 미국은 자신이 하는 일에 대해 확신을 잃기 시작했을 것이다. 어느 나라든지 전투가 일단락되고 나면 '포장마차 행렬'이 '기병대'에게 마땅히 감사해야 하는 것이 아닐까? 그런데 도리어 그들은 '기병대'를 골칫덩이로 보거나 쫓아내려고 할 뿐 아니라 심한 경우에는 '인디언'으로 변모해 '기병대'를 공격하기 시작했다. "도대체 우리는 무엇을 위해 피를 흘렸던 것인가?" 미국은 이윽고 달리기를 멈추고 근원적인 물음에 귀를 기울이고 있다. 그리고 아직 답을 찾지 못했다.

일찍이 미국 청년 10만 명이 피를 흘리고 나서야 겨우 '민주화'를 달성한 동맹국의 정부가 '미국이 부여해준 헌법 질서'를 내버리고 미국의 국시國是인 '자유와 민주주의'를 부정하려고 한다. 미국은 이 모습을 멍하니 바라보고 있다. "우리는 진정 무엇을 지키기 위해 싸워온 것일까?" 미국인 자신도 이미 뭐가 뭔지 알 수 없는 혼돈의 도가니일 것이다. (2014년 8월 25일)

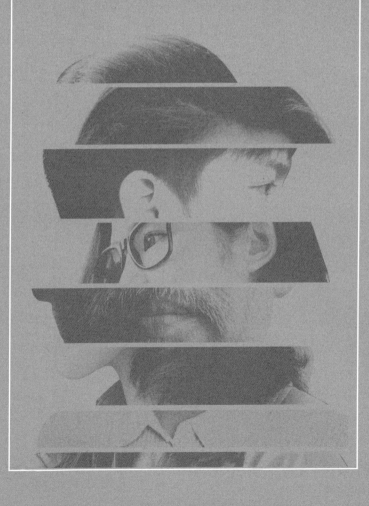

4

학교는 무엇을 위해
존재하는가?

실학의 유효 기간은 얼마인가?

실학實學이란 무엇인가? '교육 투자를 신속하고 확실하게 회수하리라고 예상할 수 있는 지식이나 기술'을 말한다.

그것은 유용성이나 지적 희열과 관계가 없다. 수학, 음악, 문학의 유용성이나 희열을 부정하는 사람은 없지만, 이것들은 '실학'이라고 불리지 않는다. '투자한 학비의 회수'가 확실하지 않기 때문이다.

지금 학생들이 즐겨 선택하는 것은 의학, 생명과학, 법률학, 금융공학 등이다. 이것은 알기 쉽게 말하면 '환금성이 높은 교과'라고 할 수 있다.

학생의 부가가치를 높여 노동시장에 내보내는 것이 대학의 사명이라고 보는 '실학'의 관점에서 말하면 환금성이 높은 교과를 골고루 갖추라는 주장은 올바르다.

그러나 '실학'은 시대와 더불어 변한다. 스탕달의 《적과 흑》을 읽으면 19세기 프랑스의 실학은 우선 '가톨릭 신학'이고, 그 다음이 '군사학'임을 알 수 있다. 그렇기 때문에 가난한 주인공 줄리앙 소렐은 혈안이 되어 '신속하고 확실한' 투자처를 찾는다. 그렇게 시대를 거슬러 올라가지 않더라도 1960년대 이과계열 학생이 즐겨 선택한 제2외국어는 러시아어였다. 소련이 당시 과학기술의 최첨단을 달리는 나라였기 때문이다. 그러나 오늘날 러시아어를 선택하는 우주물리학 전공 학생을 찾아보기란 힘들다.

'실학'은 항상 '유효 기간'이 있으며, 그 기간은 상상하는 것보다 훨씬 짧다. (2008년 6월 23일)

여행 짐은 아주 단출하게

올해 여름도 학생들의 어학연수를 따라가 3주 동안 프랑스에서 지냈다.

언제나 여행을 떠날 때면 어떻게 짐을 줄일까 하는 문제로 고심한다. 필요한 것은 현지에서 조달하고 다 쓰고 나면 현지에 두고 오는 것이 가장 좋지만, 실제로 여행에 들고 가는 짐이란 현지에서 조달하는 것이 무척 곤란하고 또 여행에 필수적인 것으로만 채워져 있다.

나로 말할 것 같으면 필수 휴대품은 작업용 컴퓨터, 물 끓이는 주전자, 인스턴트식품(간장 맛 나는 음식을 정기적으로 보충하지 않으면 살아갈 수 없는 체질이기 때문에), 변압기 그리고 책이다. 옷을 넣을 공간이 없다. 어차피 여름철인데다 양복을 입고 외출해서 볼일도 없기 때문에 다 헤진 청바지와 셔츠를 쑤셔 넣었다가 돌아올 때 호텔 쓰레기통에 버리고 온다. 돌아올 때 짐은 약간 가벼워진다. 게다가 체류하는 동안 언제나 너덜너덜한 차림으로 돌아다니면 소매치기나 날치기도 거들떠보지 않기 때문에 안전을 위해서도 매우 바람직하다.

그래서 데리고 간 여학생들에게도 "현지에서 안전하게 지내려면 될수록 가난한 옷차림으로 오도록!" 하고 엄명을 내린다.

그런데 공항에서 집합했을 때 "그래, 좋아. 모두들 내가 일러 준 대로 잘들 했구나……"까지 말하다 말고 문득 입을 다물었다. 내가 하고 싶은 말을 끝까지 해버렸다면 여행하는 동안 그녀들은 내게 말도 걸어주지 않았을 것이다. (2008년 9월 15일)

"이번에는 누구를 괴롭힐까요?"

취임한 이래 높은 지지율을 자랑하는 하시모토 도루 오사카 부 지사가 전국학력조사의 결과 공표를 거부한 각 시·군·구 등의 교육위원회를 '쓰레기 교육위원회'라고 매도했다. 또 비공개를 표명한 시·군·구 등에는 내년도 예산 책정 때 '벌'을 내릴 가능성도 시사했다.

이 사람이 보여주는 퍼포먼스의 결정적인 특징은 한마디로 말해 '괴롭히기'다.

지사로 취임한 뒤 그는 부 직원의 인건비, 문화시설, 이타미伊丹 공항 등에 대해 갖가지 삭감과 폐지 조치를 제안해왔다. 그러자 매스컴의 이목은 '재정 재건'이라는 대의명분을 걸고 '다음은 누가 표적이 될까?'라는 점으로 집중되었다.

"이번에는 누구를 괴롭힐까요?" 하고 그는 주민들에게 묻는다. '주민을 대신해 기득권 위에 퍼질러 앉아 있는 나쁜 놈들'을 퇴치한다는 '보여주기식 정치'는 잔혹성을 즐기는 취미를 자극한다.

그러나 그런 어법으로 사회문제를 논의하는 한, 무언가를 '부수는' 것은 가능해도 새로운 무언가를 창조하는 것은 불가능하다고 생각한다. 그것은 '무서워 벌벌 떠는 사람들'과 '알랑거리는 사람들'을 조직적으로 양산해낼 뿐이다.

하시모토 지사는 오사카부의 전국학력평가 성적 결과에 불만이 있는 듯하다. 그렇지만 교실에서 "반 성적을 끌어내린 쓰레기가 어떤 놈이냐?" 하고 분기탱천하여 문책하는 교사는 학생들의 학습 의욕을 높여주지 못한다. 그는 이것을 모른단 말인가? (2008년 9월 29일)

아이의 성장에 '등급 매기기'가 가능한가?

어떤 경제잡지가 '정말로 강한 대학'이라는 특집을 꾸몄다. 내가 근무하는 고베여학원대학이 '평생 급료 획득 순위'에서 4위를 차지했다. 도쿄대학이 5위니까 놀랄 만큼 높은 점수를 받은 셈이다. 우리 대학이 상위에 오른 것은 영업상으로 대단히 반길 만한 일이다. 하지만 이 경제잡지가 대체 무슨 근거로 이러한 수치를 산정했는지를 좀처럼 짐작할 수 없다.

금융기관의 등급부터 탤런트의 등급까지 '등급'에 대한 일본인의 집착은 좀 정상 궤도를 벗어난다고 할 만큼 과도한 것이 아닐까?

내 문하생이 합기도 교실을 열어 아이들을 가르치고 있다. 그런데 '승급 간격이 지나치게 길다'는 부모님의 진정이 있었다고 한다. 그는 이 의견을 받아들여 1급부터 10급까지 10단계였던 승급의 단계를 각각 ABC로 재차 나누어 도합 30단계로 세분화했다고 한다.

수영 교실의 강사로 일하는 대학원생 이야기도 이와 비슷했다. '머리를 물속에 집어넣기' '물속에서 눈 뜨기' 하는 식으로 기술을 하나 습득할 때마다 등급이 올라가는 시스템이라고 한다.

이것도 역시 부모들의 요구에 따른 것이라고 한다.

이런 일인즉슨 '교육 투자'의 투자 효과를 수치로 보여주지 않으면 아이의 신체적 변화나 성장조차 실감할 수 없는 부모가 늘어나고 있음을 가리킨다. 한심한 얘기지만 우리가 등급 매기기에 의존하는 까닭은 이렇다. 즉 수치로 나타나지 않는 미세한 징후에 의해 '사람을 알아보는 눈'을 잃어버렸기 때문이다. (2008년 11월 10일)

빈곤을 대하는 여학생들의 생존 전략

매년 크리스마스 계절이 돌아오면 강의 세미나 시간에 80명에 가까운 여학생과 정좌 자세로 앉아 면접을 실시한다. 사회의 변화를 감지하는 그녀들의 뛰어난 안테나에는 매년 감탄할 따름이다.

올해 면접에서는 "요즈음 젊은 여성이 읽는 잡지는 무엇이라고 생각하십니까?" 하고 오히려 질문을 받았다. "글쎄……《Can Cam》아닌가?" 이렇게 대답했더니 "그건 벌써 옛날 얘기랍니다" 하며 웃음을 샀다. 요새는 다들《sweet》를 읽는다고 한다. 이 잡지는 유럽과 미국의 셀러브리티(유명인)가 입는 최신 패션을 린카梨花나 요시카와 히나노吉川ひなの 같은 일본인 모델이 일본인의 취향에 맞게 소화한 패션으로 보여준다. 한 벌에 4만 5000엔! 가격이 싼 편도 아니지만 그렇게 비싼 편도 아니다. 엘레강스와 가격의 '접점'을 아슬아슬하게 추구하는 것이《sweet》의 패션 전략인 듯하다.

흠, 그렇군! 이것은 '빈곤 시프트shift'라고 부를 만한 이른바 생존 전략의 변화를 드러내는 징후라고 볼 수 있겠군! 면담한 학생 중 '소비활동'을 연구 주제로 꺼낸 학생이 한 사람도 없었다는 점에서도 그러한 변화의 경향을 짐작할 수 있다. 예전에는 '브랜드'나 '유행'을 연구 주제로 선택하고 싶다는 학생이 꼭 있었다. 그런데 올해는 0……. "소비를 통해 '자기다움'을 표현하자"는 1980년대 말의 이데올로기는 급속하게 영향력을 잃고 있는 듯하다.

'빈곤 시프트'에 의해 생활감각이 바로잡히고 있는 현상을 나는 기쁘게 여기는 바다. (2008년 12월 22일)

'고학'을 권함

일본 대학의 수업료는 비싸도 너무 비싸다. 국립대학도 첫해 납입금이 80만 엔을 넘는다. 수업료 감면이나 장학금 등 구제 대책은 있지만 부모의 도움을 받지 않고 학생 스스로 학비를 감당할 수 있는 금액이 아니다.

내가 대학에 들어간 1970년에는 국립대학 입학금이 4000엔, 한 학기 수업료가 6000엔······. 창구에 1만 엔 지폐를 내면 학생증을 받을 수 있었다. 아르바이트 시급이 600엔이었으니까 2시간 일하면 한 달 학비를 충당할 수 있었다. 따라서 당시 학생들은 부모의 지갑에 손대지 않고 고학苦學할 수 있었다.

그 후 교육행정 지도에 의해 학비는 급커브를 그리며 상승했다. 그리고 세상에서 '고학생'이 사라졌다.

고학이 불가능해진 탓에 사회는 엄청나게 변했다. 하나는 진로 결정에 부모의 동의가 필요해졌다는 점이다.

자식이 '하고 싶은 일'과 부모가 '시키고 싶은 일'은 대개 다르기 마련이다. 고학이 불가능해졌다는 말은 '자기가 하고 싶은 공부(부모가 절대로 동의해주지 않을 것 같은 분야)'를 단념하는 아이들이 아마 수백만 명 단위로 출현했다는 것을 의미한다.

대세를 따르지 않는 시민들의 생각법

그것은 일본의 지적 생산성을 얼마나 떨어뜨렸던 것일까? 그것 때문에 잃어버린 지적 자산은 수업료의 인상으로 국고에 거두어들인 금액을 훨씬 뛰어넘을 것이다. (2009년 3월 9일)

조직이 바라는 것은 개인의 '능력'이 아니다

취직 준비가 한창인 계절이 돌아왔다. 학생들은 대학 3학년 가을부터 달리기 시작하는데 4학년 여름이 지나도 내정을 받지 못하면 취직이 안 된다. 불황 때문에 고용에 소극적인 기업도 많다 보니 취직을 향한 여정은 험난할 것이다.

많은 학생들은 취직 준비를 수험 공부와 비슷하다고 여긴다. 성적이 우수하고, 말솜씨가 빼어나고, 리더십이 있는 사람이 뽑히고, 그렇지 못한 사람은 떨어진다고 말이다. 그러나 실제로 채용여부의 기준은 개인의 능력이 아니다. 모든 조직은 집단의 수행능력을 향상시키는 사람을 원한다. 조직이 바라는 인간은 '함께 일하는 사람들을 마음 편하게 해주는 사람'이다. 그런 자질은 반드시 '능력'과 일치하지 않는다.

아무 조건 없이 리더를 지원해주는 '예스맨'의 능력도, 집단 내부의 의사소통을 원활하게 해주는 '분위기 메이커'의 능력도, 논쟁이 달아오를 때 삐딱한 역설을 통해 찬물을 끼얹는 '심통쟁이'의 능력도, 하나같이 집단이 건전하게 기능하는 데 꼭 필요한 능력이다.

그러나 학생들이 수험 경쟁을 통해 배운 것은 탁 까놓고 말

대세를 따르지 않는 시민들의 생각법

해 '타자의 능력 발휘를 방해하고 그 평가를 깎아내리는' 기술이다. 그런 능력은 현실 사회로 나갔을 때 백해무익하다. 경쟁 상대를 필사적으로 떨어뜨리려고 발버둥치는 학생은 경쟁 심리 때문에 면접관에게 낮은 평가를 받기 마련이다. 그런데 그 누구도 학생들에게 이를 가르쳐주지 않는다. (2009년 4월 20일)

될수록 캠퍼스에 오래 머물라

신학기 오리엔테이션에서 신입생에게 학생 생활의 기본적인 요령을 말해주었다. 그것은 '될수록 오랜 시간을 캠퍼스에서 지내라'는 것이다.

그러기 위해서는 일단 수강신청을 너무 많이 하지 않아야 한다. 대학생의 수업은 강의 1시간 당 예습과 복습에 드는 2시간을 더해야 한다는 전제 때문이다(15주 동안 이렇게 3시간이 들어가는 강의를 1학점이라고 부른다). 나는 이것이 빈말이라고 생각하지 않는다. 1시간 수업을 제대로 소화하려면 두어 배 시간을 더 들일 필요가 있다는 것은 경험상 맞는 말이다. 식사하기 전에 손을 씻고 밥을 먹은 뒤에 '휴식'을 취하는 것과 마찬가지다. 지식이 온몸에 속속들이 퍼지게 하려면 앞뒤로 그 정도의 물리적인 시간이 필요한 법이다.

또 하나의 요령은 될수록 아르바이트를 하지 말라는 것이다. 학생은 '가난을 기본으로' 생활을 설계해야 한다. 가난하면 캠퍼스를 떠돌아다니는 정도밖에 할 일이 없다. 도서관에서 책을 읽고, 예배 시간에 파이프오르간 연주를 듣고, 정원에서 꽃을 바라보고, 교사 사이를 산책한다. 그러는 동안 만약 학생들이 깨닫지 못하는 사이에 '아름다운 것' '지적인 고양을 느끼게 하는 것'을 추구했다면, 그것은 이미 '배움'의 길에 들어섰다는 것을 의미한다. 그렇게 모든 것을 놓아버리고 심신의 감도를 높일 수 있는 곳이야말로 학교라는 공간이다. 또한 이것이 대학이 학생들에게 제공해주는 가장 훌륭한 선물이다. 건투를 빈다. (2009년 5월 4일)

4 학교는 무엇을 위해 존재하는가?

진정한 '의사소통 능력'

학생들은 자주 '의사소통 능력'을 높이고 싶다고 말한다. 그런데 그들은 이 말의 의미가 과연 무엇인지 정작 잘 모르는 것이 아닐까 하는 생각에 때로 불안해진다. 왜냐하면 학생들 대다수는 의사소통 능력을 '자기가 하고 싶은 말을 적절하고 명확하게 상대에게 전하는 힘'이라고 생각하기 때문이다. 그렇지만 그것은 의사소통 능력의 지극히 일부(그것도 부차적인 일부)에 지나지 않는다. 의사소통 능력이란 무엇보다도 '의사소통의 자리를 마련하는 능력'이다. 그것은 자신과 타자를 맺어주는 통신의 회선이 '살아 있다'는 것을 확인하는 몇몇 방법을 알고 있다는 말이다.

"저, 내 목소리가 들립니까?" 이런 발화가 바로 그것이다. 또는 상대방이 이야기하는 동안 '귀를 기울일 만한 대목'에 은근히 힘을 준 순간을 알아채고 곧바로 '고개를 끄덕이는' 반응을 보여주는 것이 그것이다.

영어 과목 중 '공중 앞에서 말하기public speaking'를 담당하는 교수가 이런 불만을 털어놓은 적이 있다. "학생들은 교단에 서자마자 갑자기 준비해온 원고를 읽기 시작해요." 무엇이 잘못되었단 말인가 하고 고개를 갸웃거렸더니 그는 이렇게 깨우쳐주었다.

대세를 따르지 않는 시민들의 생각법

"우선 처음에 강의실을 둘러보고 '안녕하세요' 또는 '이제부터 서투른 영어로 연설을 하려고 합니다. 양해해주세요' 하는 말부터 시작해야 하잖아요."

아, 참 그렇지……. 옳은 말씀이다. (2009년 7월 20일)

대화의 묘미는 '재촉'에 있다

여름방학을 맞이해 전차에서 학원에 다니는 아이들과 자주 마주친다. 그들의 대화를 엿듣는 것은 멈추기 힘든 취미다. 남자애들 대화의 특징은 누군가 꺼낸 화제를 '찌부러뜨리는' 속도와 날카롭게 치고 빠지는 경쟁에 있다. 꽤 흥미로운 논점을 누군가 제시해도 그것을 축으로 화제가 가지를 치면서 진기한 경지에 이르는 일은 일어나지 않는다. 그 까닭은 그들이 이야기의 재미를 위해 노력하지 않기 때문이다. 오히려 그런 노력이 존재한다는 것 자체를 모르는 것 같다.

그것은 딱히 어려운 일이 아니다. 가장 간단한 방법은 '그 말은 구체적으로 어떤 얘기지?' '좀 더 자세히 말해주지 않을래?' 하는 식으로 '재촉'하는 것이다. '재촉'은 '자기가 모르는 화제' '어디를 향하고 있는지 모르는 이야기'를 앞장서서 재미있어하는 능력을 요구한다. 이 능력이 있는 사람들이 몇 사람 모여야 비로소 '이야기가 탄력을 받는' 상황이 벌어진다.

텔레비전에 나오는 논객들은 자신이 이해하지 못하는 이야기에 조금도 반응하지 않는다. 논제 자체를 '존재하지 않는 것'으로 취급한다. 그렇게 행동하면 '알아야 할 것은 모두 아는 인간'처럼 보일 것이다. 하지만 그런 사람은 '비록 자기가 모르더라도 재미 있어 보이는 이야기'에 대한 센서의 조작법을 배울 수 없다. (2009 년 8월 17일)

아이는 교사의 언어를 통해 대화법을 배운다

작년(2009년)까지는 교육 현장에서 강연을 의뢰하면 될수록 수락하기로 마음먹고 있었다(현재는 거절하고 있다. 한도 끝도 없기 때문이다). 그런데 교육 현장에 가서 선생들이 구사하는 말투가 뜻밖에도 '엄하다'는 것을 느꼈다.

아이들을 상대하는 탓인지 선생들 중에는 다그치듯 말하는 속도가 빨라지는 사람이 있다. 본인은 의식하지 못하겠지만 듣는 사람은 '위압적'이라고 느낄 때가 있다. 교사끼리 '사이좋다'는 것을 드러내려고 일부러 빈정거리는 말을 하는 사람도 많다. 예의에 어긋나도 눈감아주는 관계가 친밀함을 드러내준다고 이해받고 싶은가 보다. 그렇지만 아이들이 대화의 방법을 배우는 것은 아이들을 향한 교사의 언어, 또는 교사끼리 나누는 대화를 통해서라는 점을 기억해두어야 한다고 생각한다.

선생들은 종종 '경어를 쓸 줄 모르는 아이가 많다'고 푸념한다. 나도 동감이다. 경어는 일종의 '외국어'와 같다. '흠뻑 뒤집어쓰듯' 경어를 듣지 않으면 몸에 배지 않는다. 진심으로 경어를 습득시키기를 원한다면 아이들이 '흠뻑 뒤집어쓰듯' 경어를 듣는 환경을 만들어주는 수밖에 없다. 현대 일본의 가정에서는 부부와 부모 자식이 경어로 대화하는 일이 없다. 가족드라마가 입증해주는 바에 따르면(별로 보지 않는 편이지만) 그런 듯하다. 그렇다면 학교 말고 어디에서 아이들은 '경어를 흠뻑 뒤집어쓰는' 경험을 쌓아야 한단 말인가? (2010년 4월 5일)

주입식 교육은 '교육이 아니다'

'유토리餘裕 교육'•이 학력을 저하시켰다는 논의가 비등하면서 또 다시 '주입식 교육'으로 되돌아가기 시작했다.

'유토리'가 좋을까? 아니면 '주입식'이 좋을까? 양쪽 다 각각 그럴듯한 논리가 있을 것이다. 하지만 나는 교육제도를 '요구'에 대응시키기에 급급한 나머지 교육의 본질을 논의하지 않고 눈이 핑핑 돌아갈 정도로 변화시키는 데 반대한다. 교육, 의료, 관혼상제 같은 인류학적 시스템의 본질은 수만 년 전과 달라지지 않았을 것이기 때문이다.

그러한 제도는 '공동체의 유지'를 위해 존재한다. 오로지 그 목적만 있을 뿐이다. 그중에서 교육은 '아이들이 공동체의 성원으로서 자신의 책무를 수행할 수 있도록 성숙시키는' 기능을 맡고 있다.

공동체의 성원으로서 주어진 의무를 다하고, 약자를 돕고, 유한한 자원을 공정하게 배분하도록 배려하는 인간을 만드는 것, 그것이 바로 교육의 목적이다. 그 이외에는 지엽적인 것에 불과하다.

'주입식' 교육의 회귀를 요구하는 사람들은 '경쟁을 통해 약자를 탈락시키고 자신의 이익을 확보하는 것'을 학습의 동기로 동원하는 데 심리적 거부감이 없는 것으로 보인다. 반복해서 말하는데, 스스로의 학력을 오로지 자기 이익을 위해 이용하도록 아이를 키우는 것은 '교육이 아니다.' 그런데 이렇게 단언하는 사람이 과연 오늘날 교육행정 부서에 존재할까? 나는 그 점이 염려스럽다. (2010년 4월 19일)

• 과도한 주입식 교육을 반성하고 '여유 있는 교육', 즉 학생들의 창의력과 자율성 등 종합 인성 교육을 중시한 일본의 교육정책. 2002년 교과과정 개편으로 공교육에 본격적으로 도입되었으나 학력 저하 등의 부작용이 나타나자 2011학년도부터 유토리 교육을 전면 포기하고 학력 강화 교육으로 선회했다.

4 학교는 무엇을 위해 존재하는가?

상식은 꺾이기 쉽기 때문에 가치 있다

학교 현장에서 교사가 저지르는 '음습한 불상사'가 잇따르고 있다. 교장을 살해한 범인을 맞추라는 시험 문제를 내기도 하고, 이과 수업 중 학생의 입과 코를 막아 실신시키기도 했다. 아침부터 그런 신문기사를 읽고 있노라면 우울해진다. 이런 사건을 통해 '원리적으로는 가능해도 상식적으로는 무리'라는 것을 판단할 수 없는 사람이 늘어나고 있음을 엿볼 수 있다.

'상식'은 어떤 형태가 있는 것이 아니다. 가이드북도 아니고 매뉴얼도 아니다. "상식적으로 그건 좀⋯⋯" 하고 조심스럽게 입에 담을 뿐이다. 그때 '상식'이라는 것에는 참이라고 할 증거가 존재하지 않는다. "당신이 하는 말에서 어느 부분이 상식인가? 역사적으로 언제부터 상식으로 등록되었는가? 세계적으로 어느 지역의 상식인가?" 하고 누군가 따져 물으면 대답이 궁하다. 그러나 '꺾이기 쉬운 취약함'이야말로 상식의 가치다. 상식을 근거로 남을 매도하거나 제도의 파괴를 꾀하거나 전쟁을 개시하기란 불가능하다. '그런 것은 상식이 아니'기 때문이다.

상식은 결코 원리가 되지 못한다. 따라서 '음습한 불상사'를 일으키는 것은 언제든지 '치졸한 원리주의자들'이다. 경로우대석

대세를 따르지 않는 시민들의 생각법

에 다리를 뻗치고 앉아 있는 청년, 슈퍼마켓 앞 길가에 주차하는 아줌마는 자기 행위를 비판할 수 있는 근거가 '상식'밖에 없다는 것을 알고 있다. '상식 있는 사람'은 그들을 느닷없이 벌주거나 하지 않는다는 것을 알기 때문에 그렇게 하는 것이다. (2010년 11월 8일)

집단 따돌림에 관한 개인적 고백

집단 따돌림 때문에 자살한다는 뉴스가 끊이지 않는다. 학교 측은 가해자를 특정하지 않으려고 한다. 가해자도 학생일 뿐더러 종종 집단 따돌림의 피해자이기도 하기 때문이다.

집단 따돌림에는 나 자신도 가해와 피해라는 두 입장에 섰던 적이 있다. 초등학교 시절 병에 걸려 학교를 쉬다가 1년 만에 등교했더니 집단 따돌림의 대상이 되었다. 내가 없는 동안 학급에서 새로이 공유한 '게임 규칙'을 몰랐기 때문이다. 집단 따돌림은 집요할 만큼 오랫동안 이어졌다.

1년쯤 지나고 나서 여자애가 전학을 왔다. 나는 이 아이가 필시 다음 표적이 되리라고 생각했기에 마음이 약간 놓였다. 그리고 내가 앞장서서 그 아이를 괴롭히려고 생각했다. 어떤 식으로 괴롭혀야 하는지는 빤히 알고 있었다. 집단 따돌림에 불을 댕기기 위해 수업 중 갑자기 그 여자애를 향해 공격적인 말을 퍼부었다. 그때 학급 전체가 얼어붙었던 것을 지금도 기억하고 있다. 그날부터 나는 더욱 심하게 집단 따돌림을 당했다. 이런 식으로 인간이란 타락한다는 것을 그때 배웠다. 당시의 반 친구들 몇 명은 중학교에 올라가 친해졌다. 그들은 그때 '다음 차례는 누구일까?'

대세를 따르지 않는 시민들의 생각법

하며 두려워했다고 말해주었다.

　아이들은 성장 과정에서 한 번쯤 잔혹한 시기를 통과한다. 그때 아이들을 어떻게 지킬 것인가? 이를 위해서는 가해자에게 벌을 주는 것이 아닌, 다른 종류의 지성이 필요하다. (2010년 11월 22일)

대학 근무를 통해 배운 몇 가지

곧 21년 동안 근무한 대학에서 정년퇴임을 맞이한다. '큰 허물은 없이'(중간 허물이나 작은 허물은 셀 수 없이 많았지만) 근무를 무사히 마칠 수 있도록 도와준 사람들에게 감사드린다. 이렇게 사사로운 감사의 말을 《AERA》라는 공적인 지면을 통해 전하는 것은 면목 없는 일이지만, 평생에 한 번뿐이니까 혜량을 바란다.

퇴임하기 전에 마지막 기념 강연을 해야 한다. 고베여학원대학에서 근무하는 동안 내가 배운 두어 가지에 대해 이야기할 작정이다.

첫째는 여성이 남성보다 훨씬 강하다는 것이다(새삼스레 말할 것까지도 없지만 역시 뼛속 깊이 느꼈다). 둘째는 미션스쿨이란 본질적으로 이 사회와 '잘 어울리지 못하는' 존재라는 것이다(그렇기 때문에 그 시대의 지배적인 이데올로기와 친하지 않다). 셋째는 마르크스주의자와 기독교도는 조직 안에서 싸울 때 서로 믿음직한 친구가 된다는 점이다(믿음직하지 못한 것은 '옛날 전공투全共鬪* 집단이다).

기독교 계열의 인문과학 대학이라는 완전히 '비실학적인' 학교가 한 세기를 넘어 굳건히 살아남은 까닭은 원리주의와 여성이라는 생물적인 강인함이 보완적으로 공존했기 때문일 것이다. 필시 의례와 계율이 생명력을 높이는 경우가 있다. 대학에 있는 동안 다른 것은 몰라도 에마뉘엘 레비나스** 연구와 합기도만큼은 여한이 남지 않을 만큼 몰두할 수 있었다. 이 성과와 대학 근무의 경험으로 얻은 결론은 무관하지 않을 것이다. (2011년 1월 24일)

• 전국학생공동투쟁회의의 약어로 1960년대 일본 학생운동 시기에 각 대학에서 결성된 전학련 등의 공동투쟁 조직을 말한다. 일본공산당을 보수주의 정당으로 규정하고, 도쿄대학을 중심으로 새로운 학생운동을 펼쳤다.
•• 에마뉘엘 레비나스Emmanuel Levinas(1906~1995)는 리투아니아 출신의 프랑스 철학자로, 후설의 현상학과 유대교의 전통을 바탕으로 서구철학의 전통적인 존재론을 비판하며 타자에 대한 윤리적 책임을 강조했다. 대표 저서로《전체성과 무한》《시간과 타자》등이 있다.

신앙과 실천을 이어주는 한마디

21년간 근무한 고베여학원대학에서 퇴임을 앞두고 (2011년) 1월 22일 마지막 기념 강연에서는 우리 대학의 표어인 '애신애린愛神愛隣'에 관해 이야기했다. 중동 지방의 황야에서 싹튼 '이족異族의 사상'은 오랜 시간과 머나먼 거리를 뚫고 극동의 섬나라에 당도하여 '토착 문화'와 만났다. 그리하여 이 둘을 이어주는 개념이 필요했는데, 나는 그것이 '애신애린'이 아니었나 싶다.

일신교의 초월적인 '신'이라는 개념은 온대 계절풍이 부는 토착의 종교의식과 잘 섞이지 않는다. 외래의 '신'이 뿌리 내리기 위해서는 섬나라 주민의 생활감각에 접속하는 '무언가'가 필요했다.

우연히 소매가 스쳤을 뿐인 '타생지연他生之緣'●의 '과부, 고아, 이방인'에게 음식을 먹여주고 옷을 입혀주고 잠들 곳을 제공하는 것…… 그것이 윤리적으로 올바른 행동이라는 것은 우리도 잘 안다. 그렇지만 누구나 그렇게 할 수 있는 것은 아니다. 그렇기 때문에 그런 일을 할 수 있는 사람을 예부터 '인자仁者'라고 불렀다. 측은지심인지단야惻隱之心仁之端也, 곧 남을 불쌍하게 여기는 마음이 인仁의 발단이다. 고통 받는 이웃에게 마음을 쓰는 것은 타고난 사명을 수행하는 일과 통한다. 유교의 이러한 가르침은 일본인에

대세를 따르지 않는 시민들의 생각법

게 깊이 새겨져 있었다.

신앙과 실천이 동떨어져서는 안 된다는 '애신애린'이라는 단 한마디가 황야에서 탄생한 일신교와 추상열일秋霜烈日** 같은 무사도 정신을 이어주었다. 문명을 이어줄 수 있는 언어에는 고유한 아름다움과 힘이 있다. 이 말을 표어로 선택한 선인의 지혜에 깊은 경의를 표하는 바다. (2011년 2월 7일)

• 낯모르는 사람끼리 길에서 소매를 스치는 것 같은 사소한 일이라도 전생의 깊은 인연에 의한 것이라는 불교의 가르침.
•• 가을에 내리는 찬 서리와 여름의 뜨거운 태양이라는 뜻으로, 형벌이나 기개 따위가 엄하고 권위가 있음을 비유적으로 이르는 말.

대학이 요구받는 상반된 요청

교토대학 입시에서 벌어진 부정행위에 대해 여러 사람들이 코멘트를 부탁했다. 나는 입시 부장이라는 직함을 임명 받았기 때문에 '만약 이런 일이 우리 대학에서 일어났다면?' 하고 상상해 보았다. 교토대학은 이미 조치를 취했다('입시의 공평성을 어지럽혔다'는 것을 위계 업무방해 혐의로 보고 교토부 경찰서에 피해 신고서를 접수했다). 절차적으로 보면 이것은 아무런 하자가 없다고 본다. 그런데 많은 논자들이 교토대학 당국을 신랄하게 비판한다. '교육기관이 지녀야 할 관용이 부족하다'거나 '애당초 감독이 소홀했다'고 지적한다. 이 말도 맞는 말이지만, 현장에 몸담고 있는 사람으로서 한마디하고 싶다.

입시를 치를 때 '모든 수험생에게 공평한 수험 기회를 보장하는 것'은 대학에 맡겨진 사회적 책임이다. 부정행위는 용납할 수 없다. 동시에 대학은 교육기관이다. 그곳에 맞아들이는 젊은이가 (수험생을 포함해) 지성과 논리성을 갖춘 믿음직한 사람들이라고 '간주하는' 곳이기도 하다. 공평성을 추구한다면 수험생 전원을 잠재적 범죄자로 여겨야 하고, 교육의 목적을 추구한다면 수험생 전원을 양식 있는 시민으로 여겨야 한다. 대학을 향해 성악설과

대세를 따르지 않는 시민들의 생각법

성선설을 동시에 믿으라고 요구하는 셈이다.

　대학 관계자는 경험적 앎을 바탕으로 한 '어림짐작'으로 이런 상반된 요청에 절충적으로 대응하고 있다. 어느 쪽으로 정하라고 한들 한쪽을 가볍게 편들 수 없다. 나는 두 가지 요청으로 분열되어 있는 상태가 대학인이 서 있는 자리이자 교육기관의 본모습이라고 믿는다. (2011년 3월 21일)

따라잡으려고만 해서는 창조할 수 없다

도쿄대학이 추계 입시를 도입하려고 움직이기 시작했다. 나는 이미 대학교수 직업에서 손을 씻은 입장이므로 신문기사에 '대학'이라는 글자가 보일 때마다 가슴이 쿵 내려앉는 일은 없어졌다. 하지만 이 기사를 읽었을 때 작년까지만 해도 입시 부장을 맡았던 일을 떠올리고, '나라면 과연 어떻게 했을까?' 하는 생각을 떨칠 수 없었다. 그다지 현실감이 있는 상상은 아니지만 '마음이 편치는' 않았을 것이다. "도쿄대학이 추계 입시를 실시한다고 하니 우리 대학도 추계 입시를 도입하면 어떨까?" 이런 논의가 조만간 교수회의 때 흘러나올 것이고, 그때 교원들은 '궁지에 몰린' 표정을 지을 것이다.

그들의 반응은 '추계 입시가 세계 표준이니까 추계 입학을 도입하자' '영어가 세계 표준이니까 영어로 수업을 진행하자'고 주장하는 도쿄대학 사람들의 '초조감'과 비슷하다.

이 문제에 대해 개인적 경험을 바탕으로 말할 수 있는 것은 이렇다. 즉 '세계 표준을 따라잡아야 한다'는 인간이 세계 표준을 만들어내는 일은 원리적으로 있을 수 없다는 것이다.

무도에서는 이런 일을 가리켜 '이쓰쿠居着く' 또는 '후수로 밀

린다'고 한다. '이렇게 되면 이렇게 대응한다'는 틀을 갖고 그때마다 최적의 해답을 생각해낸다면, 백년이 지나더라도 그 사람은 어떤 자리를 주재하는 위치에 올라설 수 없다.

도쿄대학은 '다른 누군가 규칙을 정해버린 게임을 나중에 참가해서 높은 점수를 따기' 위한 지적 기술의 교육기관으로서는 우수한 전적을 남겨왔다. 그렇지만 '아무도 게임이 가능하리라고 생각하지 못한 곳에서 게임을 시작하는' 유형의 지성을 생산하는 데는 거의 뚜렷한 성과를 내지 못한다.

추계 입학을 도입하자는 제언을 통해 유감스럽게도 나는 귀에 딱지가 앉도록 들어온 '유럽과 미국에서는……' 또는 '홍콩이나 싱가포르에서는……' 같은 어구, 다시 말해 '따라잡는 데 뒤떨어지면 안 된다는 초조감'이 아닌, 그 어떤 색다른 메시지를 들을 수 없었다. 진정으로 일본의 젊은 지성에 용기를 주고 기운을 북돋아주는 모험적인 숨결을 느낄 수 없었다.

만약 이것이 '재학 중 취직 준비를 금지한다'거나 '졸업 후 1년 동안 의무적으로 갭 이어gap year* 를 설정해야 한다'는 이야기였다면, 나는 그 모험적인 제안에 아낌없이 뜨거운 박수를 보냈을 텐데……. (2012년 2월 6일)

---

* 학업을 잠시 중단하거나 병행하면서 봉사, 여행, 진로 탐색, 교육, 인턴, 창업 등의 활동을 체험하며 흥미와 적성을 찾고 앞으로의 진로를 설정하는 기간.

4 학교는 무엇을 위해 존재하는가?

학교는 무엇을 위해 존재하는가?

입학식의 계절이 다가왔다. 그런데 답답한 공기가 오사카의 공립학교를 내리누르고 있다. 교직원에게 의무적으로 기미가요를 기립 제창하라는 조례가 시행되기에 이르러 기립 제창의 실시를 엄밀하게 확인하는 일이 시작되었기 때문이다. 동일한 직무 명령을 세 번 이상 위반하면 면직당할 수 있다는 규정도 생겼다. 하시모토 도루 시장은 "세금으로 신분을 보장받는 공무원은 의무 명령을 준수해야 하고, 그렇게 하기 싫은 사람은 사직하면 그만이다" 하고 말했다.

공무원이 상사의 업무 명령을 준수하는 것은 조직의 문제다. 감시와 처벌에 의한 교직원의 관리가 교육에 미칠 영향을 우려하는 것은 교육의 문제다. 수준이 다르니까 이야기의 아귀가 맞지 않는다. 아귀를 맞추기 위해서는 한쪽 문제의 차원을 올리는 수밖에 없다. 요컨대 "학교는 원래부터 무엇을 위해 존재하는가? 어떻게 하면 교육은 제대로 기능하는가?" 이러한 원리적인 물음으로 돌아가는 것이다.

학교 교육의 목적은 아이들을 성숙한 시민으로 길러내는 것이다. '배움'을 향한 의욕을 솟구치도록 하는 것이다. 무엇보다 이를 명확하게 짚고 넘어가야 한다. 인류의 오랜 경험은 이렇게 가르치고 있다. 즉 목적을 달성하기 위해서는 학교에 다양한 교육 이념이 병존하고 다양한 교육 방법이 혼존하는 '다양성에 대한 관용'이 불가결하다고 말이다. 즉 학교 교육이 지향해야 할 목적은 명확해야 하지만, 그것을 달성하기 위한 수단은 가능한 만큼 다양성을 허용해야 한다.

아이들 앞에 다수의 선택지가 널려 있을 때만 '성숙'이라는 유일무이의 목적을 향한 발걸음은 확실해진다. 생물에 관한 모든 규칙이 가르쳐주는 바와 같이 무작위적인 사건의 흐름이 있을 때에만 무작위적이지 않은 과정은 살아남을 수 있다. "혼잡하지 않은 곳에서 새로운 것은 생겨나지 않는다."(미국의 인류학자 그레고리 베이트슨Gregory Bateson)

오사카에서는 하나여야 할 교육의 목적에 대해서는 '시장이 추구하는 인재 육성'을 넘어서는 어떤 말도 찾아볼 수 없다. '교육의 다양성(그것에는 교사들의 정치사상이나 신앙의 다양성도 포함된다)을 담보하기 위해 무엇을 해야 할까?'라는 물음은 제기한 적조차 없다. 교육이 살아남을 여지는 과연 있는가? 나는 회의적이다. (2012년 4월 16일)

'집단 따돌림'이 만연한 사회

오쓰大津에서 일어난 '집단 따돌림' 사건에 대해 몇몇 매체가 코멘트를 의뢰해왔다. 늘 대답하던 내용으로 답해주었다.

만약 '집단 따돌림'을 '입장이 다르거나 반격할 수 없는 것에 대해 폭력을 휘두르고, 굴욕감을 안겨주고, 살아갈 기력을 빼앗는 것'이라고 정의한다면, 지금 매스컴이 학교 교사들이나 교육위원회를 상대로 벌이는 짓이야말로 '집단 따돌림'이다. 스스로가 '집단 따돌림'에 소매를 걷어붙이고 있는 주제에 '집단 따돌림은 좋지 않다'고 정의를 주장하는 태도를 보면서 나는 매스컴이 드러내는 불합리함에 극도의 피로감을 느낀다.

오늘날 일본사회에는 '집단 따돌림'이 만연하고 있다. "생산성이 낮은 기업은 시장에서 도태되어 마땅하다" "영어를 못하는 사람은 채용하지 않겠다" "손님을 불러 모으지 못하는 예능은 사라져도 괜찮다" "전력 가격이 높이 치솟는다면 생산 거점을 해외로 옮기겠다" 같은 말들은 그 한마디만 읽으면 합리적이고 설득력도 있다. 그러나 그런 말을 입에 담는 인간의 표정은 '중립적인 명제를 이야기하는 인간'으로 보이지 않는다.

고양이가 쥐를 갖고 놀듯 반론할 수도 없고 반격할 수도 없는

대세를 따르지 않는 시민들의 생각법

인간을 한 발 한 발 궁지에 몰아넣는 데서 가학적 쾌감을 느끼는 인간의 얼굴을 우리는 잘 알고 있다. 그것은 '같은 반 친구를 괴롭히는 아이'의 얼굴이다. 내 자신은 "도대체 관리 책임을 어떻게 한 거냐?" 하고 대학 측에 호통을 치는 '항의하는 부모들'의 표정에서도 똑같은 표정을 본다.

'집단 따돌림'은 정신적으로 미숙한 사람에게 고유한 현상이다. 따라서 연령과는 상관없다.

그들에게는 자신과 함께 집단을 구성하는 동포(특히 약한 동포)의 수행 능력을 어떻게 향상시켜야만 '우리 집단이 살아남을 수 있을까?'라는 문제의식이 없다. 그들이 생각하는 긴급한 문제는 '이웃에 사는 인간이 갖고 있는 파이를 어떻게 빼앗을까?' '자기 집단에 있는 다른 성원을 어떻게 무력화시킬까?' 하는 것이다. 그렇게 하면 '자기가 먹을 수 있는 파이의 몫'이 커진다고 믿는다.

그런데 구성원 가운데 '무력한 인간'의 비율이 높아질수록 '집단이 송두리째' 도태될 위험이 늘어나는 것이 아닐까? 그들은 어째서 이 문제에 관해 불안을 느끼지 않는 것일까? (2012년 7월 30일)

노벨상을 받고 싶다면

야마나카 신야山中伸弥 교토대학 교수의 노벨상 수상으로 매스컴이 과열 기미를 보이고 있다. 앞으로 문부과학성도 '노벨상을 탈 수 있는 교육 프로그램'에 대해 어떤 '대책'을 세우고 있는지 각 대학에 보고하도록 해야 한다는 이야기가 나오지 않을까 생각한다.

여기에 대해 나는 한 가지 묘안을 갖고 있다. 바로 인사나 예산 문제에 '평가 불가능'이라는 틀을 설정한다는 생각이다. 전체의 15퍼센트쯤이라도 좋다. 교육 공모에 응모한 젊은 연구자를 면담하고 나서 "어떤 연구인지 잘 모르겠고 연구 업적도 평가하기 어렵지만, 이야기가 재미있는 바람에 빠져들고 말았다"는 경우에 '평가 불가능'이라는 틀을 채용하면 좋겠다. 연구 대상이 바다인지 산인지 알 수 없을 만큼 갈피를 잡을 수 없는 연구 계획이지만 연구 주제가 스케일이 방대하고 원대하다면 '평가 불가능'이라는 틀을 적용해 예산을 책정해주는 것이다.

대학 캠퍼스에 일정한 수의 '평가 불가능' 판정을 받은 연구자들이 어슬렁거리는 것은 아카데미에 더할 나위 없이 걸맞은 광경이다. 물론 그러한 '미친 과학자'의 95퍼센트는 안타깝게도 아

대세를 따르지 않는 시민들의 생각법

무런 연구 성과도 내지 못하고 무위도식하다가 정년을 맞이할 것이다. 하지만 나머지 5퍼센트는 '웬만한 수재'가 결코 실현할 수 없는 원대하고 장래성 있는 업적을 성취함으로써 '무위도식' 동료들에게 들어간 유실 임금을 채우고도 남는 이익을 연구기관에 가져다줄 것이다. 그 정도라면 꽤 훌륭한 편이라고 생각한다.

학술 분야에서 '심사의 정확함'은 종종 양날의 검으로 기능한다. '종래의 기준으로는 측정할 수 없는 엄청나게 가치 있는 참신한 연구'야말로 늘 인류 지식의 새로운 장을 열었다는 사실을 연구의 역사는 가르쳐준다.

그러나 최근 20년 동안 일본의 대학은 더욱 엄격한 업적 심사 방법을 기술적으로 다듬는 일에 방대한 시간과 노력을 들여왔다. 그 결과 일본의 대학은 창조적 지성이 솟아날 수 있는 자리를 점차 잃어가고 있다. 가치를 측정하기 어려운 지성의 활동에 대해서는 일단 (약간의 걱정과) 조심스러운 경의를 표하고 응원하는 것이 경험적으로는 견실한 습관이다.

문부과학성에는 '평가 불가능'이라는 틀의 도입을 제발 긍정적으로 검토하라고 부탁하고 싶다. 세계화에 걸맞은 인재 양성이나 추계 입학보다는 훨씬 더 실효성이 있으리라고 감히 단언하는 바다. (2012년 10월 22일)

후쿠자와 유키치가
포성 속에서도 강의를 계속한 까닭

도쿄대학이 2014년도부터 '춘계 입학 추계 개강'이라는 변칙적인 일정을 채용하겠다는 방침을 발표했다. 신입생은 '신입생 프로그램'을 통해 '대학에서 무엇을 배우는가?'에 대해 생각할 기회를 갖는다. 6월부터 시작되는 긴 여름방학 때는 해외 유명 연구자를 초청한 하계 강좌 등을 듣는다. 희망자는 4월부터 8월 말까지 자원봉사나 단기 유학을 위해 '갭 이어'를 선택할 수 있다.

왜 이렇게 성가시게 이것저것 설정해놓았을까? 솔직히 나는 이해하기 어렵다.

내가 만약 도쿄대학 1학년이라면 입시 공부를 끝내고 반년의 '휴식'을 취할 수 있다면 캠퍼스로 들어갈 마음이 들지 않을 것이다. 그때까지 독서를 미루어둔 책을 읽고, 영화와 음악회에 가고, 해외여행과 국내여행을 다니고, 돈이 떨어지면 아르바이트를 할 것이다. 아주 즐거운 반년이 될 것이다. 10월에 개강할 때 파릇한 신입생 기분을 유지할 수 있을지는 자신이 없다. 입학생 가운데 가장 활동적인 사람들은 그 반년 동안 '대학 강의보다 더 재미있는 일'을 찾아 떠날 것이고, 개강 오리엔테이션 때 얼굴을 내밀지

대세를 따르지 않는 시민들의 생각법

않을 것이다. 해외 대학에 들어가거나 이미 자기만의 사업을 시작하거나 작가나 뮤지션으로 데뷔할지도 모른다. '그런 일을 노린 방침입니다' 하고 말할 만큼 도쿄대학 당국의 배짱이 두둑하다면 얼마나 고마울까마는, 아마 개강식에 결석한 인원수를 알면 파랗게 질리지 않을까?

애초에 추계 입학으로 대체하려는 동기가 '유럽과 미국의 대학도 그러니까……' 하는 점이 마뜩찮다. '저쪽도 그렇게 하니까 우리도 그렇게 하자'는 따라쟁이 마인드는 지적 개혁과 어울리지 않는다. 다른 사람이야 어떻게 하든 내 알 바 아니라는 대담한 면모가 아카데미의 생산성을 담보해준다고 생각한다.

후쿠자와 유키치福澤諭吉는 창의대 전투•가 벌어져 에도 전역이 들썩거릴 때에도, 우에노上野에서 2리만 떨어져 있으면 대포알이 날아올 염려는 없다고 하면서 영어책을 들고 경제학 강의를 했다고 한다. 도쿠가와의 학교는 이미 무너졌고, 신정부는 전쟁을 치른답시고 교육에 신경이 미치지 못했다. "일본국 전체 가운데 책을 읽는 곳은 오직 게이오 의숙慶應義塾••뿐"이라고 단언한 후쿠자와 유키치 옹의 자랑스러운 얼굴은 참으로 든든하다. (2012년 11월 5일)

• 창의대彰義隊는 1868년 에도 막부의 정이대장군征夷大將軍이었던 도쿠가와 요시노부德川慶喜의 경호와 에도의 치안 유지를 내세우며 창설되었으나 실상은 신정부에 불만을 지닌 구막부 무인들이 모인 무장집단이었다. 1868년 7월 그들의 근거지인 도쿄 우에노에서 신정부군과 전투를 벌인 끝에 궤멸했다.

•• 1858년 후쿠자와 유키치가 개설한 난학蘭學(네덜란드인을 통해 전해진 서양의 지식과 과학을 연구하는 학문) 학원으로, 나중에 일본 최초의 사립종합대학인 게이오대학으로 발전했다.

4 학교는 무엇을 위해 존재하는가?

대학교육의 '잃어버린 20년'

다나카 유키코田中真紀子 문부과학대신이 세 대학의 설치를 인가해주지 않아서 떠들썩해진 문제는 엎치락뒤치락한 끝에 현행 기준으로 인가한다는 결과로 막을 내렸다. 태산명동서일필泰山鳴動鼠一匹에 비견할 만큼 놀랍다. 여하튼 그녀가 중요한 문제를 제기했다는 것은 틀림없다. 바로 '대학이 너무 많다'는 문제가 그것이다.

좀 전에 열렸던 국가전략회의에서도 재계의 위원이 이런 의견을 내놓았다. "대학이 너무 많다. 대학생의 학력이 떨어지고 있다. 외국어도 일반교양도 전문지식도 없는 사람에게 학위를 수여하는 것은 어불성설이다. 질 나쁜 대학과 대학생은 도태시켜야 한다." 오랫동안 대학의 교원으로 근무한 사람의 관점으로 볼 때 이 같은 얄팍한 발언에 고개를 끄덕일 수는 없다.

대학이 이렇게까지 대거 증가한 까닭은 문부과학성이 대학 설립의 기준을 완화함으로써 신규 대학 인가를 쉽게 내주었기 때문이다. 왜 설립 기준을 완화했는가? 그렇게 하면 대학들이 살아남기 위한 경쟁이 심해진다고 생각했다. 그러면 결과적으로 질 높은 교육을 값싼 비용으로 제공할 수 있는 '좋은 대학'만 살아남

대세를 따르지 않는 시민들의 생각법

고, 그 기준을 넘지 못한 '허접한 대학'은 시장에서 도태될 것이라고 생각했다. 이것이 바로 교육행정 담당자의 사고방식이었다.

당시에 이는 합리적인 판단으로 보였다. 그러나 '대학이 시장에서 도태되도록 유도함으로써 대학교육의 질을 높이려는' 계획은 예정대로 진행되지 않았다. 설립 기준을 완화한 탓에 대학은 계속 늘어났지만, 늘어난 만큼 '허접한 대학'이 줄어들지 않았기 때문이다. '희망자 전원이 대학에 진학하는' 시대가 찾아왔고, 입학생의 학력은 점점 떨어졌고, 정원을 채우지 못하는 학과는 늘어갔다.

적자適者만의 생존을 노린 생존경쟁 때문에 모든 대학은 '살아남는 일'에 필사적으로 매달렸고, 그것을 위한 회의에 막대한 시간과 인적 자원을 퍼부었다. 회의 때문에 지칠 대로 지친 교원들은 연구와 교육을 위한 여력을 잃어버렸다. 학술적 수행의 측면에서 일본은 국제 경쟁에서 눈에 띄게 뒤떨어졌다. 이것이 일본 대학교육의 '잃어버린 20년'이 가리키는 실상이다. (2012년 11월 19일)

4 학교는 무엇을 위해 존재하는가?

문제를 '희생양'으로 해결하려는 억지

오사카의 시립 고등학교에서 일어난 체벌 사건* 때문에 오사카 교육행정이 심한 혼란에 빠져버렸다. 학교 당국과 시 교육위원회의 초동 대응이 미숙했다는 비난이 쇄도함에 따라 하시모토 도루 오사카 시장은 체육학과의 입시 중지와 전체 교원의 직책 이동, 예산 정지와 폐교 조치 등 과격한 요청을 더해갔고, 정부도 이 문제에 개입했다. 이에 대해 이번에는 학부모와 학생들이 '학교를 지키자'는 움직임이 일어났다.

시교육위원회는 '체육계 학과 정원을 보통 학과로 교체하되 시험 방식은 종래 그대로' 두겠다는 '간판 교체' 방침을 제시하고, 시장의 동의를 얻어 사태를 수습하려고 했다. 마침 그때 이번에는 보통 학과의 체벌 사건에 관한 보도가 터졌다. 체벌 문제를 '교원 한 사람'의 문제로 무마하려고 한 것이 어긋났다. 그래서 '관련 학과만'의 문제로 무마하려고 했으나 그마저도 어긋났다. 그래서 이 일은 '학교 전체의 문제'가 되었고, 머지않아 '모든 학교의 문제'로 확대될 것이다.

어떤 비정상적인 개인이나 조직을 '악의 화신'으로 특정하고, 그것을 도려내기만 하면 집단은 본래적인 깨끗함을 회복하리라

대세를 따르지 않는 시민들의 생각법

는 서사를 '희생양 제의'라고 부른다. 이는 인류만큼이나 역사가 길다. 역사가 오래 되었다는 것은 그만큼 유효하다는 뜻이다.

그런데 집단 내부에 '악'이 깊이 내면화되고 일정한 범위를 넘어 만연해 있는 경우 희생양 제의는 더 이상 유효하지 않다. '집단이 살아남기 위해 대다수 성원을 배제해야 한다'는 모순에 부딪히기 때문이다.

제3제국** 말기에 "악의 근원은 유대인이기 때문에 유대인을 근절해버리면 독일은 다시 살아날 수 있다"는 사상을 철석같이 믿은 사람들이 있었다. 그러나 홀로코스트가 진행됨에 따라 그들은 오히려 전황이 불리해지는 현실을 합리화할 수 없었고, 결국에는 '나치스의 전쟁 지도부야말로 유대인의 괴뢰가 아닐까?'라는 도착적인 의심에 사로잡혀버렸다.

이제까지 시장의 주장을 논리적으로 짚어나가면 체벌 문제의 '최종 해결'을 위해서는 시내에서 '체벌을 시행하는 학교'는 전부 학생의 모집을 중지하는 것이 필요하다. 그것은 말이 안 된다.

그렇게 하면 확실히 시내 학교의 체벌은 없어질지도 모른다. 하지만 오사카의 중등교육도 끝장나버린다. (2013년 2월 4일)

• 2012년 12월 오사카 사쿠라노미야 고등학교의 농구부 학생이 지도 교사의 상습적인 구타와 체벌에 시달리다 자살한 사건을 가리킨다.
•• 히틀러가 권력을 장악한 시기(1933~1945)의 독일 나치 정권의 공식 명칭.

4 학교는 무엇을 위해 존재하는가?

학교 교육 현장의 붕괴

오사카의 교육 현장이 황폐해지고 있다. 하시모토 도루 시장이 주도하는 교육개혁의 일환으로 공모를 통한 교장의 선출을 대대적으로 선전했는데, 그렇게 뽑은 교장들이 저지르는 불상사가 잇따르고 있다.

928명 응모자 중 민간인 교장으로 선출해 임용한 11명 가운데 6명이 부적절한 행동을 저질렀다는 보도가 신문에 나왔다. 한 사람은 취임 3개월 만에 업무 내용과 급여에 불만을 품고 사임했다. 한 사람은 성희롱으로 감봉과 연수 처분을 받았다(교장 복직을 둘러싸고 학부모들의 항의에 부딪히고 있다). 한 사람은 거짓 설문 배포로 엄중한 주의를 받았다. 한 사람은 성희롱 발언으로 비난받고 직원회의에서 사죄했다. 한 사람은 교감에게 무릎을 꿇으라고 강요했고, 수학여행 때 학생을 희롱하다가 강물에 빠뜨렸다. 한 사람은 출장과 휴가 절차를 밟지 않고 직장을 이탈했다. 이런 지경인지라 제도를 수정하라는 목소리가 시의회에서 흘러나오고 있다.

불상사의 정도 차이는 있지만 엄선한 11명 중 6명이 겨우 반년 만에 교장으로서 부적절한 언동 때문에 비난받고 신문에 났다

대세를 따르지 않는 시민들의 생각법

는 것은 움직일 수 없는 사실이다. 이 비율을 '우연'이라고 얼버무리기는 어렵다. 문제를 일으킨 교장들의 공통점은 '강권적'이고 '이기적'이며 '성차별적'이고 '무책임'하다는 점이다. 아마도 임용 결정자가 이러한 인간적 자질을 '민간인다움'으로 오인해 선택적으로 채용했다고 보는 편이 합리적일 것이다.

민간인 교장 제도가 인기를 잃은 탓에 제도를 채택한 지 2년 만인 내년도의 응모자 수가 벌써 전년도의 15퍼센트로 격감했다. 채용자 수 대비 응모자 수 비율은 전년도에 비해 5퍼센트로 감소했다(5퍼센트 감소가 아니라 95퍼센트 감소다).

하시모토 시장은 응모할 때 제출하는 보고서를 한 종류에서 세 종류로 늘린 것이 그 원인이라고 보고, "채용 기준을 높인 결과이기 때문에 별로 신경 쓰지 않는다"고 말했다. 그러나 그 말이 타당하다고 한다면, 작년의 응모자 대다수가 세 종류의 보고서를 받았다면 응모하지 못했을 '뻔뻔스러운 응모자'라는 것을 은근히 인정한 셈이다. 사람들을 우롱하는 발언이 아닐 수 없지만 그의 본심일 것이다. 그렇다면 그 제도를 도입한 주목적은 현재 학교 교육 현장을 붕괴시키기 위함이고, 그것에 적당한 인재를 선택적으로 등용했다는 말이 된다. 그렇다면 민간인 교장들은 맡겨진 책임에 충실하게 부응했다고 해야 할 것이다. (2013년 10월 7일)

이야기할 수 없는 것을 이야기하기

종교학자 샤쿠 뎃슈釈徹宗와 '성지 순례'라는 프로젝트를 실시하고 있다. 몇 년 전 아직 대학에 재직할 무렵 샤쿠 뎃슈 선생을 초빙해 나와 둘이서 '현대 영성론'이라는 강의를 한 적이 있다.

학기말에 강의에서 언급한 신사와 불당을 둘러보자는 말이 나왔다. 우리는 버스를 대절해 학생들과 교토를 방문했다. 도지東寺에 있는 입체 만다라와 삼십삼간당三十三間堂의 천수관음을 보고, 난젠지南禪寺에서 두부탕을 먹는 유쾌한 여행이었다. 맛을 보고 난 다음에는 나라奈良의 고후쿠지興福寺로 향했다. 그러는 사이에 수강생들이 국내외의 성지를 답파하는 '순례부'라는 동아리를 조직했다. 또 어느 출판사가 '순례하는 동안 두 사람의 대화를 엮어 책으로 만들자'는 기획을 제안함으로써 일이 점점 더 커졌다. 줄을 잇는 순례자들과 함께 미와야마三輪山에 올라 구마노 옛길熊野古道을 걸어 기독교의 유적을 찾아갔다.

정토진종의 승려인 샤쿠 뎃슈 선생이 길을 안내하는 네비게이터를 맡았고, 나는 그저 성지의 신호를 감지하는 역할을 맡았다. 성지란 '초월적인 존재의 박력'을 살아있는 몸으로 느낄 수 있는 장소를 말한다. 무도가로서 나는 이른바 '기氣'나 '기機'• 같은 비분절적인 것을 느끼는 전문가에 속한다. 그렇기 때문에 '이곳은 공기의 밀도가 다르다'든가 '살갗에 소름이 돋는다'는 느낌이 들면 학생들에게 보고했다.

'어떤 과학적 근거가 있기에 그런 망언을 일삼는가?' 하고 벌컥 화를 내는 사람도 있겠지만, 신체의 반응을 과학적으로 인지하지 못하는 원인은 주로 계측기기의 정밀도에 문제가 있기 때문이라고 생각한다.

여하튼 심신에 일어나는 미세한 변화를 점검할 수 있을 만큼 계측기기의 정밀도가 갖추어진다면, 옛날 사람들이 생생하게 느꼈던 바를 현대인은 거의 느끼지 못할 만큼 둔감해졌다는 산문적 현실이 명백해질 것이다. 그러나 그렇다는 증거가 있을 리 없다. '초월적인 것의 박력'은 갖가지 사회집단의 고유한 우주론에 골격을 부여해준다. 그것은 예능, 문학, 습속, 정치체제에 깊숙하게 각인을 남기고 있다. 우리는 그것이 '무엇인지'를 이야기할 수는 없지만, 그것이 '어떻게 기능하는지'를 담담하게 이야기할 수는 있다.

이야기할 수 없는 것을 눈앞에 마주쳤을 때 침묵하는 것이 능사는 아니다. '이야기할 수 없는 것의 작용'에 대해 절도 있게 이야기하는 것도 지성이 담당해야 할 몫이라고 생각한다. (2014년 4월 14일)

• '기氣'는 동양철학에서 만물 생성의 근원이 되는 힘을 말하고, '기機'는 불교에서 부처의 가르침을 접하고 발동되는 마음의 움직임 혹은 수행자의 정신적 능력을 의미한다.

4 학교는 무엇을 위해 존재하는가?

5

위기에 처한
민주주의를 구하라

정치인들이 실언을 반복하는 이유

　나는 이야기가 궤도에 오르면 변속 기어가 최고 단계로 올라가 말이 점점 빨라진다. 말솜씨가 꽤 좋은 편이고 목소리도 크다. 그런데 내가 이야기할 때 꾸벅꾸벅 조는 사람이 있다. 대학 강의라면 귓가에 대고 "졸리면 집에 가서 자! 몸에 안 좋아!" 하고 소리를 빽 지를 테지만 강연이라면 그렇게 할 수 없다. 바로 코앞에서 졸고 있으면 풀이 죽어 목소리가 기어들어간다.

　반대로 청중이 꾸벅꾸벅 졸게 하는 방법은 간단하다. 일단은 논리적인 문장을 단조로운 목소리로 조금씩 말을 바꾸면서 서너 번 반복한다. 원고를 그대로 읽으면 효과는 직방이다. 아무리 집중력이 좋은 학생이라도 견디지 못하고 졸음에 빠져든다.

　그렇다고 해도 수면을 유도하려면 그 나름대로 기술이 필요하다. 교단에 뻣뻣하게 버티고 서서 떠들고 있으면 듣는 사람은 오히려 졸지 못한다. 수면을 유도하려면 표준적인 기량이 필요한 법이다.

　자, 청중을 이끌고 가려면 어떻게 해야 할까? 그러기 위해서는 방금 즉흥적으로 생각난 이야기를 하는 것이 좋다. 이 방법을 실천하는 사람이 요즘의 예능인이다.

　　　　　대세를 따르지 않는 시민들의 생각법

하시모토 도루 오사카부 지사가 심심치 않게 실언을 내뱉는 것은 당연하다. 텔레비전 세계에서는 준비해온 발언만 해서는 시청자를 따라오게 할 수 없다. 실언은 청중의 잠을 깨우기 위한 본능적인 행동이다. 그의 발언에는 일관성이 없다. 그가 방금 이야기한 것을 철회하는 이유는 그것이 어느 정도 효과적인 요령이라고 믿기 때문이다. (2008년 4월 28일)

마르크스의 수사학을 사랑한다

조금 전에 《신문 아카하타しんぶん赤旗》* 로부터 '마르크스 붐과 일본공산당의 재평가'라는 주제로 취재에 응했다. 과문한 탓인지 일본공산당을 지지하는 분위기가 있다는 것을 몰랐기 때문에 어떻게 코멘트를 해야 할지 당황했다. "과도하게 희망적인 관측이 아닐까요?" 했더니 기자는 살짝 실망한 표정을 지었다. 고바야시 다키지小林多喜二의 작품 《게 가공선》**이 수십만 부나 팔린 것 같은데, 솔직히 말해 나로서는 오늘날 젊은이들이 그 소설을 통해 어떤 절실한 현실감을 느끼는 것인지 쉽게 상상이 가지 않았다.

그렇지만 어떤 형태로든 마르크스에 대해 이야기할 기회가 늘어나는 것은 바람직하다.

나는 고등학교 시절부터 무슨 일이 있을 때마다 마르크스를 다시 꺼내 읽는 충실한 독자였다. 화폐란 무엇인가? 시장이란 무엇인가? 노동이란 무엇인가? 이러한 근원적인 물음을 마르크스와 같은 방식으로 제시하는(게다가 답변까지 내놓는) 대담한 사상가는 없다. 이 래디컬리즘radicalism이야말로 마르크스의 가장 커다란 매력이다.

마르크스주의의 이름을 내건 정치운동은 마르크스의 사상에

대세를 따르지 않는 시민들의 생각법

비하면 래디컬한 정도가 훨씬 못 미친다. 무엇보다 나는 마르크스의 수사학을 사랑한다. 그는 심심치 않게 레토릭 하나로 논리적인 난점을 헤쳐 나간다. 그렇기 때문에 나는 젊은이들에게 마르크스를 사회이론가가 아니라 탁월한 '언어의 조련사'로 읽으라고 권한다. (2008년 8월 4일)

• 1928년 창간된, 일본공산당 중앙위원회에서 발행하는 일간 기관지.
•• 일본 프롤레타리아 문학을 대표하는 작가 고바야시 다키지(1903~1933)가 1929년에 발표한 《게가공선》이 2008년 일본 청년층 사이에서 선풍적인 인기를 끌었다. 비정규직, 워킹푸어, 블랙기업 등 갈수록 악화되는 지금의 노동시장 환경이 작중의 혹사당하는 노동자들의 상황과 다를 바 없다는 공감 때문으로 보인다.

5 위기에 처한 민주주의를 구하라

세상에 없어도 아쉬울 것 없는 직업

어떤 제자가 회사에 들어갔을 때 직장 상사가 '금융을 공부하라'고 하면서 아오키 유지青木雄二의 《나니와 금융도ナニワ金融道》를 건네주었다고 한다. 오사카의 고리대금업을 배경으로 난해한 금융 용어가 난무하는 이 '금융 만화'를 읽으면, 빚 때문에 사람이 어떻게 신세를 망치는지 마치 자기 일처럼 절실하게 그 시스템을 이해할 수 있다.

어떤 직업이 만화로 그려지느냐 그려지지 않느냐는 그 직업의 사회적 인지도와 관련 있다고 생각한다. 만화에 등장하는 직업은 '인간사회에 없어서는 안 될 것'으로 여겨진다고 볼 수 있다. 만화에는 실로 갖가지 직업인이 등장한다. 형사, 의사, 교사, 법률가, 스포츠 선수, 요리사, 정치가 등등.

외국자본 계열의 금융은 오랫동안 취직 준비생의 노른자였다. 매스컴은 금융공학을 구사해 만들어낸 복잡하고 기묘한 금융상품을 팔아치우고 고액의 수입을 손에 넣는 사람들을 시대의 총아라고 추켜세웠다. 그렇지만 키보드를 두드려 거액의 수익을 올리고, 도심의 고층 아파트에 살면서 페라리를 몰며 도로를 달리는 '외국자본 계열의 금융인'을 주인공으로 내세운 만화가 있다는 소문은 듣지 못했다.

《미나미의 제왕ミナミの帝王》*은 온 장안의 인기를 모은 반면, 《리먼 브라더스Lehman Brothers**의 제왕》은 만화로 나오지 않은 이유는 무엇일까? 아마도 '이런 장사는 세상에 없어도 아쉬울 것 없다'는 사람들의 무의식적 판단을 말해주는 징표라고 생각한다.

(2008년 10월 13일)

• 덴노우지 다이天王寺大와 고우 리키야郷力也가 1992년부터 지금까지 잡지에 연재하고 있는 인기 금융만화(단행본 150권)로, TV 드라마와 영화로도 만들어졌다.
•• 2007년부터 불거진 미국 부동산 가격의 하락으로 인해 서브프라임 모기지(비우량 주택담보 대출) 부실 사태를 일으켜 결국 파산한 글로벌 투자은행.

5 위기에 처한 민주주의를 구하라

돈은 천하를 돌고 도는 것

미국 경제의 다리와 허리가 꺾여버리고 달러 가치가 계속 내려가고 있다.

일본정부도 미국의 국채를 갖고 있고, 나도 달러 예금을 갖고 있다. 몇 년 전 은행원이 "요즘은 저금리 정기예금에 돈을 맡기는 사람은 없답니다" 하면서 끈질기게 권유하는 바람에 외국채와 투자신탁으로 예금을 교체했다(거절하기 귀찮은 일은 무엇이든 받아들이고 보는 것이 몇 년 전부터 생긴 나쁜 버릇이다). 아니나 다를까, "연 이율 4퍼센트는 확실합니다" 하고 보증해준 투자신탁도, 달러 예금도 상당한 손해를 보고 말았다.

"아이고, 이런 사단이 날 줄은 생각도 못했어요." 지점장은 쓴 웃음을 지으며 이렇게 말했다. 하지만 일반인이 '이런 사단이 날 줄은 생각도 못하는 사태'를 척척 예견할 수 있는 사람이 전문가가 아니던가? 평소에 '전문가가 하는 말을 믿어서는 안 된다'고 글을 쓰는 주제에 나도 참 흐리멍덩하게 굴었다.

그런데 내가 손해로 잃어버린 돈은 도대체 어디로 갔을까? 작년쯤 외국자본 계열의 펀드매니저가 구입한 페라리의 타이어 값으로 들어갔을지도 모른다. 따라서 '돈이 없어졌다'는 말은 필

대세를 따르지 않는 시민들의 생각법

시 정확하지 않다. 누군가는 내 돈을 쓰면서 환한 웃음을 지었을 것이고, 나는 그를 위해 '셈을 치르고' 있었을 뿐이다. 돈이 '사라졌다'고 생각하면 슬프기는 하지만, 모르는 사람에게 덕을 베풀었다고 생각하면 별로 화가 나지 않는다. 조금은 울화가 치밀지만……. (2008년 10월 27일)

알아듣기 어려운 정치가도 필요하다

　연말이 다가오면 '새해에 주목할 사람은 누구인가?' 하는 주제로 취재 요청이 온다.《AERA》도 2년 전(2006년)에 '올해 주목할 인물'이라는 설문을 보냈다. 그때 고노 요시노리, 오타키 에이치˚, 후쿠다 야스오福田康夫, 이렇게 세 명을 꼽았다. 생각해보면 아직 아베 신조 내각이 있었던 시절이다(무척 옛날 일 같다).

　고이즈미 준이치로 내각 이후 정치를 이야기하는 언어는 점점 단순해지고 있다. 단순하다는 것 자체는 나쁘지 않지만, 현실이 복잡할 때 그것을 이야기하는 언어가 지나치게 단순하면 현실은 통제할 수 없어진다. 따라서 자침磁針이 거꾸로 움직여 '왠지 잘 모르는 이야기를 하는' 후쿠다 야스오가 등장했을 때 그것은 역사적 필연이라고 생각했다.

　그런데도 매스컴은 변함없이 '정치가는 알기 쉽게 이야기해야 한다'고 줄기차게 주장했고, '알아듣기 어려운 정치가' 후쿠다 야스오는 사직을 강요당했다. 그 대신 '알기 쉬운 정치가' 아소 다로麻生太郎가 등장했다.

　총재 선거에서는 시끄럽게 큰소리를 쳤지만 총리가 되자 목소리 톤이 낮아지고, 그의 발언 내용도 그 나름대로 점점 '알기 어

대세를 따르지 않는 시민들의 생각법

려워졌다.' 이는 총리라는 자리의 무게를 인식한 징조라고 안심하고 있었다. 그런데 최근 또다시 연타로 말실수를 남발하고 있다 (전국 지사 모임에서 의사들에 대해 '사회적 상식을 결여한 사람이 많다'고 발언하는 등 실언을 반복했다). 아마도 조만간 자민당과 공명당은 또다시 '알아듣기 어려운 말을 하는' 정치가를 내세워 연명하려고 할 것이다. 따라서 내가 꼽는 '2009년 주목할 정치가'는 요사노 가오루与謝野馨다. (2008년 12월 8일)

• 오타키 에이치大瀧詠一(1948~2013)는 일본의 싱어 송 라이터로 1970년 데뷔하여 작곡가, 편곡가, 음악 프로듀서, 라디오 DJ 등으로 다방면에서 활동했다.

5 위기에 처한 민주주의를 구하라

친척에게 돈을 빌리지 않는 이유

매일 대기업의 적자 전환과 고용 삭감에 관한 기사가 이어지고 있다. 어느 기업이나 수지를 맞추느라고 고생하는 듯하다. 그런 탓인지 시험에는 합격했지만 입학금을 내지 못하거나 입학은 했지만 수업료를 내지 못하는 경우가 급증하고 있다. 납부 기한의 연장과 장학금 지급으로 그러한 추세는 겨우 막아내고 있지만 나로서는 그 사태를 납득할 수 없다. 어쩔 수 없는 사정이 있다고는 해도, 자기 자식을 대학에 보내려고 하면서 학비를 마련하지 못한 것을 대학 측에 하소연하는 논리를 이해하지 못하는 것이다. 보통 그런 일은 친척 등에게 돈을 빌려 충당하지 않나?

아무래도 현대인은 '친척에게 빚을 지지 않는 것'을 상식으로 여기는 듯하다. 가족이나 친구에게 돈을 빌려달라고 말하면 용처의 타당성을 의심하는 눈초리로 쳐다보기 때문이다. 경우에 따라서는 "네가 그런 일에 돈을 쓸 처지냐? 분수를 알고 처신해라" 하는 엄한 질타를 각오할 필요가 있다.

소비자 마인드가 뼛속 깊이 스며든 현대인은 소비 행동과 상품 선택을 통해 아이덴티티의 근거를 마련한다. '나는 누구인가?'와 '나는 무엇을 사는가?'는 거의 같은 뜻이다. 현대인이 자신의

대세를 따르지 않는 시민들의 생각법

소비 행동에 대해 적절성을 심문받는 것은 인격을 심문받는 것과 동격이다.

　오늘날 경제 위기의 원인 중 하나는 '어떤 용처 때문에 거액의 빚을 지느냐는 타당성을 둘러싸고 타자의 판단을 받을 기회'를 조직적으로 회피하는 심성에 있는 것이 아닐까? (2009년 2월 23일)

경제가 제일, 건강은 그 다음??

고베에서 신형 인플루엔자 감염자가 발생했다. 내가 근무하는 대학도 일주일 동안 휴교령을 내렸다. 요사이 몇몇 매스컴이 이 문제에 대한 코멘트를 요청했다. '시민의 시선'으로 감상을 들려달라고 하기에 '건강이 제일, 경제는 그 다음'이라고 대답했다.

감염 지역은 거리도 한산하고 전차도 텅 비었다. 시민의 경제 활동은 (마스크나 소독약의 구입을 제외하면) 지극히 저조하다. 소매점이나 관광업자가 우는 소리를 내는 것도 당연하다.

그러나 시민들이 감염의 확대를 막기 위해 마스크를 착용하고, 손을 씻고, 양치질을 하고, 외출과 출타를 자숙하는 모습을 가리켜 '패닉'이라든가 '도시 기능의 마비'라고 하는 것은 지나친 말이 아닐까? 감염 지역의 시민들이 예방조치를 거부하고, 거리낌 없이 외출하고, 행사에 참여한다면 어떨까? 또는 '마스크를 무료로 배포하라'든지 '휴업에 대해 보상하라'고 주장한다면 어떨까? 그런 것이야말로 '패닉'이라고 표현해도 좋을 것이다.

실제로 패닉에 빠진 것은 경제 활동이다. 당황한 행정 당국은 인플루엔자의 위협에 대한 평가를 과소평가하고는 이렇게 말했다. "인플루엔자는 일단 곁으로 밀어놓고, 일단 바깥으로 나와

돈을 쓰십시오." 국민의 건강과 경제 중 어느 쪽을 우선시해야 할
까? 쉽게 판단하기 힘든 양자택일이라는 생각이 들었다. 그래서
대부분의 매스컴이 주저하지 않고 '경제가 제일, 건강은 그 다음'
이라고 단언하는 모습에 화들짝 놀랐다. (2009년 6월 8일)

죽고 싶지만 죽을 수 없는 정당

총선거는 자민당의 역사적 대패, 민주당의 압승으로 끝났다. 선거 결과는 사전에 예상한 그대로였다. 역사적 변화가 일어난 것 치고는 사람들은 마치 아무 일도 없었다는 듯 무표정하다.

주가도 움직이지 않았다. '예상한 격변'이란 형용 모순이다. 실제로 자민당의 퇴장은 훨씬 전부터 (고이즈미 준이치로가 '자민당을 때려 부수겠다'고 제언한 이래) 국민적 합의였다. 그렇지만 제도의 타성이 매우 굳건했기 때문에 좀처럼 '임종'이 찾아오지 않았다.

에드거 앨런 포Edgar Allan Poe의 단편 중에는 최면술에 걸려 있는 동안 죽어버리는 바람에 최면을 풀 수 없어서 산 채로 썩어가는 남자의 이야기가 있다. 죽기 시작했지만 죽음이 끝나지 않는 상태가 언제까지나 계속된다. "빨리 죽여줘!" 하고 남자는 비명을 지른다. 에드거 앨런 포라는 작가는 '죽고 싶지만 죽을 수 없는' 공포를 묘사하는 것을 좋아한다.

아베 신조 이래 3대의 자민당 정권은 '에드거 앨런 포가 그려낸 단말마'의 몸부림을 쳤다. 이번 선거에서 여당 후보자에게는 이야기해야 할 비전이 더 이상 아무것도 없었다. 한편 야당의 선거 공약에 대해서는 '재원을 마련할 방도가 없다'는 식으로 시종

일관 말꼬투리를 잡았다. 그런 주장은 점점 더 자민당과 공명당에 대한 권태감을 키울 뿐이었다.

아마도 그들은 그렇게 함으로써 무의식적으로 자신의 죽음을 앞당겼을지도 모른다. '드디어 죽었구나!' 하고 안도의 한숨을 내쉬는 정치가도 필시 있을 것이다. (2009년 9월 14일)

천황제를 향한 마음

얼마 전에 아악雅樂을 하는 아베 스에마사安倍季昌 씨와 만날 기회가 있었다. 그는 다양한 궁중 제사 때 궁중 음악을 연주하는 연주자다. 이야기를 들어보니 대단히 힘든 일인 듯하다. 그런데 그의 말을 들어보면 직접 제사를 지내는 천황이 연주자보다 더 고생이 자심하다고 한다.

어떤 제사에서는 궁내청宮内庁 식부직式部職의 악부 전원이 저녁때부터 한밤중까지 음악을 연주하며 계속 춤춘다. 천황이 참배를 마치고 개인실로 돌아간 뒤에도 관객이 없는 상태에서 신악神樂을 끝까지 연주한다. 그리고 모든 것이 끝날 때까지 천황은 취침에 들지 않다고 한다. "우리 연주가 끝나는 것을 다 듣고 나서 폐하는 잠자리에 드십니다." 아베 스에마사 씨는 어금니에 힘을 주고 묵직하게 말했다. 어떤 정치적인 함의도 없이 순수하게 인간적인 경의를 품고 '폐하'라는 말을 입에 담는 사람을 나는 이때 처음 보았다.

천황제의 역사적 의의에 대해 국민적인 합의가 이루어지는 날이 과연 올지…… 잘 모르겠다. 내가 살아있는 동안 그날은 오지 않을 것 같다. 하지만 한 가지는 알 수 있다. 그것은 천황제가

대세를 따르지 않는 시민들의 생각법

본질적으로 공동의 감정에 기초하고 있다는 것, 그 핵심 부분을 담당하는 것은 이데올로기적인 천황주의자가 내뿜는 격정이 아니라 아베 스에마사 씨처럼 황실을 직접 아는 사람들, 그들의 조용하고 개인적인 숭경의 마음이라는 것이다. (2009년 12월 7일)

'폐현치번'과 연방제

내가 성묘하러 가는 야마가타山形 지방에는 공항이 두 곳 있다. JAL이 뜨는 야마가타 공항과 ANA가 뜨는 쇼나이圧内 공항이다. 두 공항은 자동차로 2시간쯤 떨어져 있다. 어째서 그런 곳에 공항이 두 곳이나 있을까? 이상하게 여겨 그 지역 사람에게 물었더니 이렇게 가르쳐주었다. "그게 말이죠, 여기는 쇼나이번圧内藩이고 저쪽은 모가미번最上藩이거든요!" 그렇구나! 메이지 유신은 140년이나 지났는데 아직도 번藩이 건재하고 있구나!

공항과 신칸센 역이 그렇게 따로따로 필요한지는 모르겠지만 번의 부활 자체에는 찬성한다. 평소에도 지방 분권의 왕도는 지방의 행정구역을 전국 300여 개의 번으로 나누어 운영하는 '폐현치번廢県置藩'이라고 말해왔다. 나와 의견을 같이하는 사람들이 점점 늘어나 든든하다. 중앙집권의 상명하달이 기능을 발휘하는 시스템도 있고, 자유재량에 맡기는 현장 처리가 효율적인 시스템도 있다. 외교처럼 정부가 전적으로 관할하는 사안을 제외하고 생활과 직접 연관된 행정은 '번' 단위로 처리하는 것이 실효성이 있다고 생각한다.

무슨 바보 같은 소리를 하느냐고 코웃음을 치는 사람에게 묻

대세를 따르지 않는 시민들의 생각법

고 싶다. 일본정부는 미국 시스템이라면 무엇이든 따라하고 싶어 하면서도 왜 연방제만은 따라하려고 하지 않느냐고. 미국은 주州 마다 교육제도와 사법제도가 다르다. 말은 '주'라고 하지만 'State' 는 누가 뭐라 해도 버젓한 '나라'다. 미국은 몇몇 '나라'의 연합체 인 것이다. 이것이야말로 미국의 통치 시스템이 지닌 가장 뛰어난 점이라고 생각하는데, 동의하는 사람이 얼마 없다. (2010년 3월 8일)

• 메이지 유신이 일어난 후 4년째인 1871년 일본정부는 '폐번치현'을 단행했다. 이전까지 지방 통 치를 담당하던 '번'을 폐지하고 '부'와 '현'을 설치하여 중앙정부가 지방을 직접 통제하려는 중앙 집권적 행정개혁이었다. '폐현치번'이란 옛 번을 부활시켜 지방 분권을 꾀하자는 구상이다.

공인이 짊어져야 할 이중 잣대

민주당의 대표 선거는 간 나오토 총리가 압승을 거두었다. 매스컴은 일제히 '정치와 돈' 문제에 대한 여론이 오자와 이치로에 대한 반감에 힘을 실어주었다고 주장한다. 나는 '정치와 돈'이라는 말을 좋아하지 않지만, 오자와 이치로의 오산은 이 상투적인 말 속에 흐르는 정치적인 경험을 과소평가한 데 있다고 생각한다.

'과전불납리 이하부정관瓜田不納履 李下不整冠', 즉 오이 밭에서 신을 고쳐 신지 말고, 오얏나무 아래서 갓을 고쳐 쓰지 말라는 옛말이다. 다시 말해 공인公人은 '유죄 추정'을 적용받는다는 뜻이다. 공인은 오얏나무 아래에서 관을 고쳐 쓰면 '자두 도둑'으로 몰리고, 오이 밭에 들어가면 '오이 도둑'으로 몰린다. 일반 시민에게는 '무죄 추정'이 적용되지만 공인에게는 '유죄 추정'이 적용된다. 납세의 의무를 이행할 때 세금의 용도를 결정하는 인간은 세금을 거두는 사람보다 더욱 엄격한 기준을 적용받는다.

'정치와 돈'을 둘러싼 응답에서 오자와 이치로는 자신의 행동이 '시민의 적법한 행위'에 속한다고 하면서 '무죄 추정'의 적용을 요청했다. 일개 시민으로서는 당연한 요구지만 공인으로서는 인

대세를 따르지 않는 시민들의 생각법

정받을 수 없는 요구였다.

　법률이 그렇게 정한 것이 아니다. 시민은 '시민이 요구받는 청렴도'보다 더 높은 수준의 청렴도를 공인에게 요구한다. 이러한 이중 잣대double standard가 만만치 않다는 점을 간과한 것이 이번 선거에서 오자와 이치로가 패한 주요 원인이라고 여겨진다. (2010년 9월 27일)

'비인간적'인 것은 누구인가?

　대학생의 취직 내정 비율이 최저를 기록했다고 한다. 오늘날 학생들은 입학 직후부터 취업 불안에 시달리느라 학업에 온전히 집중하지 못한다. 매스컴은 장기간의 불황 끝에 고용 환경이 나빠졌기 때문에 그런 것이라고만 설명하는 데 그친다. 하지만 경기가 좋아진다고 모든 것이 좋아질 것이라는 게으르고 '해이한' 생각에는 동의할 수 없다.

　고용 환경이 열악한 원인은 경제 상황이 '비인간적'이기 때문이 아니다. 경제는 '인간적'이거나 '비인간적'이지 않다. 비인간적일 수 있는 것은 인간뿐이다. 불황은 어떤 인간들이 활개를 치며 '비인간적으로 나대는 것'을 스스로 허용하기 위한 구실에 불과하다. '취직 빙하기'라는 말은 고용의 최전방에 있는 인간의 '냉혹함'을 전할 뿐이라고 생각한다.

　일본은 지금도 세계 제3위의 경제대국이다. 국민 1인당 GDP가 중국의 10배나 되는 부유한 나라다. 이토록 물질적으로 풍요로운 상황인데도 젊은이들의 고용 환경이 열악하다는 것은 "고용 조건을 하향 조정함으로써 인건비를 삭감하고 당장의 이익을 확보하고 나서 경기 회복을 기다리자"는 경영자, 다시 말해 대책이

　　　　　　대세를 따르지 않는 시민들의 생각법

랄 것도 없는 해결책에 안주하는 무능력하고 생각 없는 비즈니스
맨이 우리의 상상을 넘어설 만큼 많기 때문이다. 이 정도로 조건
이 좋은 환경에 있으면서도 젊은이들에게 '비인간적'인 고용 상
황밖에 제공하지 못하는 일본의 경영자들은 마땅히 수치스러움
을 느껴야 할 것이다. (2010년 12월 20일)

5 위기에 처한 민주주의를 구하라

내가 미래를 예측해보는 이유

연말이 되자 몇몇 매스컴으로부터 '2011년 일본은 어떻게 될까요?' 하는 질문을 받았다. 나는 이렇게 미래를 예측하는 질문에는 가능하면 대답을 내놓으려고 작정하고 있다. 미래의 예측은 '맞고 틀림'을 반드시 검증할 수 있기 때문이다. 자신의 예측이 어긋나는 경우에는 어떤 요소를 고려하지 못했는가, 추론 과정에서 어떤 오류를 범했는가를 사후적으로 점검할 수 있다. 그런 이유로 (금방 맞고 틀림을 판정할 수 있는) 2011년도의 미래를 예측하고자 한다.

우선 간 나오토 내각은 언제까지 유지될까? 대강 초봄까지가 아닐까 한다. 구심력은 이미 잃어버렸고 중장기 국가 전략도 없다. 한바탕 파란이 일면 금세 무너질 것 같지만 의외로 끈질기게 버틸 가능성도 있다. '우두머리 총리의 교체'라는 수가 이미 동이 나버렸기 때문에 '손쓸 도리 없이 현상을 유지하는' 한심한 상태가 한동안 이어질 듯하다. 자민당도 지금은 야당이기 때문에 '아무 말 대잔치'를 벌이고 있지만, 정권의 여당으로 복귀하더라도 나라를 이끌고 나갈 힘이 약하다는 점은 변하지 않는다. 따라서 머지않아 지지율은 곤두박질칠 것이다. 이것은 꽤 높은 정확도로

대세를 따르지 않는 시민들의 생각법

예측할 수 있기 때문에 유권자도 이제 '정권 교체'라는 희망을 품을 수 없다.

이 흐름을 바꿀 가능성이 있는 것은 '대연정에 의해 정계를 개편하는 것'과 '뜻밖의 인물을 총리로 등용하는 것'이다. 이것이 '가장 재미있는' 정국이 될 터이므로 매스컴의 논조는 곧 이런 쪽으로 흘러갈 것이다. 매스컴이 유도하는 대로 유권자가 따라간다면 그렇게 될 가능성이 높다. (2011년 1월 3일)

'일시적으로나마 안심할 수 있는 말'을 듣고 싶다

민주당의 대표 선거가 끝나고 노다 요시히코野田佳彦 내각이 발족했다. 이 내각의 긴급한 과제는 당내 통합과 야당과의 협조다. '분란을 일으키지 않는' 것이 최우선의 정치 과제인 것이다. 이 선택에는 현재 일본에 만연한 '분위기'가 반영되어 있다. 다시 말해 '숨을 죽이고 가만히 있는 동안 어떻게든 되겠지' 하는 체념과 어렴풋한 희망이다.

대지진의 피해, 쓰나미, 원자력발전소 사고라는 국난의 위기 직후에는 사회 시스템의 근본적인 재편에 착수해야 한다는 (분노와 슬픔이 뒤섞인) 목소리가 일시적으로 터져 나왔다. 그러나 그 후 반년 동안 정부와 지방자치 단체의 졸렬한 대응, 정보의 조작과 은폐, 기득권층의 반격 같은 흐름 속에서 개혁을 요구하는 목소리는 차츰차츰 잦아들었다. 시스템의 기능 저하가 지나치게 심각한 상태라서 근본적인 재편 같은 것은 바랄 수도 없다는 현실을 뼛속 깊이 깨달았기 때문이다. 정치가, 관료, 경제인, 방송인 등을 통틀어 일본의 지배 체제에는 신뢰할 만한 인물이 없다. 일본 국민은 그들에게 무언가를 기대한들 어떤 변화도 시도하지 않으리라는 깊은 절망에 익숙해지고 있다.

대세를 따르지 않는 시민들의 생각법

'성장 전략 없이 재정의 재건은 있을 수 없다.' 오늘도 신문에는 이 말이 쓰여 있었다. 아마도 이 말을 쓴 장본인도 '성장 전략 따위는 없다'는 것을 알고 있다. 하지만 달리 쓸 말이 없기 때문에 이렇게 쓴다. '성장 전략 없는 재정 재건'이란 '오로지 가난해질 뿐'이라는 뜻이다. 우리도 필시 그렇게 되리라고 마음속 깊이 생각한다. 다만 그런 말을 입 밖으로 내면 '중뿔나 보이기' 때문에 입을 다물고 있다.

따라서 '분란을 일으키지 않는' '중뿔나게 나서지 않는' '귀에 거슬리는 말은 하지 않는' 총리의 등장은 '시대의 분위기'와 잘 어울린다고 생각한다. 이대로 가면 일본은 불가피하게 가난하고 활기 없는 나라가 될 것이다. 그래도 그 속도를 늦출 수는 있다. 파국을 맞이하는 시기를 연기할 수는 있다. 그렇게 해서 '시간 벌기'를 하는 동안 외부로부터 생각하지 못한 어떤 계기가 주어질지도 모른다. 일본인은 이렇게 미미한 기대에 기대어 살아가고 있다. 그러므로 그때까지 하다못해 '일시적으로나마 안심할 수 있는 말'을 듣고 싶은 것이다. (2011년 9월 12일)

글로벌리스트를 믿지 말라

미국 월가를 점령한 젊은이들에게 호응하는 움직임이 세계 각지에 번지고 있다. '탐욕스러운 자본주의'와 격차의 확대, 청년 고용 불안에 대한 이의를 제기하는 것이다.

비슷한 항의운동이 세계적으로 불타오르고 있다는 사실은 지금 전 세계가 '비슷한 사회 상황'에 처해 있다는 뜻이다. 다시 말해 세계적으로 탐욕스러운 자본가들이 권력과 재화와 정보와 문화자본을 독점하고, '가진 자'와 '가지지 못한 자' 사이의 양극화가 진행되고, 중산계급이 허리띠를 졸라매고, 청년의 고용 기회가 나날이 줄어든다는 뜻이다.

이러한 현실은 더 이상 '강 건너 불구경'할 일이 아니다. 온 세계의 나라가 같은 절벽으로 굴러 떨어지기 시작한 것이다. EU의 연대는 파탄을 맞을 것이다. 중국의 빈부 격차는 머지않아 인내의 한계를 넘어설 것이다. 미국은 시장 개방을 강요할 것이다. 러시아는 북방 영토 카드를 꺼낼 것이다. '이행기적 혼란'에 대비해 대책을 강구해야 한다.

안타깝게도 일본의 정치가와 경제인, 매스컴이 권장하는 것은 변함없이 '더 한층 나아간 세계화'뿐이다. 글로벌리스트들은

대세를 따르지 않는 시민들의 생각법

뻔뻔하게도 국제 경쟁력이 있어 보이는 산업 분야에 가능한 한 자원을 집중시키고, 그것을 돌파구로 삼아 경제를 부양하려는(경쟁력이 없는 산업 분야는 망하도록 내버려두는) 사고방식을 반복한다. 가로되, "성공할 조짐이 있는 곳에 양껏 자원을 투자해야 한다."

그러나 20년 동안 '선택과 집중'을 구사한 결과 글로벌리스트들이 '이곳에 자원을 집중시키자'고 선택한 '이곳'은 '그들 자신'이었다는 것을 알 수 있었다. 요컨대 그들은 이렇게 말한다. "내게 돈과 인재를 집중시켜라. 내가 돈을 엄청나게 많이 벌어 너희들을 먹여 살릴 테니까." 틀림없이 그들 중 몇 명은 '엄청난 떼돈을 벌었다.' 하지만 '너희들을 먹여 살리는' 데는 특별히 관심을 드러내지 않았다. 오히려 "생산성을 향상시키기 위해서는 쓸모없는 인간을 잘라버릴 수밖에 없다. 능력주의로 재편한 효율적인 조직이 아니면 글로벌 경제에서 살아남을 수 없다"고 담백하게 할 말만 하고 사뿐하게 자리를 떴다. 참 머리가 좋은 놈들이다. 그들은 우리에게 한 가지만큼은 확실하게 교훈을 남겨주었다.

글로벌리스트를 믿지 말라. (2011년 11월 7일)

5 위기에 처한 민주주의를 구하라

'선택과 집중'에 매달려도

이 원고가 세상에 나올 즈음에는 벌써 오사카 시장 선거 결과
가 나왔을 것이다. 그렇지만 선거의 결과에 관계없이 써두고 싶
은 것을 쓰려고 한다. 이번 시장 선거는 일본의 미래를 둘러싼 중
요한 정치적 기로가 되리라고 생각한다. 바꾸어 말하면 '오사카를
도都로 승격시키는 구상'이나 교육기본조례안에 대한 찬반 같은
정책적 대립을 둘러싼 선택이 아니라 그 저변에 깔려 있는 사회
적 원리 자체에 대한 선택을 요구받는 선거라고 생각한다.

하시모토 도루 후보가 내건 주장은 '선택과 집중' 원리였다.
이 원리의 목적은 능력이 뛰어난 인간과 생산성이 높은 분야를
골라내어 가능한 만큼 자원을—권력, 돈, 정보를 통틀어—집중시
킴으로써 '경쟁을 이겨내고 살아남는 것'이다. 생산성이 낮고 비
용 대비 효과가 떨어지는 것은 일단 제거해버린다. 패자의 구제
는 이른바 '낙수 효과trickle-down'˙•에 맡긴다. 미국의 신자유주의자
들이 제창한 이 전략을 하시모토 도루 후보가 오사카의 재생을
위한 패로 내밀었다. 그런데 나는 이번 선거 기간에 이 전략이 합
당한지 아닌지를 이론적으로 검증하는 글을 어느 매체에서도 읽
은 적이 없다.

대세를 따르지 않는 시민들의 생각법

'선택과 집중' 그리고 '낙수 효과' 이론은 이미 파탄이 났다. 미국과 중국이 보여주는 빈부의 격차, '승자'들의 윤리적 해이라는 현실이 그 사실을 명백하게 까밝혀준다고 생각한다. 그런데도 전례를 살펴보지 않고 그것을 오사카에 적용하려는 위험성에 대해 전문가들은 입을 꾹 다물고 있다. 정치가들도, 경영자들도, 매스컴도 하나같이 미국과 중국이 '본받아야 할 성공 사례'라도 되는 듯 '선택과 집중'에 의한 성장의 꿈을 이야기한다.

일본은 이제 경제성장을 전제 조건으로 삼는 정책을 포기하고, 아직껏 남아 있는 아주 적지만 소중한 '보이지 않는 자산'(풍부한 자연환경, 문화적 역량, 안정적인 치안 유지, 사회적 평등, 지역 연대와 상호부조 시스템, '장인' 전통 등)을 기반으로 '연대 기반 사회모델'로 방향을 전환해야 할 때가 아닐까? '경제성장이 아닌 다른 것'으로 뒷받침하지 않으면 일본사회는 앞으로 발걸음을 내디딜 수 없다. 내가 히라마쓰 구니오平松邦夫 후보를 지지하는 이유는 그러한 '상식적 판단'에 공감했기 때문이다.

후세 사람들에게 이번 선거는 '돌이켜보니 그 선거가 역사적 전환점이었구나!' 하는 평가를 듣는 사건이 될지도 모른다. 나는 숨을 죽이고 선거 결과를 지켜보는 중이다. (2011년 12월 5일)

• 정부가 투자 증대를 통해 대기업과 부유층의 부를 먼저 늘려주면, 경기 부양이 되어 중소기업과 저소득층에게 혜택이 돌아갈 뿐 아니라 결국 총체적인 국가의 경기를 자극해 경제발전과 국민 복지가 향상된다는 이론.

'답답한 분위기'를 낳는 진범

오사카의 선거를 치를 때 "오사카에는 활기가 없다" "답답한 공기가 도시 전체를 짓누르고 있다"는 말이 매스컴에 자주 오르내렸다. 사람들은 마치 자명하다는 듯 이 말을 반복했다. 하지만 과문한 탓인지 '활기'든 '답답한 공기'든 그것의 정의나 유래에 대하여, 또는 그것이 오사카 시장의 선거 결과를 계기로 눈에 띄게 달라지는 이유에 대하여 그럴듯한 설명을 들어본 적이 없다.

답답한 분위기란 아마도 '아무리 혼자서 아등바등 버둥거려도 상황이 조금도 나아지지 않는 무력감'을 가리키는 것이 아닐까 싶다. 개인적인 노력이 자신의 생활 향상으로 이어지지 않는다는 것, '노력과 대가의 상관관계'가 미덥지 않다는 것, 아무리 날개를 파닥여도 앞을 향해 날아가지 못하는 새처럼 답답하고 피곤하다는 것……. 이것이 바로 '답답한 분위기'의 실체라고 생각한다.

그렇다면 그것은 딱히 오사카라는 도시에만 한정된 병적 상태는 아니다. 온 세계를 뒤덮고 있는 글로벌 경제로 인해 생겨난 심리 상태다.

지금 우리는 이름 모를 머나먼 나라에서 일어난 정치적 변란,

자연 재해, 주가 폭락, 정치가의 부패 때문에 어느 날 문득 임금의 삭감, 노동시간의 연장, 해고를 통고받는다. "넌 해고야" 하고 일러주는 윗사람도 그 결정의 이유를 설명하지 못한다. 비록 개인적으로는 성실히 노력하고 능력도 뛰어난 일꾼이라도, 지구의 반대쪽에서 원유 가격이 폭등하거나 부동산 거품이 꺼지거나 홍수로 공장이 침수되면 갑자기 노동 조건의 악화를 통고받는다. 개인적인 노력으로는 자신의 운명을 선택할 수 없다. 이러한 부조리가 우리의 생명력에 씻을 수 없는 상처를 가한다.

그러나 TPP 문제든, 생산 거점을 해외로 이전하는 문제든, 영어를 사내 공식 언어로 정하는 문제든, 행정의 효율화나 상명하달 식의 교육 재편에 관한 문제든, 정치가와 경영자들이 처방하는 대책은 세계화를 더욱 추진하겠다는 것뿐이다. 그들은 자신의 능력이 '누군가 모르는 사람이 정한 기준'으로 측정되고, 자신의 운명이 '누군가 모르는 사람의 투자 행동'으로 정해지는 사회가 되면, '답답한 분위기'가 씻은 듯 없어지고 사회가 '활기'를 되찾을 것이라고 진심으로 믿는 것일까? (2011년 12월 19일)

'올바른 정책' 대 '민의에 알랑거리는 정책'

오자와 이치로가 이끄는 집단이 민주당을 떠났다. 신문들이 이를 비판적이고 냉소적인 어조로 보도하는 것이 매우 흥미로운 움직임으로 보였다. '오자와 이치로 신당'이 소비세 증세 반대와 원자력발전 반대를 내걸고 민심에 아부함으로써 선거에서 이기려고 하는 것은 유권자를 모독하는 태도라고 쓴 기사도 있었다.

그러나 정치가란 그때그때 민의를 잘 모아서 정책적으로 실현해야 할 임무가 있는 사람이 아니란 말인가? 요사이 매스컴은 이랬다저랬다 정책을 바꾸지 않고 수미일관한 정당(예를 들어 공산당)보다 민의에 호응해 정책을 여러 번 바꾸는 정당을 선호하는 듯 보인다. 식언을 일삼든, 조령모개를 하든, "속도감 있게 민의를 반영하는 정치가가 좋은 정치가"라는 매스컴의 기준을 적용한다면, 오자와 이치로에게도 같은 기준을 적용해야 하지 않을까?

아니, 그렇지 않다. 민의는 종종 실수를 저지른다. 그러니까 사회의 목탁이어야 할 매스컴은 비록 민의에 반할지라도 유권자를 향해 쓴소리를 하고 올바른 길로 이끌어야 할 의무가 있다. 만약 그렇다면 매스컴은 최근의 지지율이라는 둥 다음 선거의 당락 예상이라는 둥 속 보이는 이야기는 자제하고 대범하게 국가의 백

대세를 따르지 않는 시민들의 생각법

년대계를 논해야 할 것이다. 나는 이렇게 하라고 하는 것이 아니다. 지금 그대로라도 괜찮다고 말하는 것이다. 민주주의란 '민의에 알랑거려 잘못된 정책을 내건 정치가'를 '민의에 반해도 올바른 정책을 내건 정치가'보다 우위에 두는 시스템이다. 그러니 매스컴도 그 점을 각오하라고 말하는 것이다.

민의에 어긋나더라도 올바른 정책을 실행하려고 하는 정치가는 이의와 반론을 허용하지 않는 상명하달 시스템을 설계하려고 한다(그렇게 하지 않으면 '올바른 정책'을 실행할 수 없기 때문이다). 그러나 '올바른 정책을 실시하기 위해 채용한 강권적이고 독선적인 정치 시스템'이 초래하는 폐해가 대부분 '민의에 알랑거려 채용한 어리석은 정책과 실정'이 초래하는 재액을 능가한다는 것을 역사는 가르쳐준다.

현재 정국은 '올바른 정책'과 '민의에 알랑거린 정책'이 대립할 경우 어느 쪽을 선택할 것인가라는 묵직한 질문을 우리에게 던져준다. 정답은 없다. '곰곰이 생각할' 가치가 있는 물음이다.

(2012년 7월 16일)

5 위기에 처한 민주주의를 구하라

시장에서 밀려난 사람들의 '자발적 퇴장'

소비증세법이 통과되었다(조건부로 2014년 4월부터 8퍼센트, 2015년 10월부터 10퍼센트로 인상). 주요 매스컴은 증세에 의해 재정규율*을 바로잡고 국제적인 신용을 유지할 수 있다고 만족스러워한다.

그러나 불황 속에서 실시하는 증세가 과연 정부 예상대로 긍정적인 성과를 거두어낼까? 국민의 절대 빈곤화가 심해지기만 하는 것은 아닐까? 저소득층일수록 세금 부담이 늘어나는 역진성에 대해서는 '기본 소득'이라든가 '경감 세율'이라는 말을 소곤거리기는 하지만 결코 구체적이지는 못하다.

한편 기업은 법인세와 인건비의 인하를 강하게 요구한다. 그들의 요구를 들어주지 않으면 생산 거점을 해외로 이전해야 할뿐 아니라 고용이 줄어들어 지역 경제가 무너지고 국고의 법인세수가 격감할 것이라고 윽박지른다.

고용 환경이 악화되는 가운데 증세가 이루어졌다. 그것이 어떤 결과를 가져올까? 그다지 상상하기 어려운 문제는 아니다. 소비 행동은 얼어붙고, 내수는 위축되고, 국내시장에 의존하는 '소상인'은 퍼덕퍼덕 쓰러질 것이다. '빈곤 비즈니스'**와 생산 거점을 해외로 이전한 글로벌 기업만 살아남을 것이다. "선택과 집중,

국제 경쟁력이 없는 것은 시장에서 퇴출시키는 것, 이것이야말로 공정함이다." 정부와 관료와 재계와 매스컴은 입을 모아 이렇게 말한다. 과연 그럴지도 모른다. 하지만 '도태된 사람들'은 어디로 가야 할까? 아마도 그들은 '아무리 낮은 임금이라도 좋으니까 고용해 달라'고 애원하는 값싼 노동력 계층을 형성할 것이다. 나아가 비용 삭감에 일조하리라는 기대를 받을 것이다.

그런데 내 생각에는 그보다 앞서 사람들이 '자주적으로 시장에서 퇴장하는 일'이 벌어지지는 않을까? 임금이 계속 낮아지는 반면 상품 가격과 소비세가 상승한다면, 생활을 지키기 위해 머지않아 사람들은 '임금이 아닌 보수' '상품이라는 형태가 아닌 재화와 서비스'를 추구하기 시작할 것이다. 요즈음 정보와 기능처럼 모듈화하기 어려운 것부터 시장을 끼지 않은 '직접 교환'으로 유통이 시작되고 있다. '뒷골목 경제'의 규모는 나날이 커지고 있다. '노동을 화폐로 교환하고, 그것으로 시장에 널려 있는 상품을 사는' 과정이 너무나 비효율적이고 즐겁지도 않기 때문이다. 국정을 맡은 '키잡이들'은 아직도 이러한 동향을 파악하지 못하고 있다. (2012년 8월 27일)

• 국가나 지방의 재정을 방만하게 운영하는 것을 막기 위해 재정적자와 정부부채를 일정 비율 이하로 제한하는 규율.
•• 노숙자, 파견 노동자, 하청 노동자 등 사회적 약자를 고객으로 겨냥한 비즈니스.

5 위기에 처한 민주주의를 구하라

현재의 조직 방식이 미래를 알려준다

국회의원 7명이 소속 정당을 이탈해 '일본유신회'* 정당에 합류했다. TPP, 원자력발전 반대를 비롯해 이제까지 그들이 주장해온 정치적 주장과 '유신팔책'**은 거리가 꽤 있지만, 그것을 문제삼지는 않는 듯하다. 이제까지의 주장은 일단 옆으로 밀쳐두고 당장 그 자리에서 '사상 검증만 통과하면' 문제는 없는 듯하다. 하시모토 도루 대표는 '근본적인 가치관의 일치'를 강조하지만, 이 경우 '근본'은 '당장 그 자리'를 가리킨다. 매스컴은 그것을 마치 '상식'인 것처럼 보도하는데, 나는 생각이 다르다.

정당을 조직하는 원리에는 두 가지가 있다. 하나의 원리는 정당이 앞으로 실현하고자 하는 '미래 사회'의 제도 설계에 대한 합의. '이런 사회를 만들고 싶다'는 점에서 의견이 일치하면 이제까지의 정치적 입장이나 주장의 상이함은 불문에 부친다. 일본유신회는 이런 점에서 '미래 지향' 정당이다. 그러나 이것만 정치조직의 성립 방식인 것은 아니다. 또 다른 하나의 원리는 조직의 결성에 참여한 사람들이 '당장 이 자리에서' 만들어낸 정치조직 자체가 미래 사회를 선취한 '병아리 형태'라는 사고방식이다. 역사를 더듬어보면, "민주적인 사회를 지향하지만 지금은 비민주적인

대세를 따르지 않는 시민들의 생각법

방식으로 운영하는 조직" "사회적 평등을 지향하지만 지금은 구성원 사이에 엄격한 차등이 있는 조직" "비폭력적인 사회를 지향하지만 지금은 그런 사회를 실현하기 위해 폭력적 수단을 마다하지 않는 조직"이 존재한다는 것을 알 수 있다. 그리고 결과적으로 그들이 실현한 것은 '머릿속에 그렸던 이상 사회'가 아니라 '현재'의 조직을 양적으로 확대한 사회라는 것을 역사는 가르쳐준다. 독재 정당은 독재 사회를 만들어내고, 폭력 정당은 폭력 사회를 만들어낸다. 그런 법이다.

역사를 통해 우리는 '다가올 미래 사회에 대한 정책적 일치점'이 그 정치조직이 앞으로 실현해나갈 것에 대해서는 거의 아무것도 알려주지 않는다는 것을 배웠다. 그보다는 '현재' 그 정당이 어떤 방식으로 조직되어 있는지를 보아야 한다. 그것이 그들이 만들어낼 '미래'에 대해 훨씬 더 많은 것을 알려줄 것이다. (2012년 9월 24일)

• 2012년 하시모토 도루가 창당한 지역 정당인 오사카유신회를 모체로 결성된 일본의 정당으로, 2014년 해산 후 유신당에 합병되었다. 하시모토가 유신당에서 제명당한 후 2015년 새로 창당한 정당의 이름도 일본유신회다.
•• 일본유신회의 정책집으로 소비세의 지방세화, 지방 교부세 폐지, TPP 협정 참가, 중의원 정원을 절반으로 축소, 국회의원 세비와 정당 교부금 30퍼센트 축소 등의 주장을 담았다.

과거를 잊고 오늘만 사는 정치가들

총선거를 앞두고 각 당의 난립과 합종연횡이 두드러진다. 정당 이름이나 선거 공약은 물론이고 사람에 따라서는 소속 정당이 '하루가 멀다 할 만큼' 어지럽게 바뀐다.

원자력발전, 소비세 증세, TPP가 주요 쟁점인 듯하다. 그러나 어느 후보자가 어떤 입장을 표명하는지, 언제 어떤 이유로 '앞에 달았던 간판'을 떼고 '지금의 간판'으로 바꾸었는지, 유권자는 거의 잘 알지 못할 것이다. 지난 번 정권 교체 이래 선거 공약을 휴지조각으로 만들어온 정치가들의 가벼운 언사가 정치적 의견을 성실하게 듣고 싶은 유권자들의 의욕을 떨어뜨렸다.

경박한 언사는 '제3극第三極'°도 다르지 않다. 이시하라 신타로 石原慎太郎 전 도쿄도지사가 이끄는 태양의 당太陽の党은 결성 나흘 만에 소멸했다. 일본 정당사 중 최단의 기록일 것이다. 국정에 나갈 정당이라면 그 나름대로 강령이 있고, 규약이 있고, 당 조직이 있고, 고유한 정당문화가 있어야 할 것이다. 과연 그런 것을 '헌신짝을 내던지듯' 버릴 수 있는 것일까? 원래 처음부터 해당解黨할 예정이 있었다면 다른 방도를 선택할 수도 있었을 것이고, 만약 예상과 달리 그렇게 되어버렸다면 참으로 앞을 내다보는 눈이 없

대세를 따르지 않는 시민들의 생각법

는 사람들이었다고 평가할 수밖에 없다.

'태양의 당'과 가와무라 다카시河村たかし 나고야 시장이 이끄는 '감세減稅일본' 당파의 합류도 겨우 하룻밤 만에 엎어졌다. 다음날 바로 헛짓이 되어버릴 합의라면 하지 않는 편이 낫다. 굳이 하겠다면 합의해도 좋지만 그냥 밀약으로 해놓고 기자회견은 하지 않는 편이 낫다. 보통은 그렇게 생각한다. 그런데도 그런 것쯤 전혀 신경을 쓰지 않는 까닭은 그들의 믿음 때문이다. 즉 '당장 오늘 세간의 이목을 끌기만 하면 세상은 어제 있었던 일을 금방 잊어버린다'는 믿음 말이다.

일본유신회의 정책도 '유신팔책' '공약 소안素案' '골태의 방침骨太の方針'••• 등으로 엎치락뒤치락 바뀌었다. 마지막에는 하시모토 도루 대표(당시)가 "내 말이 곧 당의 방침"이라고 공언함으로써 종지부를 찍었다. "지금 내가 한 말이 가장 옳다. 앞에 한 말은 다 잊어라" 하는 것으로 불합리한 지난 언동을 정리한 듯싶다. 이런 사례를 통해 우리는 정치가들이 '단기 기억의 소유자'만 대상으로 행동하고 있다는 것을 알 수 있다. 현재가 모든 것이다. 과거는 벌써 잊었다. 미래는 생각하지 않겠다. 무슨 까닭인지 이 나라에는 이러한 '현재주의자'만 '현실주의자'라고 불린다. (2012년 12월 3일)

• 이시하라 신타로가 민주당과 자민당에 대항해 일본 정계에 영향을 미치기 위해 결정한 제3의 세력을 가리킨다.
•• 고이즈미 준이치로가 '성역 없는 구조개혁'을 착실하게 실시하게 위해 경제재정자문회의에서 결의한 정책의 기본 골격에서 유래한 일본정부의 경제재정 운영의 기본지침을 말한다.

5 위기에 처한 민주주의를 구하라

'사후 징벌'만 하면 되는 걸까?

〔2014년의〕중의원 선거는 자민당이 294석을 차지하는 압도적인 대승을 거두었다. 다만 자민당의 비례구 득표율은 27.6퍼센트였다. 2009년 정권 교체 선거에서 역사적 대패의 고배를 마신 때 얻은 26.7퍼센트와 비슷하다. 그런데도 획득한 의석의 총수는 150퍼센트 증가했다. 소선거구 제도의 마법 때문이다. 2005년도 우정郵政 선거*에서 자민당은 296석으로 압승했고, 2009년 정권 교체 선거에서 민주당은 308석으로 압승했다. 흔들이가 극단에서 극단으로 흔들리는 것이 이 제도의 특징이다. 미세한 '풍향'의 변화로 의석수가 위아래로 심하게 변동한다.

웬만해서는 의석의 구성이 심하게 변하지 않는 '타성이 강한 대의제'와 극단에서 극단으로 달리는 '과민한 대의제' 중 어느 쪽이 더 바람직할까? 나는 선택할 수 없다. 우선 당분간은 '선거란 이런 것'이라는 각오로 이 제도에 적응하는 수밖에 없다.

자민당에 투표한 유권자의 동기를 물어보니 '자민당의 정책을 지지하기 때문에'는 겨우 7퍼센트이고 '민주당에 실망했기 때문에'가 81퍼센트였다(《아사히신문》의 조사). '적의 실책' 때문에 얻어 걸린 승리라는 말이다. 이번 선거의 압승은 자민당의 정책에

대세를 따르지 않는 시민들의 생각법

대한 국민의 신뢰를 나타내지 않는다. 몇 번쯤 실정을 반복하면 민심은 곧바로 정권을 쥔 당에서 떠날 것이다. 과거 두 번은 그러했다. 두 번 있었으니까 세 번도 있을 것이다. 현대 일본에서는 '정권을 쥔 당에 대한 실망'을 주요한 판단 근거로 삼는 투표 행동이 일반적이다. 사전에 '기대를 품는' 것보다 사후에 '실정을 질타하는' 것이 오판할 가능성이 적다. 유권자는 그렇게 생각한다. 그것이 좋은지 아니면 나쁜지, 이것도 나는 판단하기 어렵다.

그런데 개헌, 원자력발전, 영토 문제, TPP, 소비세, 사회복지는 하나같이 '자칫 한 수만 잘못 두면 생명이 위험한' 긴급한 사안이다. 새 정부는 갑자기 이것에 대한 정책적 기로에 직면한다. '당시黨是와 당의黨議**에 따르기만 하면 되는' 문제가 아니다. 모아들일 수 있을 만큼 정보를 모으고, 예측 가능한 만큼 위기를 예측하고, 생각할 수 있는 최적의 해결 방안을 선택해야 한다. 유권자들은 "정책을 잘못 선택한 데 대해 사후 징벌만 내리면 된다"고 생각하는 모양이다. 그러나 내 생각에 '사후가 있다'고 상정하는 것 자체가 위기의식이 결여된 일본인의 사고를 말해주는 것 같다.

(2012년 12월 31일)

• 2005년 제44회 중의원 선거의 별칭. 참의원에서 우체국 민영화를 부결하자 고이즈미 준이치로 총리가 중의원을 해산한 다음 실시한 선거였다. 민영화 반대파가 자민당을 탈당하자 총리는 그들의 선거구에 자객 후보를 내보냄으로써 자민당이 압승을 거둔 바 있다.
•• '당시'는 정당이 옳다고 여기어 정한 기본 방침을 말하고, '당의'란 정당에서 내세우는 의견 또는 정당의 결의를 말한다.

'아베 거품'에 장단을 맞추지 말라

　'아베노믹스'라고 불리는 일련의 경제정책으로 매스컴과 주식시장이 들끓고 있다. 나는 재정에 관해서는 무지하기 때문에 정책의 옳고 그름은 판단할 수 없다. 하지만 정책이 옳은지 그른지는 판단하지 못해도 '아베노믹스'를 두 팔 벌려 반기는 무리는 아무래도 신용할 수 없다는 것쯤은 안다.

　주간지에는 '아베 거품'이라는 글자가 널을 뛴다. 지금이야말로 여러분의 쌈지를 털어 돈을 벌 기회라면서 이왕 사려면 이 주식을 사라고 연일 지면을 채운다. 스스로 '거품'이라고 지칭했다는 것은 '언젠가 꺼질 것'을 이미 상정했다는 뜻이다. 언젠가는 꺼지더라도 그때까지 들썩거리는 노름판에 자리를 깔고 앉는다. 어쩌다가 그곳에 순박하고 어설픈 사람이 돈을 들고 끼어든다. 어떤 노련한 인간이 그 사람을 먹잇감으로 삼으려고 손깍지를 끼고 기다리고 있다. 주간지 중앙을 차지한 광고를 보면 이런 그림이 보이는 듯하다.

　머니게임은 한마디로 '언젠가 휴지조각이 될 것을 비싼 값으로 팔아치우는 인간'이 승자이고, '언젠가 휴지조각이 될 것을 비싼 값으로 속아 산 인간'이 패자인 제로섬 게임이다. 싸움에 진 놈

주머니에 있던 것이 이긴 놈 주머니로 이동할 뿐, 아무런 가치도 창출하지 않는다. 그렇지만 기나긴 불황에 일확천금(백금 정도겠지만)의 꿈에 걸려드는 풋내기가 나오는 것은 막을 수 없다. 하지만 약간의 돈을 건곤일척의 대승부에 거는 풋내기는 발가숭이가 되어 차가운 허공에 내던져질 뿐이다. 도박은 '밑천'이 많은 인간이 확률적으로 반드시 이긴다. 그 정도는 지난 번 거품경제 때 학습했기 때문에 그때만큼 거품 소동이 다시 일어나지는 않을 것이다. 그때는 일본인 대다수가 주식과 부동산 거래에 열중했다. 많은 사람들이 자기도 모르게 머니게임에서 돈을 버는 일은 '길에 떨어진 돈을 줍는 것만큼 간단하다'고 진심으로 말했다.

헛소리도 작작해야 한다. 세상 어디에 돈이 길에 떨어져 있단 말인가. 말할 것도 없이 누군가의 주머니에서 떨어진 돈이다. 그리고 남의 지갑을 줍겠다고 생각하지만 결국 자기 지갑에 든 돈을 길에 뿌려대는 것으로 끝난다. (2013년 2월 18일)

5 위기에 처한 민주주의를 구하라

농업이 '성장'한 끝에는 어두운 길

며칠 전 정부는 산업경쟁력 회의(의장은 아베 신조 총리)를 열고 농업을 강화하는 방책의 검토에 들어갔다. 아베 총리는 "농업을 성장 분야로 규정하고 산업으로서 발달시키고 싶다"고 말했다.

어떻게 하면 농업이 성장 산업이 되어 수출할 수 있을 만큼 국제 경쟁력이 높아질까? 나는 좀처럼 짐작이 가지 않는다.

필시 이 회의에 모인 사람들의 머릿속에는 기업의 참여를 추진하고, 주식회사를 세우고, 농지를 통합하고, 단일 경작으로 바꾸고, 스프링클러로 물을 뿌리고, 농약과 살충제를 비행기로 뿌리고, 콤바인으로 잡초를 제거하는 '미국형' 대규모 농업 계획이 들어 있었으리라(어쩌면 실온이나 습도도 컴퓨터로 조절하는 전자동 농업 생산까지 바라고 있을지도 모른다). 여하튼 '성장 산업'이 되기 위한 조건을 충족시키려면 해당 사업의 생산성을 높이고 고수익 체질로 개선해야 한다.

정계와 재계, 매스컴이 하는 말을 들으면, 일본 제조업의 경쟁력이 떨어지는 원인은 '높은 인건비'와 '높은 전기료'와 '복잡한 공해 규제'인 듯하다. 그렇다면 농업이 성장 산업이 되기 위해서는 당연히 이러한 장애 요소를 제거해야 한다. 즉 '성장 산업'으로서 농업의 존립 조건은 이 정도로 요약할 수 있다.

(1) 가능하면 사람을 고용하지 않는다(고용하는 경우는 최저임금
    으로).
(2) 원자력발전소를 전부 가동해 전력 요금을 인하한다.
(3) 환경 보호 비용은 기업이 부담하지 않고 외부화한다(다시
    말해 수질 오염, 표토 유출, 염해 등이 초래할지도 모르는 환경 피해
    는 제조비용으로 산정하지 않고 미래 세대의 빚으로 '넘겨버린다').

'생산성이 높은 비즈니스'란 요컨대 '가능하면 사람을 고용하
지 않는 운영'을 말한다. 따라서 '성장 산업으로서 농업'이 산업경
쟁력 회의가 발상한 대로 성공한다면, 종래의 노동집약형 농업은
시장에서 퇴출당할 것이다.

그때 이농할 농민을 위해 농업 주식회사에서 최저임금으로
채용하는 것 말고, 산업경쟁력 회의는 과연 어떤 미래를 준비하
고 있을까? (2013년 3월 4일)

5 위기에 처한 민주주의를 구하라

괴이쩍은 '노 스탠다드'

　　TPP 참가를 표명한 아베 내각의 지지율이 70퍼센트에 달했다. 참 이상하다. 자민당은 지난 번 중의원 선거에서 'TPP 반대'를 공약으로 내걸고 대승을 거두었기 때문이다. 당선 의원 295명 중 'TPP 반대'를 공언한 사람은 205명이나 된다.

　　그 공약을 찬성하기 때문에 표를 준 사람들 중 상당수가 3개월 후에는 공약 위반에도 동의를 표한 것이다. 도대체 이 사람들(국민의 과반수나 차지하는 사람들)은 무슨 생각을 하는 것일까?

　　내가 동시대의 지배적인 여론에 거부감을 느끼는 경우는 그리 드물지 않지만, 이번처럼 '동시대의 지배적인 여론이 단기간에 역방향으로 돌아서는' 사태를 목격하는 거부감은 차원이 다르다. 내가 느끼는 거부감은 '내용'에 관한 것이 아니라 확실한 이유도 없이 정치적 의견을 단기간에 역전시키고도 아무렇지도 않은 '태도'에 관한 것이다.

　　TPP의 이득과 손해에 대해서는 기존의 논의 과정을 통해 거의 총괄적인 목록이 제시되었다. 이제 와서 유권자의 판단을 뒤엎을 만한 '새로운 증거'가 나온 것이 아니다. 따라서 이러한 판단의 역전은 '기분 탓'으로 여길 수밖에 없다. 어쩐지 앞날에 불안이 느껴져 반대해봤지만, 어쩐지 앞날을 걱정하지 않아도 될 것 같은 기분이 들어서 찬성했다는 식으로……. 막연히 이런 것이 아닐까 생각한다.

찬성과 반대를 확실히 표명한 정치적 의견에 대해 입술에 침이 마르지도 않은 새 역전시키는 것을 열띠게 '좋다'고 말하는 것이 우리나라의 유행인 듯하다.

하토야마 유키오 총리가 후텐마 기지에 대한 발언을 손바닥 뒤집듯 바꾸었을 때 매스컴은 입을 모아 '식언'이라고 강하게 질책했다. 그러나 오사카 시장이 원자력발전 반대에서 재가동으로 입장을 바꾸었을 때도, 자민당이 TPP 반대에서 찬성으로 바꾸었을 때도, 매스컴은 이것에 대해 '조령모개'라고 하지 않고 오히려 상황 변화에 적절하게 대응한 용기 있고 지혜로운 결단이라고 추어올렸다.

이러한 매스컴의 태도를 '더블 스탠다드'(이중 잣대)라고 부르는 것은 부적절하다. 도리어 '노 스탠다드'라고 불러야 할 것이다.

(2013년 4월 1일)

5 위기에 처한 민주주의를 구하라

백성의 안녕은 지고의 법

국회 질문에서 아베 총리는 민주당 의원에게 인권에 대한 조문을 질문받았지만 대답하지 못했다. 이에 "자, 총리는 일본국 헌법에서 포괄적인 인권 보장을 정한 조문이 몇 조인지 알지 못한다고 이해해도 좋겠습니까?" 하고 질타당하는 인상 깊은 사건이 있었다. 개헌파의 우두머리가 '숙적' 같은 포괄적 인권 보장을 정한 조문을 잊는 일이 있을 수 있다고는 보지 않지만, '그런 것은 없으면 좋겠다'고 간절하게 바라면 언젠가 그것의 존재 자체가 흐릿해지기도 하는 법이다. 어쩌면 총리가 생각하는 일본국 헌법은 벌써 불확실한 것이 되어버렸을지도 모른다.

참고로 헌법 13조의 조문은 이렇다. "모든 국민은 개인으로서 존중받는다. 생명, 자유 및 행복 추구에 대한 국민의 권리는 공공복지에 반하지 않는 한 입법 등 국정 안에서 최대의 존중이 필요하다." 이에 대해 자민당의 헌법 개정 초안은 이렇다. "모든 국민은 사람으로서 존중받는다. 생명, 자유 및 행복 추구에 대한 국민의 권리는 공익 및 공공질서에 반하지 않는 한 입법 등 국정 안에서 최대한으로 존중받아야 한다."

가장 눈에 띄는 변화는 지금의 '공공복지'를 개정안이 '공익 및 공공질서'로 바꾼 것이다. '공공복지'는 기본적 인권을 정지시킬 수 있는 유일한 법적 근거다. 그것이 무엇을 의미하는지는 오랫동안 헌법학의 논쟁거리였고, 지금도 단일한 합의를 이루어내지 못했다. 그런데 자민당의 개정안은 여기에 '공익 및 공공질서'라는 한정적이고 일의적인 해석을 부여한 것이다.

'공공복지'라는 말의 용례는 저 멀리 법에 관한 키케로Cicero의 격언까지 거슬러 올라간다. "백성의 안녕salus populi은 지고의 법이다." 법치국가는 이것에 위배되는 것을 허용할 수 없다. 그러나 '백성의 안녕'과 '공익 및 공공질서'는 말뜻이 다르다. 라틴어 salus는 '건강, 행복, 안녕, 무사, 생존'이라는 의미를 내포하기 때문이다. '공익과 공공질서'의 유지는 '백성의 안녕'을 위한 요건의 일부이기는 해도 전부는 아니다. 그리고 공익과 공공질서를 지키기 위해 백성의 행복과 생존을 희생시키는 것을 망설이지 않는 통치자는 역사상 무수히 많았고, 지금도 많다. (2013년 4월 15일)

공인의 적성을 갖춘 사람이란

〔2013년의〕 도의회 선거가 끝났다. 낮은 투표율 탓에 조직 표를 동원한 쪽이 이길 것이라는 예측이 나왔는데, 결과는 예측한 그대로였다.

다만 도의회 제1당이었던 민주당이 패배한 방식이 마음에 걸린다. 이는 민주당원들이 재임 중 당 활동을 지지해줄 지방조직을 구축하는 데 실패했다는 것을 의미하기 때문이다.

지방의원이 할 일은 국정과 다르다. 그것은 구체적이고 일상생활과 밀착해 있다. 재임 중 그들은 선거구에서 티 안 나는 의원 활동을 벌인다. 시민의 일상적인 요청을 행정에 반영하거나 지역 활동을 지원하는 등 현실에 발을 딛고 열심히 활동하다 보면, '이런 사람이 계속 의원이라면 좋겠다'고 바라는 사람들을 일정 수 이상 확보할 수 있다. 이렇게 했더라면 이런 방식으로 패배하는 모습을 보이지는 않았을 것이다.

선거는 '바람' 부는 대로 치르는 것이 아니다. '인기 있는 정당'을 뽑는 인기투표도 아니다. '공인의 적성'을 갖춘 사람을 시민의 대표로 뽑아 의회로 보내는 일이다. 그리고 공인의 적성이란 2년이나 3년에 갑자기 평가가 바뀌지 않는다.

공인의 적성이란 무엇일까? 최근 몇 년쯤 매스컴은 '속도감'이나 '결단력' '돌파력' 같은 것이 정치가가 갖추어야 할 필수 자질이라고 주장해왔다. 하지만 그런 것은 정치가가 선택하는 정책의 옳고 그름과는 아무런 관계도 없다.

공인의 적성은 '자신의 반대자를 포함해 집단을 대표해내겠다는' 각오에 달려 있다. 나머지는 부차적인 데 지나지 않는다.

자신을 지지하고 동의하는 사람만 대표할 수 있는 인간은 아무리 거대한 조직을 이끈다고 할지라도 '권력을 가진 사인私人'일 따름이다. 나는 '공인'이 통치자의 자리에 오르기를 바란다.

오르테가 이 가세트Jose Ortega y Gasset는 자유민주주의를 "적과 함께 살아가고, 반대자와 함께 통치하는 것"이라고 정의했다. 그는 이렇게 기술했다. "인간이라는 종족이 이토록 아름답고, 이토록 역설적이고, 이토록 우아하고, 이토록 곡예와 비슷하고, 이토록 반자연적인 것을 생각해냈다는 것을 믿기 어렵다." 참으로 잘 짚어낸 말이라고 생각한다. 이것 말고 우리가 추구해야 할 어떤 정치적 이상이 있다고 할 수 있을까? (2013년 7월 8일)

5 위기에 처한 민주주의를 구하라

숙려와 심사숙고를 위한 자리

이번 참의원 선거에서는 자민당의 압승이 예상된다. 이에 대해 참의원과 중의원의 '뒤틀림'이 해소되는 것은 기뻐해야 할 일이라고 말하는 사람이 많다. 하지만 중의원과 참의원 가운데 정권을 쥔 여당이 늘 과반수를 차지하는 것이 그렇게 바람직한 일일까?

1947년 제1회 참의원 선거 때 제1당으로 올라선 당은 47석을 얻은 일본사회당이었다. 그 다음이 일본자유당 39석, 민주당 29석이었다. 그런데 가장 큰 세력은 108명의 무소속 의원들이었다. 그들이 결성한 원내 모임이 녹풍회綠風會다.

제1회 국회에서 녹풍회는 92명에 달하는 최대 당파였다. 좌우로 치우치지 않는 정치적 중립과 '심사숙고'를 내건 녹풍회의 존재가 전후 참의원의 특징이었다.

중의원과 참의원의 정당 비율이 완전히 다르다는 '뒤틀림'을 전제로 참의원은 출발했다. 그러나 반세기를 거쳐 중의원과 마찬가지로 참의원도 정당화政黨化했다. 녹풍회도 1965년에 소멸했다. 이러한 추이에는 그 나름의 역사적 이유가 있겠지만 정당화에 의해 참의원은 독자성을 잃었고, 결국 '참의원 불필요론'까지 흘러

대세를 따르지 않는 시민들의 생각법

나오기에 이르렀다.

'뒤틀림' 해소론은 실질적으로 참의원 불필요론을 가리킨다. '직접적으로 민의를 대표하는' 중의원의 의결에 참의원이 이의를 제기해서는 안 된다는 사고방식에 일리가 있다고 본다면, 참의원은 처음부터 불필요하다.

참의원은 원래 선거 한 번으로 '바람'을 타고 다수파를 점한 정치세력이 국가의 근간 제도를 일거에 변혁하는 것을 막기 위해 설계한 제도적 장치다. 다시 말해 선거 한 번으로 다수를 차지한 정당이 법안을 성립시키며 '폭주'하는 것을 억제하는 데 참의원의 존재 의의가 있다.

참의원의 기능은 한마디로 요약하면 신속한 정책 실현을 희생하더라도 타성을 유지하는 데 있다. 현 상태의 급격한 변화를 예방하는 데 있다.

'브레이크'를 틀어쥐고서 변화를 '감속시키는 장치는 방해꾼'이라고 불평하는 것은 이치에 맞지 않는다. '뒤틀림' 해소론은 양원제의 본질을 깨닫지 못하는 소치라고 생각한다. 오늘날 일본 정치에 필요한 것은 속도나 결단이 아니다. 숙려와 심사숙고다.

(2013년 7월 22일)

위험천만한 '순수함을 향한 의지'

참의원 선거에서 유권자는 '상명하달에 의해 효율적으로 정책을 결정할 수 있는 시스템'을 선호하고, '다양한 정치적 의견을 조정하고 타협점을 취하는 시스템'을 거부했다. 이것이 이번 선거에 대한 내 나름의 총평이다. 자민당, 공산당, 공명당은 다 '굳건한 단결'을 자랑한다는 점에서 공통적이었다. 매스컴은 당연하다는 듯 참패를 맛본 민주당, 부진했던 일본유신회, 모두의 당*의 패배 원인을 당내 분열에서 찾았다.

하지만 이것은 상당히 왜곡된 평가라고 말할 수밖에 없다. 도대체 언제부터 민주적으로 조직하고 운영하는 정당에서 의견의 차이나 대립을 '있어서는 안 되는 것'으로 여겨왔다는 말인가.

55년 체제** 동안 자민당의 장기 집권을 이끌어온 활력이 격렬한 당내 투쟁이었다는 점은 정치사적으로 볼 때 상식에 속한다. 다나카 파와 후쿠다福田 파의 피비린내 나는 '전쟁'은 1970년부터 1985년까지 15년 동안 이어졌다. 하지만 이 시기에 '당내 분열'을 이유로 자민당에 대한 지지를 철회했다고 말하는 사람을 만나본 적이 없다. 비둘기파에서 매파에 이르기까지, 도시 엘리트에서 농민에 이르기까지, 이해관계가 전혀 다른 사회계층을 함

대세를 따르지 않는 시민들의 생각법

께 아우르는 균질하지 못함(이라기보다 강령 없음)이야말로 국민 정당으로서 자민당이 누려온 반석의 토대였던 것이 아닐까? 그런데 지금 그러한 정당은 존재하지 않을 뿐더러 존재해서도 안 된다고들 말한다. 한마디로 최근 30년의 언제부터인가 당내 투쟁이나 대립이 조직에 활력을 불어넣는 일이 없어졌다. 오로지 상명하달로 당면 사안을 결정하고 이의제기를 봉쇄하는 조직이 정당으로서 '바람직하다'는 판단으로 바뀌었다.

그것은 민주당 정권 말기에 매스컴이 사사건건 "의견이 다른 인간은 당을 떠나 다른 정당을 만들어야 한다"고 당의 분열과 강령의 후퇴를 채근한 것과도 연관이 있다.

일찍이 어느 철학자는 이러한 심리적 경향을 가리켜 '순수함을 향한 의지'라고 불렀다. "공동체 사이의 혼성, 혼혈, 공생을 지지하는 모든 것을 말살하는 데" 쏟는 열정이 "우리가 진입하려는 시대의 정수 그리고 관습'이 될 것이라고 그는 암울한 예언을 제시했다. 나는 그의 예언이 더 이상 현실화되지 않을 것을 희망한다. (2013년 8월 5일)

• 모두의 당みんなの党은 2009년 창당한 일본의 군소 정당으로서 '일본 내 국가 공무원 10만 명 감축'을 공약으로 내세우고, 규제 정책의 완화, 공공사업의 민영화와 같은 신자유주의 정책을 주장하다가 2014년 해산했다.
•• 1955년 여당인 자유민주당과 야당인 일본사회당에 의한 양대 정당 구조가 형성된 체제를 말한다. 일반적으로 이 체제는 1993년에 자민당 내각이 무너지고 사회당이 쇠퇴하면서 끝났다고 평가받는다.

5 위기에 처한 민주주의를 구하라

귀담아들어야 할 자연과학지의 조언

영국의 종합학술잡지 《네이처》가 (2013년) 9월 5일자에 '핵 에러'라는 제목으로 후쿠시마 원자력발전소 사고 처리 문제를 다룬 논설을 게재했다. 그 글은 일본정부와 도쿄전력의 원자력발전소 사고 처리가 부적절하다는 점을 상당히 날카롭게 지적했다. 자연과학 학술지가 한 나라의 정부와 민간 기업이 저지른 그릇된 행적을 대상으로 논란을 벌이는 일은 지극히 예외적이다.

'무책임하다고까지는 못해도 부주의한' 도쿄전력의 감시 시스템에 의해 오염수 탱크에서 새어나온 누수를 체크하지 못했다는 점, 당초에 '단순한 이상'이라고 경시한 누수가 실은 사고 이후 최대 규모의 '진짜 위기'였다는 점, 위기를 언제나 과소평가하고 정보를 불충분하게 제공해왔다는 점에 그 논설은 분노를 감추지 않았다.

일본정부나 도쿄전력이나 과학자의 시각으로 보면 당연히 해야 할 일을 무시해왔다. 오염수가 태평양으로 흘러들어가 세계적인 환경 문제에 파급을 미치지는 않을까, 국제사회는 진심으로 우려하고 있다. 그렇기 때문에 그 글은 일본이 전 세계 연구자의 지원과 전문적인 조언을 바탕으로 국력을 기울여 대책을 강구해야 한다고 제언한다. 그런데도 이 나라 사람들은 올림픽 유치와 그에 따른 경제적 효과에 들떠 있다.

부에노스아이레스에서 열린 기자회견에서 원자력발전소 문제에 대해 매스컴이 집중적으로 질문을 퍼붓자 올림픽 유치위원회 이사장은 초조한 나머지, "도쿄와 후쿠시마는 250킬로미터 떨어져 있기 때문에 안전에 문제가 없다"고 말했다. '후쿠시마의 사고를 더 이상 강 건너 불구경으로 여길 수 없다'는 위기감이 세계적으로 드높아지고 있을 때, 일본인은 태연하게 '후쿠시마의 사고는 강 건너 불구경'이라고 말해버린 꼴이다. 아베 총리는 "오염수의 영향은 원자력발전 사고가 일어난 항만 내로 완전히 차단하고 있다"고 하고, "지금까지도 그렇고, 현재나 미래에도 건강에는 문제가 전혀 없다"고 단언했다.

앞의 논설은 이렇게 서술한다. "일본은 지원을 위한 조언을 얻기 위해 국제적인 전문가의 도움을 받아야 할 때가 되었다. 연구와 오염 제거를 위한 국제적인 연대는 모니터링과 위기관리의 유용성과 유효성을 둘러싸고 산산이 무너진 공적 신뢰를 회복하는 데 일조할 것이다." 대체 어떻게 '산산이 무너진 공적 신뢰'를 회복할 셈인가? 그 방향을 제시하는 사람은 아무 데도 없다. (2013년 9월 23일)

국민의 안녕을 먼저 생각하는 유일한 공인

야마모토 다로山本太郎 참의원이 원유회 때 천황에게 '직소直
訴'한 일〔후쿠시마 원자력발전소 사고에 의한 아동 피폭이나 작업자의 노
동 환경 등에 대해 썼다는 편지를 건넸다〕을 둘러싸고 의원의 무례함을
꾸짖는 목소리가 나왔다. 반면 '천황을 정치적으로 이용한다는 점
에서는 자민당이 남을 비판할 자격은 없다'는 반론도 나왔다. 둘
다 내세우는 논리는 그럴듯하지만 나는 '아무도 말하지 않는 것'
에 더 관심이 있다. 그것은 천황에게 올리는 직소가 1901년 다나
카 쇼조• 이래 처음이라는 '예외성'을 매스컴이 강조했다는 점이
다. 이는 무엇을 의미할까?

실제로 9년 전인 2004년의 원유회에서도 요네나가 구니오米
長邦雄 도쿄도 교육위원이 "일본 전국의 학교에서 국기를 게양하
고 국가를 제창하도록 하는 것이 제 소임입니다" 하는 사견을 밝
히고 천황의 동의를 구했다고 한다. '직소' 행위가 있었던 셈이다.
이때 천황은 "그래도 강제하지 않는 것이 바람직하겠지요" 하고
대답했다. 치우친 견해를 자제시키듯 대응한 천황의 답변은 결과
적으로 그의 정치적 감각이 높다는 것을 증명해주었다. 올해〔2013
년〕 4월 '주권 회복의 날'에는 의식을 마치고 퇴장할 때 '천황폐하

대세를 따르지 않는 시민들의 생각법

만세삼창'의 외침이 들렸다. 그때 당혹스러워하는 천황의 표정에서도 그의 절도 있는 태도를 느낀 국민이 적지 않았다.

역설적이기는 해도 누군가 천황을 정치적으로 이용하려고 할 때마다 천황을 거리를 두었다. 그 사실이 결과적으로 그의 예민한 정치 감각을 드러냈을 뿐 아니라 그의 정치적 식견에 대한 국민의 신뢰도 높여주었다.

온갖 기회를 정치적으로 이용해 자신의 이익을 늘리고 자신의 의사를 실현하려고 아등거리는 '공인들' 가운데 오직 한 사람, 당파적 입장에 치우치지 않고 삼권의 수장들에게조차 바랄 수 없는 '공평무사함'을 체현하는 사람이 있다. 이 사실 때문에 국민은 천황의 '말하지 않는 정치적 식견'에 대해 점점 더 신뢰가 높아지고 있다. 이러한 사태는 전후 처음 있는 일이다.

지금 국민 대다수는 천황의 '국정에 대한 개인적 의견'이 알고 싶고, 가능하면 그것이 실현되기를 바라고 있다. 그것은 자신의 이익보다 '국민의 안녕'을 먼저 생각하는 '공인'을 다른 곳에서 찾아볼 수 없기 때문이다. 우리는 그 사실을 더욱 엄숙하게 직시해야 할 것이다. (2013년 11월 18일)

• 다나카 쇼조田中正造(1841~1913)는 메이지 시대의 사회운동가이자 정치가다. 자유민권운동에 참여했고, 1896년 제1회 총선거에서 중의원 의원으로 당선되었다. 일본 최초의 공해 사건이라 불리는 아시오 동산尾銅山 광독鑛毒 사건을 고발한 인물로 유명하다.

'민주주의의 자살' 법안

특정비밀보호법안이 중의원에서 통과될 조짐이 보인다. 여론조사에 따르면 국민의 약 80퍼센트가 신중한 심의를 원하는 법안을 어째서 이토록 급하게 채택했을까? 나로서는 도저히 이해할 수 없다. 이것은 '민주주의 위기'라고 할 수밖에 없다.

민주적으로 선출한 의원들이 민주주의의 폐지에 동의하고 서명하는 것은 역사상 드문 일도 아니다. 나치를 제1당으로 만들어주고 나치에게 독재의 길을 열어준 것은 독일의 유권자들이었다. 페탱 원수에게 전권을 위임하고 공화제의 죽음을 선언한 것도 프랑스 제2공화정의 국민의회였다. 이번 법안 통과도 이러한 전례와 마찬가지로 정치사의 한 페이지에 '민주주의의 자살'이라고 기록될 것이다.

이 법안은 어떻게 운용하느냐에 따라 강권적이고 억압적으로 기능할 수 있다. 따라서 높은 정치적 식견과 윤리성을 지닌 정치가가 운용해야 한다. 하지만 "이 법률이 성립했을 때 정부가 스스로에 불리한 정보를 감출 염려가 있다고 생각하는가?"라는 어떤 여론조사의 질문에 '그렇다'고 대답한 사람이 85퍼센트나 된다(자민당 지지층에서조차 78퍼센트가 '그렇다'고 대답했다). 도대체 '누가' 또

대세를 따르지 않는 시민들의 생각법

는 '무엇이' 이렇게 위험한 법률 제정을 서둘렀을까?

미국의 '재팬 핸들러Japan handler'*가 안전보장에 관한 정보가 타국으로 흘러들어가는 것을 염려한다는 사실은 틀림없을 것이다. 그러나 위키리크스Wikileaks**와 에드워드 스노든Edward Snowden 사건***이 뚜렷이 드러내듯, 미국정부 자신의 정보관리 능력도 결코 타국의 모범이 될 만한 수준은 아니다. 무엇보다 동맹국 수뇌의 전화를 도청하는 나라가 타국을 향해 정보관리가 미흡하다고 탓하는 것은 떳떳하지 못하다. 일본 총리의 전화는 도청하지 않는다는 것 같은데 그것은 당연하다. '도청했다'고 말해버리면 이 법안 자체가 '미국에서 누설한 정보를 미국에 들키지 않도록 지켜야 하는' 모순에 빠져버리기 때문이다.

《뉴욕타임스》는 전날 '부끄러워해야 할 일본의 비밀보호법'이라는 제목의 사설을 통해 이 법안의 반민주주의 성격을 신랄하게 논의했다. 미국의 국내 여론에서도 이 법안을 지지하는 조짐은 찾아보기 어렵다. 다시 말하지만 도대체 누가 무엇을 위해 이 법안의 제정을 희망하는가? (2013년 12월 2일)

• 미국의 대일 정책에 커다란 영향력을 미치는 지일파知日派 지식인을 가리킨다.
•• 익명의 정보 제공자가 제공하거나 자체적으로 수집한 사적 정보 또는 비밀, 미공개 정보를 공개하는 국제적인 비영리기관이다. 주로 정부나 기업 등의 비윤리적 행위와 관련된 비밀문서를 공개한다.
••• 미국 중앙정보국CIA 직원이자 국가안보국NSA에서 근무하던 에드워드 스노든이 2013년 6월 NSA의 무차별 개인정보 수집 등의 내용을 담은 기밀문서를 폭로해 전 세계에 큰 파문을 일으킨 사건을 말한다.

5 위기에 처한 민주주의를 구하라

민주주의를 배신한 대가를 치르게 하자

특정비밀보호법안은 이 글이 지면에 실릴 즈음이라면 참의원에서 이미 가결되었을 것이다. 그래도 굳이 이 건을 논의하려고 한다. 중의원에서 강행 채결된 뒤 교육학자인 사토 마나부佐藤学 선생 등이 결성한 '법안에 반대하는 학자의 모임'에 나도 참가했다. 통상 이런 반대 운동은 국회 심의 전에 시작해 국회에서 통과된 이후에는 단숨에 사그라지고 만다. 그러나 이번에는 그렇지 않다.

강행 채결에 대한 시민의 분노가 폭발하듯 치솟았다. 그렇기 때문에 시민들은 폐안의 가능성도 적지 않다고 생각하면서도 '반대'의 목소리를 내지 않고 가만히 있을 수는 없다고 말한다.

나는 대학교수 동료들을 떠올리며 SNS에 이 모임에 참가하라고 독려하는 글을 올렸다. 몇 분 후에 바로 SNS로 찬성의 회답이 날아왔다. 그 사람 이름을 사토 마나부 선생에게 보내면서 "리스트에 넣어주세요" 하고 전달했다. 송신한 뒤 바로 다른 사람이 메일을 보냈다. "자꾸 보내드려 죄송합니다" 하는 추신을 붙여 곧바로 전달했다. 그 다음부터는 메일이 쇄도해 감당할 수 없었다. 심야에 나는 모니터 앞을 지키며 찬성자의 이름, 직책, 전공 분야

대세를 따르지 않는 시민들의 생각법

를 계속 입력했다. 그날 밤 200명이 넘는 사람들이 내게 찬성 메일을 보냈다. (2013년) 11월 28일 최초 기자회견이 열렸을 때는 찬성자가 304명에 달했고, 닷새 뒤에는 2500명으로 늘어났다.

'학자의 모임'에 이어 '표현인의 모임' '영화인의 모임' 등도 법안 반대를 호소했다. 나는 이 운동이 강행 채결 이후에 활동을 개시했다는 점을 중요하게 여긴다. '리얼리스트'라면 "이미 정해진 일을 이제 와서 새삼 문제 삼는 것은 무의미하다"고 생각할 것이다. 하지만 나는 의미가 있다고 생각한다. 유권자는 의원들에게 전권을 위탁한 것이 아니다. 애초에 공약으로 내걸지도 않았고, 나아가 정치체제의 근간에 심대한 영향을 미치는 중대한 법률이다. 이런 법안을 약소한 심의 기간을 거쳐 강행 채결하도록 의원들에게 권한을 맡긴 기억이 없다. 이 점을 똑똑하게 일러주어야 한다.

법안을 찬성한 의원에게 또다시 의원 배지를 달아주어서는 안 된다. 법안을 찬성한 정당에는 또다시 투표해서는 안 된다. 선거를 통해 민주주의를 배신한 대가를 톡톡히 치르게 해야 한다고 생각한다. 그것 말고는 민주주의가 살아남을 방법이 없다.● (2013년 12월 16일)

● 특정비밀보호법은 2013년 12월 5일 야당의 반대에도 불구하고 자민당과 공명당에 의해 날치기로 통과되었고, 2014년 12월 10일부터 시행되었다. 그 결과 일본의 언론자유지수는 2011년 11위에서 2016년 72위로 급격히 추락했다. 2017년 유엔 인권이사회는 보도의 자유를 위축시키고 언론의 독립성을 해치는 특정비밀보호법의 개정을 권고했다.

진심으로 '전쟁'을 의식하고 있는 정부

국가안전보장회의 관련법, 특정비밀보호법, 공모죄로 이어지는 일련의 움직임은 아베 정권이 진심으로 '전쟁'을 의식하고 있다는 것을 드러내준다. 일본 국민이 '진심으로 전쟁을 개시할 마음이 있는 정부'를 받든 것은 전후 처음이다. 최근 2개월 동안 일본은 법제적으로 '언제라도 전쟁을 시작할 수 있는' 조건을 갖추었다. 우리가 깨닫지 못하는 사이에 이미 역사적으로 결정적인 전환점을 맞이하고 말았다.

만약 내각총리대신이 센카쿠 열도 근처에서 우발적으로 벌어진 군사적 충돌을 '영해 침입·불법 상륙 사안'으로 인정한다면, 그래서 '신속하고 적절한' 군사 행동을 개시함으로써 전투 행위가 벌어진다면, "무력에 의한 위협 또는 무력의 행사는 국제분쟁을 해결하는 수단으로서는 영구히 포기할 것"이라는 헌법 9조는 사실상 폐기된다. 정책 결정 과정에 어떤 정보가 올라가고, 어떤 논의가 이루어지고, 무엇을 결정했는가에 대해 국민에게는 아무것도 알려주지 않는다. 그곳에서 논의한 것은 '국가의 안전 보장에 관련된 특정 비밀'이기 때문이다. 우리는 그저 '동중국해에서 어떤 중대 사안이 발생했고, 정부가 그것에 신속하고 절적하게

대세를 따르지 않는 시민들의 생각법

대응했다'는 '대본영의 발표'*를 얼빠진 표정으로 듣는 것 말고는 할 수 있는 일이 없다.

10월에 열린 자위대 열병식에서 아베 총리는 "방위력은 그 존재만으로 억지력이 된다는 종래의 발상은 버려야 한다"고 말했다. 핵 억지력은 '상호확증파괴'에 의해 성립한다. 핵을 사용하면 어느 쪽이든 멸망하는 것이 확실하기 때문에 서로 억지하도록 기능하겠다는 합의가 핵전략을 '정당화'해왔다. 아베 총리가 상정하는 것은 서로 확실하게 파괴한 적이 없는 수준의 전쟁이다. 완전하게 '통제 아래' 있는 전쟁, 말하자면 비전투원도 죽이지 않고, 도시도 파괴하지 않고, 매스컴이 호전적인 여론을 떠들기만 함으로써 국제사회에 위신만 과시할 수 있는 '계획적이고 비용 대비 효과가 좋은 전쟁' 말이다. 아베 총리는 과연 그런 전쟁이 가능하다고 진심으로 믿는 것일까? 그렇지 않다면 '사용할 수 있는 억지력'이라는 발상은 나오지 않을 것이다.

일본 국민은 두 번에 걸친 국정 선거를 통해 '민주당을 따끔하게 혼내주겠다'든지 '결정할 수 있는 정치'라든지 '뒤틀림 해소' 같은 일상어로 정치를 논했다. 그러는 동안 비일상적인 상황으로 빠져들고 말았다. (2013년 12월 30일)

• 대본영은 전시나 사변 중에 설치하는 일본 육군 및 해군의 최고 사령부를 가리킨다. 태평양 전쟁 당시 대본영이 전황의 피해를 축소하거나 허위 사실을 자주 발표한 것에 빗대어, 오늘날에는 '내용을 전혀 신용할 수 없는 허식뿐인 공식 발표'의 대명사처럼 쓰인다.

5 위기에 처한 민주주의를 구하라

나고시 시장 선거에서 드러난 인간관

미군 해병대의 후텐마 비행장 이전 계획을 둘러싸고 찬반 논쟁이 벌어진 오키나와현 나고시名護市의 시장 선거에서 반대 입장을 표명하는 이나미네 스스무稲嶺進 씨가 이겼다. 현県 지사가 매립 신청을 승인한 데 대해 오키나와 주민이 몹시 거부감을 품었다는 보도가 있었는데, 시장 선거 결과가 그것을 입증해주었다.

그런데 시장 선거에서 오키나와 유권자의 표를 얻기 위해 자민당과 총리 측이 한 말은 '돈 얘기'밖에 없었다는 점이 무척 흥미롭다. 이시바 시게로石破茂 자민당 간사장은 선거 기간 중 500억 엔 규모의 '나고시 진흥기금' 구상을 발표했지만, 이나미네 스스무 씨의 재선이 밝혀지자마자 재고해보겠다고 언급했다. 자기 당이 내세우는 후보가 당선되면 돈을 주겠지만 반대파 후보를 당선시키면 돈을 주지 않겠다는 말이다. 이만큼 노골적인 정권의 선거 간섭은 달리 예를 찾아볼 수 없을 것이다.

선거는 우선 한 가지를 명백하게 밝혀주었다. 간사장 이하 여당의 정치가들이 '인간은 돈으로 움직인다'는 인간관을 지나치게 깊이 내면화하고 있다는 점이다. 그 때문에 '돈이 아닌 이유로 움직이는 인간'에게는 호소하는 방법을 모른다는 점이다. '돈 문제

대세를 따르지 않는 시민들의 생각법

가 아니야'라고 말하는 사람들에게 '그럼 돈 안 줄 거야'라고 말한 간사장은 '돈이면 다 된다'는 믿음을 드러냈을 뿐이다. 앞으로는 반대파를 '테러리스트'라고 몰아붙여 배제하는 방법밖에 없다.

게다가 돈다발로 뺨을 후려친 탓에 미군 기지를 이전해야 할 합리적 논거를 누구도 공공연하게 말할 수 없어졌다는 것도 명백하게 밝혀졌다.

애초부터 오키나와에 기지가 들어서야 할 지정학적 이유는 없다. 미군 기지가 홋카이도에 없고 오키나와에 집중되어 있는 것은 '소련'을 적국으로 상정했기 때문이다. 소련군이 홋카이도를 통해 남하하면서 일본 열도의 방어 거점을 모조리 파괴하더라도 미군의 주력이 주둔한 오키나와만큼은 온전하게 남는다. 오키나와 기지는 이를 위한 포진이다. 따라서 미국의 가상 적국인 소련이 사라진 오늘날, 미군이 오키나와에 꼭 있어야 할 필연성은 없다.

'한반도의 유사시를 대비하라'는 사람도 있는 모양인데, 그렇다면 왜 주한미군을 축소하고 전군 철수 계획까지 이야기하는 것일까? 그 이유를 먼저 밝힐 필요가 있을 것이다. 북한군이 한국의 전역을 점령했을 때라도 오키나와의 미군만은 안전하게 남기고 싶기 때문이라면, 솔직하게 그렇다고 말하면 될 것이다. (2014년 2월 3일)

비트코인이 비추는 허상

귀한 벗인 이슬람 학자 다나카 고田中考 선생은 '금화의 전도사'를 자처한다. 자산은 모름지기 금화로 바꾸어야 한다고 주장한다. "요즘 세상에 웬 금화랍니까?" 의아스러운 눈초리로 여쭈었더니 "거추장스러우니까……" 하고 생각지도 못한 대답을 들려주었다.

일반적으로 "돈은 아무리 많아도 좋잖아요……" 하고 말한다. 텔레비전 드라마에서 나쁜 놈은 대개 그렇게 말하면서 매수 상대의 주머니에 돈다발을 찔러준다. 금화는 그럴 수 없다. 무겁기 때문이다.

비상사태가 발생해 모든 재산을 주머니에 구겨 넣고 몸 하나만 달랑 도피하려고 할 때, 금이라면 최대 10킬로그램(약 4500만엔)쯤 소지할 수 있다. 그래도 걷고 달리는 동안 허리가 아프고 원망스러울 것이다. 인간이 소유할 수 있는 재산의 한도는 기껏해야 이 정도다. 그것을 실감으로 표상해내는 것이 금이라는 말을 듣고 고개를 끄덕거렸다. 분수에 넘치게 자산을 갖고 있으면 거추장스러워진다. 그렇다면 '희사'하는 것이 좋다. 희사하기 싫은 사람은 병에 넣어 땅에 파묻어도 좋다. 어느 쪽을 선택하든 살아

대세를 따르지 않는 시민들의 생각법

있는 인간의 몸으로 제어할 수 없는 돈은 타인에게 주는 것 말고
는 사용할 길이 없다. 이렇게 하면 부의 편재는 해소할 수 있다.

　무슨 바보 같은 소리를 하느냐고 비웃는 사람이 있을 것이다.
하지만 그 반대의 경우를 생각하면 마냥 웃고 있을 수는 없으리
라. 바로 비트코인 얘기다. 신문의 해설 기사를 읽어보았지만 나
는 비트코인의 성립 구조를 이해할 수 없었다(기사를 쓰는 기자도 충
분하게 이해했다고 보기는 어렵지만). 우선 비트코인을 사고파는 사람
의 상당수도 '자신이 무엇을 사고팔고 있는지 잘 모른다'는 것을
알았다. 싸게 사서 비싸게 팔아치우는 것이 투기의 기본인데, 비
트코인의 경우 값이 오르면 다들 팔려고 내놓기 때문에 가격이
폭락한다. 황급하게 돈을 벌려고 하는 사람은 손해를 본다.

　따라서 사정을 잘 아는 사람이 하는 말을 들어보면, 가장 현
명한 비트코인의 사용법은 '샀다는 사실을 잊어버리는 것'이라고
한다. 과연! 그렇게 내버려두면 마운트곡스Mt. Gox 거래소의 고객
들도 평온한 마음을 유지할 수 있겠군……. 이 화폐 형태도 최종
적으로는 사람들이 잉여 재산을 '희사'하도록 이끌었다고 본다면,
화폐의 인간적 본질을 건드렸다고 해야 할지도 모른다. (2014년 3월
17일)

짓밟힌 '헌법 준수 의무'

어떤 단체가 헌법기념일의 강연을 의뢰했다. 호헌護憲의 입장에서 아베 정권이 진척시키는 개헌 운동에 대해 논해달라는 요청이었다. 강연 의뢰를 수락하고 나서 과거에 두 차례 이런 집회를 후원해준 바 있는 고베시와 고베시 교육위원회에 이번 집회의 후원을 의뢰했다. 그러자 이번만 후원을 거절하겠다는 연락이 왔다. "작금의 사회 정세가 '개헌'과 '호헌'이라는 정치적 주장이 대립하고 있기 때문에 헌법에 관한 집회 자체가 정치적 중립성을 훼손할 가능성이 있다." 이것이 후원을 거절한 이유였다고 한다.

행정처의 이 발언은 '공무원의 헌법 준수 의무'를 사실상 부정했다는 점에서 헌정사상 중대한 의미를 지닌다고 생각한다. 시장이나 교육위원이나 다 특별직 지방공무원이다. 헌법 99조는 공무원에게 "헌법을 존중하고 옹호할 의무가 있다"고 정해놓았다. 30년 전 내가 도쿄도의 공무원으로 채용되었을 때에도 "헌법과 법률을 준수하겠다"는 서약서에 서명했다. 당연히 고베 시장이나 교육위원들도 서약을 하고 임명장을 발부받았을 것이다. 그럼에도 그들은 자신의 의무이자 공적 서약인 '헌법을 존중하고 옹호할 의무'를 '정치적 중립성을 훼손하는' 행동이라고 판정했다.

대세를 따르지 않는 시민들의 생각법

총리대신이 개헌파이기 때문에 호헌파는 '반反정부적'이라는 사고방식이다. 행정처가 웃전의 뜻을 거스르는 집회를 후원한다면 정부가 '야단'을 치지 않을까? 이렇게 걱정한 관리가 시청에 있었을 것이다. 입헌주의 정치체제에서 헌법은 통치 권력의 정통성을 보장하는 유일한 법적 근거일 뿐 아니라 헌법에 반하는 어떤 공적 행위도 허용하지 않는다. 그러나 고베시는 '헌법에 대한 현 권력자의 사견'을 바탕으로 공무원의 헌법 준수 의무를 해제할 수 있다는 전례를 남겼다.

　　개인으로서 그들이 어떠한 헌법관을 갖고 있는지는 각자의 사상과 신념의 자유에 속한다. 하지만 공인으로서 행동할 때는 '헌법을 존중하고 옹호할 의무'를 면제받을 수 없다. 개인의 입장에서 보면 헌법은 하나의 법적 의제에 지나지 않지만, 공무원의 입장에서 보면 직무 수행을 위한 근본 규범이다. 사인과 공인의 구별도 알지 못하는 사람이 공무를 집행하는 나라를 과연 '법치국가'라고 부를 수 있을까? (2014년 3월 31일)

　　　　　　　　5 위기에 처한 민주주의를 구하라

규칙 변경과 '사대주의자'

　앞에서 고베시와 교육위원회가 '정치적 중립성을 훼손할 우려가 있다'는 이유로 '호헌' 강연회에 대한 후원을 거절했다는 이야기를 썼다.

　이번에는 고치高知의 이야기다. 고치의 시민단체는 매년 헌법기념일에 맞추어 노면 전차에 '지키자 9조' 등 호헌 메시지를 선전해왔는데, 올해는 전철회사가 시민단체의 요망을 거절했다. 몇몇 시민이 '의견 광고가 아니냐?'고 항의했기 때문이라고 한다. 전철회사는 "여론이 바뀌면 의견 광고로 받아들여질 수도 있다. 벌써 정치 문제가 되어버렸기 때문에 메시지를 내건 전차의 운행을 중지한다"고 설명했다.

　'헌법을 존중하고 옹호하자'는 주장은 '사견'에 지나지 않을 뿐 공공연하게 공언해야 할 것은 아니라는 사고방식이 요즘 들어 지배적이다.

　한마디로 헌법 98조—"이 헌법은 국가의 최고 법규다. 이 조규에 반하는 법률, 명령, 칙, 조칙 및 국무에 관한 기타 행위의 전부 또는 일부는 그 효력을 갖지 않는다."—가 사실상 '공문空文'이 되어버렸다는 뜻이다. 헌법 옹호의 입장에는 정치적 중립성을 인정하지 않는다고 단언하는 사람들에게 헌법은 최고 법규의 지위를 벌써 잃어버렸다. 그러므로 헌법 99조에서 "이 헌법을 존중하고 옹호할 의무가 있다"고 규정한 공무원들도 '여론이 바뀌었다'고 판단하면 헌법을 준수할 의무를 면할 수 있게 되었다.

이러한 규칙의 변경은 한마디로 '그때마다 강자의 주장에 따르는' 사대주의자가 우리나라의 다수파를 형성하고 있다는 사실을 말해준다. 최고 법규보다 여론을 더 우위에 두어야 한다고 생각하는 사람들은 '법치'를 버리고 '인치人治'를 선택한 것이다.

"그렇지 않아. 나는 다만 헌법의 옳고 그름에 대한 판단은 본질적으로 정치적 사건에 지나지 않는다는 일반론을 말하고 있을 뿐이야." 이렇게 반론하는 사람도 있을 것이다. 그렇다면 그런 사람에게 다행스럽게도 자신의 정치적 중립성을 증명할 기회를 주기로 하자. 자민당이 주도하는 개헌이 실현되어 정부가 주최하는 헌법기념 행사가 열렸을 때 이렇게 요구해보라. "호헌과 개헌에 대해서는 이런저런 의견이 있는데, 세금을 지출해 호헌 행사를 벌이는 것은 정치적 중립성을 훼손할 우려가 있으니 이 행사를 중지해주십시오." 그렇게 한 다음 다시 얘기해보자. (2014년 4월 28일)

'개헌파'가 아니라 '폐헌파'라고 이름 붙여야

헌법기념일에 자민당의 헌법개정추진본부장 후나다 하지메船田元는 "9조 개정에는 시간이 걸린다. 위기적 상황을 생각하면 해석의 확대에 의해 인정할 수밖에 없다"고 말했다. 다만 명문 개헌의 방향은 어디까지나 유지한다고 한다. 즉 "임시변통일지도 모르지만 이해하기 쉬운 환경권 등을 부가하는 것을 첫 번째 국민투표에 부치고, 그 다음 사람들이 개정에 익숙해지고 나서 9조 개정에 착수하고 싶다." 솔직한 발언이다.

해석 개헌으로 나갈 수 있는 데까지 나가고, 그것이 무리라면 명문 개헌으로 나가려는 정치가는 헌법 이념의 실현보다 그가 속한 정당의 정책 실현을 더 중요하게 생각한다. 이렇게까지 헌법을 철저하게 경시할 수 있는 정치가들이 뻔뻔한 낯짝으로 헌법 운운하고 이야기하는 꼴을 보면 속이 거북해지는 것을 참을 수 없다.

아베 총리대신은 헌법 99조가 '헌법을 존중하고 옹호할 공무원의 의무'를 규정하고 있음에도 헌법에 결점이 있다느니, 애초부터 우리가 원한 것이 아니었다느니 하면서 헌법의 실질적인 공동화空洞化를 추진하고 있다. 그런데 그가 속한 당의 개헌 초안 102

대세를 따르지 않는 시민들의 생각법

조는 이렇게 말한다. "모든 국민은 이 헌법을 존중해야 한다." 즉 국민 전체에게 헌법을 준수할 의무의 적용을 확대하고 있다. 그런데 나는 이러한 헌법관이 마음에 걸린다. 왜냐하면 순조롭게 개헌에 성공한 뒤 그가 현행 헌법을 대한 것처럼 국민이 신헌법을 대할 때, 총리는 어떤 논리로 그것을 금지할 생각인지 모르겠기 때문이다.

"나는 공무원이 헌법을 존중하고 옹호할 의무를 이행하지 않았지만, 제군은 내가 정한 헌법을 존중하고 옹호해야 한다." 이런 요구를 관철하려면 자신의 '본심'을 이야기할 수밖에 없다. "헌법은 그때마다 정부의 형편에 따라 지킬 수도 있고 폐지할 수도 있는 일개 정치적 도구에 지나지 않는다"고 말이다. 나는 이런 리얼리즘도 '있을 수 있다'고 생각한다. 다만 그렇게 생각한다면 머릿속에 있는 생각에 맞추어 정당의 강령도 바꾸는 것이 어떻겠느냐고 제안하고 싶다.

차라리 '헌법 폐지'가 낫지 않겠는가? 긴요한 사안은 내각회의에서 결정해서 주저 없이 실시하면 그뿐이다. 입법부의 심의에 시간을 들이지 않는 것, 헌법 조문을 내각의 형편에 따라 마음대로 해석하는 것……. 이것을 통치의 이상으로 삼는 사람들을 '개헌파'라고 부를 수는 없을 것이다. '폐헌파'라고 이름 붙이는 것이 타당하리라. (2014년 5월 19일)

5 위기에 처한 민주주의를 구하라

카지노로 '성장 전략'?

카지노 해금의 움직임이 급물살을 타고 있다. 카지노를 해금하려는 의원연맹의 최고 고문인 아베 총리는 카지노를 경제성장 전략의 하나로 내세우는 듯하다.

카지노를 중심으로 한 통합형 리조트IR 시설을 민간이 운영토록 하고, 그 매상의 일부를 국가나 지방자치단체에 납부시키겠다는 생각이다. 이러한 카지노 사업의 구상은 그야말로 에도 시대에 노름꾼이 절 안에 노름판을 벌이도록 하고 판돈을 '시주'로 바치게 한 것과 판박이로 닮아 보인다. 현재 카지노 사업 추진파가 모델로 삼는 나라는 싱가포르다. 싱가포르는 2010년에 거대한 두 개의 IR을 개업해 2012년에 57억 달러의 매상을 올렸다. 이 실적은 같은 해 라스베이거스의 61억 달러 매상에 육박한다.

그러나 카지노 사업은 한마디로 '도박 의존증 환자에게 의존하는 비즈니스'일 뿐이다. 그만두고 싶어도 그만둘 수 없는 병적 도박은 병적 방화, 병적 절도와 비슷한 중증 정신질환이다. 합병증으로는 과량의 음주, 폭력, 불륜, 쇼핑 중독, 물건 훔치기, 방랑, 리스트 컷wrist cut* 등 기벽 행동을 꼽을 수 있다. 도박 자금을 조달하기 위해 소비자 금융에 큰 빚을 지고 막다른 골목에 몰리는 경우도 많다. 미국이나 한국에서는 카지노 때문에 늘어난 도박 의존증 환자의 치료와 그 대책을 위한 비용이 카지노로 늘어난 세수의 증가를 웃돈다. 뭘 보고 '성장 전략'이라고 하는지 도통 알 수 없다.

후생노동성의 조사에 따르면 일본 남성의 도박 의존증은 9.6퍼센트에 달한다. 이 숫자는 유럽과 미국의 1~2퍼센트를 훨씬 웃돈다. 카지노 해금 이후 일본의 의존증 환자 수가 10퍼센트를 넘어선다면, 그에 따른 사회적 비용을 어떻게 감당할 생각인가? 이 사업 추진자들에게는 설명할 책임이 있을 텐데도 아무도 말해주지 않는다. '가정한 질문에는 답할 수 없다'는 뜻일 것이다.

카지노의 해금은 자신의 미래와 가족의 미래를 헐값으로 팔아치운다고 해도 도박을 멈출 수 없는 병적 도박자들을 경제성장의 추진력으로 삼겠다는 발상이다. 의존증 환자가 늘어날수록 '시주'는 늘어난다. 이 사업의 주최자인 국가와 지방자치단체는 어느새 도박 의존증 환자가 늘어나도록 부처님에게 기도하고 앉아 있을 것이다. 일본인은 개인이 아무리 불행해지더라도 경제만 성장하면 좋다는 도착적 사고에서 언제쯤 깨어날 것인가? (2014년 6월 16일)

• 자해나 자살을 목적으로 손목을 날붙이로 긋는 행위를 말한다.

5 위기에 처한 민주주의를 구하라

총리의 '기만적인 말'과 일본 국민의 불행

　2014년 7월 1일은 일본이 전후 69년 동안 내걸어온 평화주의를 버리고 전쟁의 길을 걷기 시작한 역사적 날짜로 기억해야 할 것이다.*

　총리는 내각회의 후 기자회견에서 "해외 파병을 일반적으로 허용하지 않는다는 원칙에는 조금도 변함이 없다. 일본이 전쟁에 휘말릴 우려는 더욱 없어질 것"이라고 말했다. 일국의 통치자가 국책의 근본에 관한 중대한 정치적 결정을 설명하면서 '변명으로 발뺌'하는 것을 보고, 나는 깊은 절망감을 맛보았다. '일반적으로'라는 말은 대체 무슨 뜻일까? 전쟁이란 전쟁 이외에는 국토와 국민을 지킬 방법이 없을 때 채택하는 비상수단이다. '해외 파병이 일반적으로 허용되는' 사태, 다시 말해 특별한 이유 없이 다른 나라를 공격하는 사태 따위는 존재하지 않는다. 해외 파병은 항상 그것을 합리화하는 '특별'한 이유를 지닌다. 아베 총리는 '이유만 붙여진다면 해외 파병을 하겠다'는 말을 '이유 없는 해외 파병은 있을 수 없다'고 바꾸어 말했을 뿐이다.

　뒤에 이어진 말도 마찬가지로 기만적이다. '일본이 전쟁에 휘말릴 우려는 더욱 없어질 것'이라는 말은 무슨 뜻인가? 이제까지

　　　　　　　　　　　대세를 따르지 않는 시민들의 생각법

집단적 자위권의 행사를 금지함으로써 어떻게 일본이 전쟁에 휘말려왔다는 말인가? 집단적 자위권을 행사하지 않았기 때문에 국민이 죽거나 다치고, 국토를 빼앗기고, 국부를 상실한 사례가 어디에 존재하는가? 만약 그런 사례가 있다면 제시해주기 바란다. 그러고 나서 집단적 자위권을 행사한다면 그와 같은 피해를 막을 수 있다는 것을 가정법 과거완료 구문으로 말해주기 바란다. 그 조건을 충족시켜야 비로소 '더욱'이라는 부사가 의미를 지닐 것이다. 비교의 대상을 제시하지 않은 '더욱'은 공허한 말이다.

일국의 총리가 국시의 대전환을 둘러싸고 기만적인 말밖에 내뱉지 못하는 것을 보고 나는 깜깜한 어둠 속에 있는 일본 정치를 본다. 총리가 이런 말밖에 하지 못하는 이유는 두 가지밖에 없다. 너무나도 지성이 없기 때문에 도저히 논리적일 수 없거나, 아니면 국민이 알아듣도록 정책 결정의 이유를 얘기하면 지지율이 내려갈 것을 알고 있거나……. 어느 쪽이든 이런 총리대신을 두었다는 것은 일본 국민의 역사적 불행이라고 말하지 않을 수 없다. (2014년 7월 14일)

• 일본 자위대 창설 60주년인 2014년 7월 1일, 아베 신조 총리는 내각회의에서 기존의 헌법 해석을 뒤집고 '일정 요건을 충족하면 집단 자위권을 행사할 수 있다'는 내용의 각의 결정문을 의결했다.

5 위기에 처한 민주주의를 구하라

6

이 나라에
'어른'은 있는가?

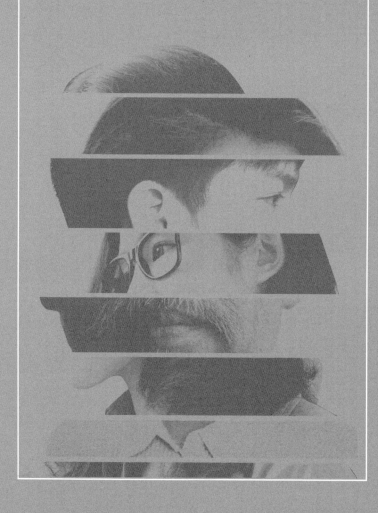

운동선수의 진정한 '강함'

베이징 올림픽 직전, 일본에서 합숙 훈련을 하는 유럽 선수단이 많은 듯하다. 베이징의 대기나 수질에 불안을 느끼기 때문이다. 일본이라면 거의 시차도 없고, 공기나 물도 괜찮고, 시설이나 식사의 질도 높다. 그러나 대기나 식사가 바뀌었다고 해서 제대로 실력을 발휘하지 못하는 운동선수를 과연 '강하다'고 할 수 있을까?

운동선수는 생물학적인 개체 차이를 놓고 다툰다. 정신적 스트레스에 강하다든가, 담력이 있다든가, 어디에서도 숙면을 취할 수 있는 자질은 경우에 따라 육체적인 능력 이상으로 승패와 기록에 관여한다. 그렇다면 어떠한 열악한 환경에서도 최고의 실력을 발휘할 수 있는 운동선수야말로 '최강'이라고 해야 하지 않을까?

남아프리카의 의족 단거리 선수는 '의족은 인공장치'라고 해서 올림픽 출전을 인정받지 못했다. 기록을 향상하기 쉽도록 운동화의 재질이나 선수복의 디자인도 철저하게 개선하고 있다. 기록이 좋아지는 운동화와 의족 사이에 어떤 본질적인 차이가 있을까?

처음부터 메달을 목표로 한 운동선수는 신체를 사용하는 특

대세를 따르지 않는 시민들의 생각법

별한 방법을 구사하기 마련이다. '죽어도 메달을 따고 싶다'는 사람에게 '그렇게 하면 몸이 망가진다'고 말하는 것은 이치에 맞지 않는다. 장수는 인간에게 주어진 가장 뛰어난 신체능력이지만 장수로 우열을 다투는 사람은 없다. '다투는 것' 자체가 몸에 나쁘다는 것을 알기 때문이다. (2008년 3월 31일)

친절한 미소는 정말 공짜일까?

파리의 맥도널드에서 맥 셰이크를 주문했을 때 젊은 여성 점원에게 발음을 지적받은 적이 있다. '맥'이라는 발음이 마음에 들지 않았던 듯하다. 발음을 정정해주었다는 것은 주문의 내용을 제대로 이해했다는 뜻이다. 잠자코 주문을 받아도 되겠지만, 내가 발음을 고칠 때까지 주문을 받아주지 않겠다는 엄한 태도를 보였다. 일본이라면 아르바이트 점원이 해고당했을 것이다.

프랑스에서 미소는 무상無償이 아니다. 패스트푸드점에서 미소 담긴 서비스를 기대하는 것은 '연목구어緣木求魚'와 비슷하다. 그 이유 중 하나는, 그 나라에서 관광객이 마주치는 접객 담당자는 은행 창구든, 호텔 로비의 프런트 데스크든, 모조리 계층사회의 상층으로 올라갈 가능성이 낮은 사람들이기 때문이다. 무상의 미소는 글자 그대로 무상일 뿐 그들에게 좋은 것을 가져다주지는 않는다. 그보다는 권한이 닿는 범위 안에서 '심통'을 부려 관광객에게 굴욕감을 안겨주는 편이 그나마 기분이 좋아진다고 생각하는 사람이 적지 않을 것이다.

'애교 없음'이 접객의 세계적 표준이다. 세계적으로 '물과 안전이 공짜'라는 예외적인 사실이야말로 우리나라가 세계만방에

자랑할 외교 자원이라고 앞에서 기술했다. 헌법 9조가 실현하는
안전 보장과 어느 곳에서나 제공되는 접객 서비스의 높은 질은
일본인의 자랑거리라고 생각한다. (2008년 5월 26일)

흡연자를 매도하는 이 시대의 '양식'

며칠 전 어느 신문에 "담뱃값을 '한 갑에 1000엔'으로 인상하는 데 찬성한다"는 논설이 실렸다. "애연가를 괴롭히려는 생각은 없다"고 끝을 맺었지만 '담배=악'이라는 주장이 표명하는 불관용이 다소 지나치지 않은가 생각한다. 그가 말한 대로 담배는 몸에 나쁘다. 하지만 알코올이나 패스트푸드도 몸에 나쁘기는 매한가지다.

담배를 피운 탓에 인생의 중요한 판단을 그르쳤다는 일은 거의 없지만, 술독에 빠진 탓에 인생이 엉망이 되었다는 사람, 술주정뱅이 때문에 인생이 망그러졌다는 사람은 셀 수 없이 많다. 이 논설위원이 국민의 안전과 건강을 진지하게 걱정한다는 것이 사실이라면, '담배 한 갑에 1000엔'보다는 '맥주 한 병에 2000엔'을 통해 음주 습관을 억제하자는 주장을 먼저 펼쳤어야 한다. 그는 왜 그렇게 하지 않았을까? 그것이 양조회사가 신문의 주요한 광고주라는 점과는 무관하다고 이 논설위원은 단언할 수 있을까?

담배가 국민을 위로하는 얼마 되지 않은 수단이었던 패전 직후에도 이 논설위원은 "국민의 건강을 위해 담배 한 갑의 가격을 1000엔으로 올리자"고 쓸 수 있었을까?

대세를 따르지 않는 시민들의 생각법

‘흡연자 비난’이 정치적으로 올바른 의견으로 통하는 까닭은 흡연자가 소수자로 전락해 사회적 영향력을 잃었기 때문이다. 이유는 그것뿐이다. 어떤 사회 집단의 수가 많을 때는 묵인하고 그 수가 적어지면 공격하는 것……. 이것이 이 시대의 양식인 듯하다. (2008년 7월 21일)

때로는 인간의 척도를 훌쩍 넘어

'벌레와 인간'이라는 제목으로 고베여학원대학의 신제新制 대학*인가 60년 기념 심포지엄을 개최했다. 요로 다케시 선생이 기조연설을 한 다음, 선생을 모시고 무술가 고노 요시노리, 안무가 시마자키 도루島崎徹, 동물생태학자 엔도 도모지遠藤知二 그리고 나, 이렇게 우리 대학 교수 네 명이 대화의 시간을 가졌다. 벌레잡기, 무술, 무용 등 분야는 각각 다르지만 신체를 사용하는 일을 하는 사람들뿐이다.

이야기를 듣는 동안 해부학자인 요로 다케시 선생이 어째서 벌레에 계속 관심을 기울였는지를 조금 이해할 수 있었다. 아주 거대한 것(이를테면 은하계)이나 아주 미세한 것(이를테면 소립자)은 인간적 스케일의 사건(가정불화라든지 이번 달 수입 감소 등)에 비하면 거의 의미를 지니지 않는다. 따라서 우리는 그런 것을 관찰하고 이해하는 작업에 에너지를 별로 쏟지 않는다.

그러나 우리는 극대이든 극소이든 인간적 스케일을 뛰어넘는 것과 가끔 마주칠 필요가 있다. 그렇지 않으면 '인간은 무엇인가?' 하는 것을 이해할 수 없기 때문이다.

벌레를 관찰하는 사람은 그날그날의 생계와는 동떨어진 경지에 인간 세계와 다른 법칙과 질서가 존재한다는 것을 안다. 거꾸로 말하면 그것은 인간이란 무엇인가를 아는 것이다. 그러므로 '벌레 마니아'는 인간적인 척도로 만물을 사유하는 사람보다 사람을 보는 눈이 확실하다. (2008년 8월 18일)

• 1918년 대학령에 따라 설립된 관립대학들을 '구제 대학'이라고 하고, 1947년 학제개혁 이후 이들의 후신을 '신제 대학'이라고 부른다.

'규모 축소'의 시대

입시 계절이 돌아와 주말은 면접으로 바쁘다. 우리 대학에서도 AO 입시˙부터 후기 입시까지 10회쯤 입시를 치른다. 다행히도 우리 대학은 몇 만 명의 지원자가 모이지 않으면 채산이 맞지 않는 초대형 대학과는 달리, '꼭 이 대학에 오고 싶다'는 젊은 여성 수백 명만 맞이하면 경영이 성립하는 '구멍가게' 수준이다.

대학이란 '이것만은 꼭 실현하고 싶다'는 교육 이념의 깃발을 내걸고 역풍을 견뎌가는 기관이라고 생각한다. 그 이념에 공감해주는 사람이 있으면 맞아들이고, 그런 사람이 없으면 잠자코 기다린다. 아사쿠사浅草 골목 뒤편에 있는 튀김가게가 "우리는 에도 시대부터 똑같은 양념간장을 쓴다"고 내걸고 장사하는 것처럼, 고객만 일정 수 유지되면 계속 해나갈 수 있다. 이 정도로 충분하다고 생각한다. 그러기 위해서는 '살림 규모가 작을' 필요가 있다. 살림이 커지면 조직의 연명이라는 자기 목적에 얽매이게 되고, 급기야는 무엇을 위해 자기들이 이 일을 시작했는지 초심을 잃어버린다.

'교육의 세계화'(이것도 슬슬 '사어'가 될 것 같아서 진심으로 기쁘다)는 일본의 대학을 향해 통폐합에 의한 소수화와 거대화를 요구해왔다. 그렇지만 공룡 시대의 끄트머리에 소형 포유류가 등장했듯, 전 세계는 '규모 축소downsizing'로 방향을 전환하고 있는 것으로 보인다. (2008년 11월 24일)

• 전임 부서(입학사무국) 또는 선발 위원회가 학업 성적, 활동 기록 등에 관한 서류와 면접, 소논문 등을 종합적으로 평가하여 입학생을 선발하는 입시 방법.

예측은 최대한 꼼꼼하게

매스컴을 통해 발언하는 사람은 자신의 판단이나 예측이 잘 못되었을 때 왜 잘못되었는지를 검증하여 공개할 책임이 있다고 생각한다. 어떤 요소를 고려하지 못했는지, 무엇을 과대평가 또는 과소평가했는지, 그것을 곰곰이 따져보는 것은 '자신의 어리석음'을 이해하는 데 대단히 유용하다.

그래서 나는 자기 자신의 추론이 적절한지를 정기적으로 점검하기 위해 가능하면 꼼꼼하게 '예언'하려고 노력한다. 다음은 작년(2008년) 12월 초쯤 블로그에 공개한 예언이다.

아소 다로 총리가 다시 한 번 설화 사건을 일으켜 연내에 실 각할 것이다(이미 처음부터 예언이 빗나갈 듯). 자민당 안에서 '아소 총리 끌어내리기'가 시작되고, 아소는 궁지에 몰려 사직할 것이 다. 선거 관리 내각의 구원투수로서 요사노 가오루가 등장해 연 초에 의회를 해산하고 총선거를 치를 것이다. 자민당은 역사적 대패를 기록하겠지만 민주당도 크게 이길 수는 없을 것이다. 여 기에 난세의 인물 오자와 이치로가 등장해 종횡무진 정계를 재 편하면서 소동이 시작될 것이다. 오자와 이치로는 자민당에 손을 깊숙이 집어넣어 휘저을 대로 휘젓고 나서, 총리의 지위를 약속하고 가토 고이치加藤紘一를 자민당에서 끌어낼 것이다. 이리하여 '대민주당' 가토 고이치 정권이 탄생할 것이다. 여기까지가 내 예언이다.

이렇게 써놓고 보니 예언이 빗나갔을 때 변명할 여지가 없다. 2009년 이 예언의 맞고 틀림에 대해 어떤 구실을 붙여볼까? 지금부터 기대만만이다. (2009년 1월 12일)

작고 사랑스러운 남자들

최근 젊은이들은 얼굴이 작다. WBC 야구시합을 보면서 옆에 있던 여자아이가 "다르빗슈 유*는 정말 얼굴이 작구나" 하고 감탄한 듯 한숨을 쉬는 것을 보고 과연 그렇다고 생각했다. 그는 분명 훌륭한 8등신이다.

'작은 얼굴'이 심미적으로 중요한 요소가 된 것은 20년쯤 전인데(고이즈미 교코**부터 시작되지 않았을까?) 그 무렵부터 갑자기 일본의 젊은이들 얼굴이 슈욱 작아졌다.

생물학자 라마르크는 '획득형질은 유전한다'고 했는데, 당시 나는 '부모 세대의 심미적 기준은 아이의 DNA를 변형시킨다'는 것을 느꼈다. 이런 이야기를 학생들에게 들려주었더니 '남자의 키도 줄어들었다'고 지적했다.

실제 데이터는 어떤지 모르겠지만 젊은 남자들이 '작아지고 있다'는 느낌이 들기는 한다. 호리호리 날씬해지고, 피부가 뽀얘지고, 여리해지고 있다. 여성이 남성보다 키가 큰 커플도 그렇게 드물지 않다.

아마도 요즘 세상에서는 남성이 작고 사랑스러운 모습을 띠는 편이 '생존 전략으로 볼 때 유리하다'는 판단이 내려진 것이 아

　　　　　　　　　　　대세를 따르지 않는 시민들의 생각법

닐까?

이런 말을 했더니 "그럼 마쓰자카 다이스케***는 어떻게 된 건데요?" 하는 반론이 날아왔다. 음, 그러니까 그 애도 사랑스럽 잖아……. (2009년 3월 23일)

● 다르빗슈 유Darvish Yu(1986~)는 일본의 프로야구 선수(투수)로, 현재 미국 내셔널리그 시카고 컵스 소속이다.
●● 고이즈미 교코小泉今日子(1966~)는 일본의 가수 겸 배우다.
●●● 마쓰자카 다이스케松坂大輔(1980~)는 일본의 프로야구 선수(투수)로, 현재 센트럴리그 주니치 드래곤스 소속이다.

일본인은 '말기'를 좋아함

작년(2008년) 12월에 나는 '아소 다로 총리 끌어내리기'의 시나리오를 예언했다. 아소 총리가 설화 사건을 일으켜 연내에 실각할 것, 요사노 가오루가 구원투수로 등장해 연초에 의회를 해산하고 총선거를 치를 것, 자민당은 역사적 대패를 기록하겠지만 민주당도 단독 과반수를 얻지 못할 것, 오자와 이치로가 솜씨를 부려 정계를 재편할 것, 합종연횡 정국이 시작될 것……. 이런 예언을 했는데 아쉽게도 빗나가고 말았다.

의회 해산은 자민당의 '밑천'이 어디까지 허용 범위인가라는 계량적인 판단으로 정해졌을 테지만, 결단을 내리지 못했다(설마 이토록 '말기적'일 것이라고는 생각을 못했다).

그래도 기죽지 않고 또 예언해보려고 한다. 나는 이 선거 기간 중에 경기가 호전되리라고 생각한다. '정권 교체'의 예감이(왜 그런지는 모르겠지만) 소비활동을 자극시킬 것 같기 때문이다. 더불어 주가도 오를 것이다. 자민당은 필사적으로 '우리 당의 경제정책 성과가 나타난 것'이라고 주장하겠지만, 그렇지 않다.

일본인은 '말기'를 좋아한다. 연말이면 지갑이 열리고, 연말에는 남은 예산을 펑펑 뿌려댄다. 우리는 그런 국민이다. '이렇게 하

대세를 따르지 않는 시민들의 생각법

면 세상이 변할 것 같다'는 (별로 근거가 없는) 들뜬 기분은 4년 전 '고이즈미 극장'*과 아주 비슷하다. 결말도 비슷하지 않을까 생각되어 마음이 좀 무겁기는 하지만……. (2009년 8월 3일)

• 고미즈미 준이치로가 내각 총리대신으로 재임한 2005년 당시에 사용한 '극장형'이라는 정치 수법을 가리키는 유행어로 매스컴이 명명했다.

6 이 나라에 '어른'은 있는가?

미성숙한 부모의 아이는 미성숙하다

환갑이 되고 보니 학생들의 부모와 세대 차이를 느낄 때가 많다. 옛날에는 학생들 부모가 나보다 나이가 많았는데 어느새 그들이 나보다 훨씬 나이가 적다. 대개 40대 중반이다. 당연히 일을 해서 생계를 꾸리고 자식을 대학까지 보냈다는 점에서 엄연한 사회인이라고 할 것이다. 하지만 아쉽게도 시민적 성숙이라는 점에서는 좀 미숙한 사람이 종종 눈에 띈다.

목소리를 높여 자기주장을 펴야만 자신의 이익을 늘릴 수 있다고 배운 탓인지, 교무부장을 맡은 4년 동안 몇 번이나 '책임자를 나오라고 하라'고 호통 치는 부모들과 만났다. 납작 엎드리기도 하고 설득하기도 하고 때로는 호통으로 맞받아치는 등 여러 가지로 대응하는 사이에 '상대하기 곤란한 아버지'가 보여주는 전형적인 패턴을 발견했다. 엄마와 딸이 밀착 관계를 형성한 가운데 가족이 상대해주지 않아 소외당하는 아버지일수록 딸이 대학에서 문제에 휘말렸다는 소리를 들으면 갑자기 눈을 부라리며 언성을 높인다. '믿음직한 아버지'의 이미지를 구축함으로써 가정 안에서 자신의 지위를 복권하려는 마음의 발로일 것이다. 그 마음을 이해 못할 바는 아니다.

대세를 따르지 않는 시민들의 생각법

부모들과 만나면서 한 가지 배운 바가 있다. 미성숙한 부모의 자식은 역시 미성숙하고, 이기적으로 구는 부모의 자식은 역시 이기적으로 군다는 것이다. 가정교육은 제대로 돌아가고 있는 셈이다. (2010년 2월 8일)

남의 말을 잘 들어주는 리더십

취직을 준비하는 학생들은 '리더십'을 발휘하라고 배운다. 집단 면접인 그룹 토론에서는 솔선수범하여 사회자 역할을 맡으라고 권장한다.

그래서 지금 우리 사회에서 '토론에 능숙한 사람'이라는 말은 "이끌어내야 할 결론이 미리 정해져 있고, 그 이외의 선택지가 있다는 것은 모르는 척하는 인간"을 가리킨다. 그런 종류의 '동요 없음'을 '리더십'이라고 일컫는다.

그러나 내 의견은 좀 다르다. 집단적으로 논의할 때 가장 중요한 점은 대화의 자리에서 '아무도 예측하지 못한 언어' '무슨 말을 하고 싶은지 잘 모르는 언어'가 전해지느냐 아니냐 하는 것이다.

매스컴은 '지금이야말로 여전히 리더십이 필요하다'고 되풀이한다. 지금의 총리대신(하토야마 유키오 씨)에 대한 가장 집요한 비판은 '남의 이야기를 지나치게 잘 들어주느라고 좀처럼 결단을 내리지 못한다는 것'이다. 그것은 사실일지도 모른다. 하지만 이렇게 주장하는 사람들도 '자기들의 의견에 정치 지도자가 귀를 기울여서는 안 된다'고 말하지는 않을 것이다. 남의 말을 듣지 않고 결단을 내리는 사람과 남의 말을 지나치게 잘 들어 결단이 늦

대세를 따르지 않는 시민들의 생각법

어지는 사람 중 어느 쪽이 '나을까?' 이 물음에 대해 '결단을 미루는' 사람이라고 대답하면 미리 판단하지 말라고 비판당할까?

(2010년 3월 22일)

'시민의 눈높이'라는 리스크

참의원 선거는 아마 그다지 관심을 받지 못할 것 같다. 민주당은 '간판'을 갈아 달고 지지율의 V자 회복을 꾀하지만, 의석수는 줄어들 것이다. 그런데 반면에 자민당에도 당세를 회복할 방도는 없다. 제3극은 부동표를 노리지만 쟁점이 없으면 '바람'도 불지 않는다. 무엇보다 마음에 걸리는 것은 조용한 목소리로 음전하게 정치를 이야기하는 후보자를 어디에서도 찾아볼 수 없다는 점이다. 모두들 누가 더 얼굴을 찌푸리는지 경쟁하면서 각자의 상대방 후보가 내건 정책이 얼마나 졸렬한지 네거티브로 매도한다.

우리나라가 혼미 상태에 빠져 있다는 것은 틀림없다. '이렇게 하면 만사형통'이라는 만능 키 같은 정책은 존재하지 않는다. 또 '통째로 맡기면' 모든 것을 해결해주는 정당도 존재하지 않는다.

정치 지도자에게 요구하는 것은 이런 것이 아닐까? 국민적 합의를 형성하기 위해 다른 의견도 인내를 갖고 냉정하게 대화할 수 있는 넉넉한 기량과 장기적인 국가 전략을 이야기할 수 있는 넓은 시야 말이다. 하지만 그런 자질을 요구하는 목소리는 어디에서도 들리지 않는다. 어느 정당도 '이웃집 형이나 누나' 같은 친

대세를 따르지 않는 시민들의 생각법

근함을 조건으로 후보자를 선정하는 듯하다. 금방 감정적으로 변하거나 태도를 바꾸거나 솜씨 좋게 말을 꾸며대는 정치가가 '자기들과 비슷해서 안심'이라는 유권자의 마음도 모르는 바는 아니다. 그렇지만 국가 전략을 세워야 하는 위기의 시대에 우리는 '시민의 눈높이'나 '생활의 감각'으로 판단하는 리스크를 과소평가하고 있는 것은 아닐까? (2010년 7월 5일)

'어제의 나'와 '오늘의 나'

시애틀 매리너스 소속의 이치로 선수가 10년 연속으로 200안타를 달성했다. 훌륭한 기록이라고 생각한다. 그런데 언제나 그렇듯 이치로 자신은 수치를 추어올리는 매스컴에 대해 냉담한 모습이다.

"기록은 통과 지점일 뿐입니다." 이치로의 이 코멘트는 말 그대로 받아들여야 한다고 본다. 최상급 운동선수는 자신이 지닌 신체 능력의 극한을 지향한다. 그가 자신을 점검할 때 참조하는 사항은 수치가 아니다. 물론 경쟁자와의 우열도 아니다. 그런 것은 아무리 들여다본들 자기 자신의 몸과 마음이 발휘하는 능력의 질을 고려하는 실마리가 되지 못한다. 상대 팀 수비수의 실책이나 경쟁 상대가 겪는 슬럼프를 기뻐하는 인간이 운동선수로 대성하는 일은 있을 수 없다. 최상급 운동선수는 자신에게만 관심이 있다. '어제의 나'와 비교하는 것만이 '오늘의 내'가 지닌 기술의 질을 음미하는 데 유효하다.

이치로는 아마도 '정해진 일과'에 철저하리라고 생각한다. 생활습관을 바꾸지 않을 것이다. 매일 똑같은 시간에 똑같은 일을 할 것이다. 야구장에도 언제나 똑같은 시간에 똑같은 길로 다닐

대세를 따르지 않는 시민들의 생각법

것이다. 그것이 '어제는 있었지만 오늘은 없는 것'과 '어제는 없었지만 오늘은 있는 것'을 가려내는 데 가장 효과적이기 때문이다. 사고의 예감도, 폭발적인 약진의 불씨도, 반드시 그 징후를 드러낸다는 것을 그는 알고 있기 때문이다. (2010년 10월 25일)

개인의 건강보다 중요한 담배 이야기

다른 사람 앞에서는 담배를 피우지 않는다. 그렇다고 끊은 것은 아니다. 범죄자 보듯 쳐다보는 눈초리에 진저리가 났을 뿐이다. 고등학생 시절에는 흡연을 들키면 정학 처분을 받을 만큼 금기였다. 그것에 비하면 지금은 편하게 피운다.

잊고 있는 사람들이 많은 것 같아 언급해두는데, 세상에는 개인의 건강보다 중요한 것이 있다. 그것은 공동체의 통합이다. 흡연은 낡은 공동체 의례의 자취를 머금고 있다. 이것이 흡연 습관이 끈질기게 잔존하는 까닭이다.

바야흐로 40년 전 철야 시위를 벌이다가 기동대의 진압으로 대열이 뿔뿔이 흩어지고, 새벽 무렵 나는 교외의 어떤 역을 향해 터덜터덜 걷고 있었다. 그때 옆에서 함께 걷던 낯모르는 학생에게 담배를 얻어 피운 적이 있다. 머리를 맞대고 성냥 한 개비로 담배 두 대에 불을 붙였을 때 비로소 "하아, 오늘도 무사히 살아남았군……" 하는 깊은 안도감을 느꼈다. 이것이 바로 흡연의 고유한 감각이다. 이런 감각은 콜라나 단팥빵으로 맛볼 수 없다.

술잔을 주거니 받거니 하는 습관이 없어진 오늘날, 담배는 모르는 사람에게 얻어 피워도 되는 유일한 상품이다. 연기는 기체라는 성질상 사사로이 소유할 수 없다. 담배는 우리가 공기를 공유한다는 것을 시각적으로 확인시켜준다. 건강한 사람들이 쾌적함을 누릴 때는 이런 감각이 불필요할 것이다. 그러나 심한 타격을 입고 녹초가 되어버렸을 때 옆에 있는 사람과 담배를 나누어 피우는 일은 아직도 의례적인 의미를 잃지 않고 있다. (2010년 12월 6일)

'나라의 보물'이란 무엇인가

민주당에서 개최하는 세미나에 강사로 초대받았다. 내각 지지율이 급락하고 의회 해산에 의한 선거도 코앞으로 다가온 만큼 구구절절 정책을 논의하는 것은 별 소용이 없는 일이다. 더구나 나는 정책의 좋고 나쁨을 논할 능력이 없다. 따라서 강연의 주제는 '헤이세이平成*의 양이론攘夷論'으로 잡았다. 말하려고 하는 논점은 단순하다. 요컨대, "각국에는 각각 역사적으로 형성된 고유한 특수성이 있다. 그러니까 획일적으로 '이것이 국제 공통으로 옳다'는 규칙을 억지로 밀어붙이지는 말자."

일본인은 '일본의 특수성'을 좀 더 세심하게 살피는 것이 좋지 않을까 생각한다. 국민적 특수성 중에는 생활습관에 따른 것도 있고 유전적인 것도 있다. 생활습관은 고칠 수 있지만 유전 형질은 바꿀 수 없다. 그런데 '헤이세이의 개국론'은 일본의 '결점'을 생활습관과 동등하다고 여기고, 국제 공통의 '건강법'과 '특효약'으로 모조리 치유하겠다는 사고 경향을 보인다. 개국론의 입장은 농업과 임업 등 몇몇 산업 분야가 망하더라도 보상만 해주면 불평하지 않으리라고 보는 듯하다. 이러한 사고방식의 밑바탕에는 글로벌리스트의 공통적인 생각, 즉 '모든 문제는 돈으로 해결할 수 있다'는 인간관이 깔려 있다.

　그러나 일정한 비율로 '돈으로 움직일 수 없는 인간'이 없다면 나라는 멸망한다. '돈에 의해 움직이지 않는 인간'은 그런 의미에서 '나라의 보물'이라고 생각한다. 사람이 돈으로 움직이는 이유는 세계 어디에서나 비슷하지만, 어떤 사람이 '돈으로 움직이지 않는' 이유는 국제적인 공통성이 없다. '이곳에서만 통하는' 국지성이 최후의 순간에 한 나라의 토대를 받쳐주는 것이다. (2011년 3월 7일)

● 1989년 1월 8일부터 2019년 4월 30일까지 일본이 사용한 연호.

　　　　　　　　　　　　　6 이 나라에 '어른'은 있는가?

다시, 폐를 끼치는 삶을 배우자

소프트뱅크의 손 마사요시孫正義 사장이 동일본 대지진의 피해자 구제를 위해 100억 엔과 공무원의 보수 전액을 기부하겠다고 한 발언이 화제로 올랐다. 그전에는 야나기 다다시柳井正 유니클로 사장이 개인적으로 10억 엔, 프로골퍼 이시카와 료石川遼 씨가 2억 엔을 '목표'로 상금을 기부하겠다고 한 것을 매스컴이 대대적으로 다루었다.

평소였다면 이런 기사에 반드시 '냉소적'인 어조가 감돌았겠지만 이번 보도에서는 누구나 냉소를 삼갔다는 느낌을 받았을 것이다. '위선적'이라는 둥, '이름을 판다'는 둥, '잘못을 무마하려는 면피용'이라는 둥……. 하지만 최근에 들어서는 이러한 상투적인 표현을 들어본 적이 없다.

이는 커다란 흐름 변화가 아닐까 한다. '공공의 복리를 위해 사재를 터는 행위'는 메이지, 다이쇼 시대까지만 해도 '성공을 거두고 이름을 날린' 인물이 짊어진 의무였다. 그때는 다들 한 사람이 거둔 사회적 성공이 무수한 사람들의 지원 덕분이라는 것, 그렇기 때문에 성공을 자신의 노력이 거둔 결과로 보고 독점하려는 태도는 '잘못'이라는 생각이 일반적이었다.

대세를 따르지 않는 시민들의 생각법

그런 생각이 상식으로 통하지 않게 된 지 반세기가 흘렀다. 그 후 오랫동안 사람들은 '내가 남에게 폐를 끼치지 않고 남이 나한테 폐를 끼치지 않는 삶'을 모범적이라고 믿었다. 그렇지만 그렇게 풍요롭고 안전한 시대는 오래 가지 않았다. 우리는 또다시 '남에게 폐를 끼치기도 하고 남이 나한테 폐를 끼치기도 하는' 삶을 학습해야 했다. 옛날에도 그럴 수 있었으니까 오늘날에도 그럴 수 있을 것이다. (2011년 4월 18일)

인생은 어긋남의 연속

건축가 친구가 대지진 피해 지역의 피난소를 찾아갔다. 피해자를 수용한 체육관에는 피해자가 기거하는 사적인 공간과 구원물자를 나누는 공적인 공간이 구획으로 나뉘지 않고 휑하게 펼쳐져 있다. 그는 전문가다운 발상으로 커튼을 달아 그 지역을 몇 구역으로 나누면 사람들의 피로도가 상당히 줄어들지 않을까 생각했다. 그는 텍스타일과 인테리어 전문가들과 함께 동북 지방으로 갔다.

고베로 돌아온 그에게 생각대로 일이 잘 풀렸느냐고 물었더니 살짝 그늘진 표정으로 이렇게 대답했다. "아무래도 현지에서는 그런 유형의 지원 활동을 예상하지 못했던 것 같아. 처음에는 괜한 짓 한다는 기색을 내비치더라고……." 일껏 봉사하겠다는 의욕을 품고 찾아갔는데 생각지도 못한 서늘한 반응에 부딪혀 낙담한 듯했다.

나도 피해자의 처지에서 지원 활동을 받은 적이 있기 때문에 '그런 느낌'을 잘 안다. 피해자의 구체적인 '요구'와 자원봉사자가 제공하는 '지원 활동'이 조화롭게 딱 일치하는 경우는 좀처럼 찾아보기 어렵다. 대부분 피해자와 지원자가 마주치는 상황은 어긋난다. 어긋나는 경우가 '일반적'이다.

내가 피해자였을 때 '도와드리겠다'고 피난소를 찾아오는 학생들을 보면서 의욕이 넘치고 얼굴에 윤기가 흐르는 모습에 묘하게 불쾌감이 들었던 기억이 있다. 구원 물자를 나누어주는 단순 작업에 열중하는 모습을 보아도 그렇고, 일손을 쉬는 틈에 학생들끼리 담소를 나누는 모습을 보아도 그렇고, 별 이유 없이 괜히 속이 뒤틀렸다. 우리는 필시 그들을 별로 살갑게 대하지 않았다고 생각한다. 나중에야 그냥 있는 그대로 감사하는 마음을 표명했더라면 좋았을 걸 하고 반성했다.

인생은 어긋남의 연속이다. 우리는 대학도 잘못 선택하고, 취직할 회사도 잘못 선택하고, 배우자도 잘못 선택한다. 그럼에도 어떻게 상황을 헤쳐 나가느냐에 따라 행복해질 수 있다. "자원봉사자의 선의와 현장의 요구가 어긋난다고 해서 풀이 죽을 것은 없어." 친구에게 이렇게 말했더니 젊은 건축가의 표정이 살짝 밝아졌다. "그럼 앞으로도 계속 피해 지역에 갈게요. 그 사람들이 다소 불편한 기색을 보이더라도 커튼 치는 일을 계속할게요." 그렇지, 그렇게 하면 되는 거야. (2011년 5월 2일)

6 이 나라에 '어른'은 있는가?

다양한 시각의 더블체크가 필요할 때

정부의 사고 조사 및 검증 위원회가 발족했다. 하타무라 요타로畑村洋太郎 위원장은 "책임 추궁이 목적은 아니"라고 말했는데, 사법 소추의 가능성이 있는 이상 증언자가 어디까지 '진실'을 이야기할지는 알 수 없다. 필시 자신의 책임으로 돌아올 만한 일은 말하지 않을 것이다.

이탈리아는 2009년에 일어난 대지진 때 309명이 사망하고 6만 명 이상이 피해를 입었다. 당시 정부의 방재 위원회가 사전에 대지진의 징조가 없다고 판단한 것이 피해를 확대시켰다는 이유로 위원회에 속한 학자 등 7명을 과실치사상해죄 혐의로 기소했다. 이 위원회는 일련의 지진 활동이 계속되는데도 "대지진으로 이어질 가능성이 낮다"고 보고했다. 이 보고가 나오자 안심하고 피난을 떠나지 않은 많은 주민이 엿새 뒤에 일어난 지진으로 죽거나 부상을 당했다. 피고 측 변호사는 "지진의 예상은 불가능하기 때문에 지진을 예상하지 못했다는 것에 대해 죄를 물을 수는 없다"고 주장했다. 나도 그렇게 생각한다. 하지만 그렇다면 처음부터 "대지진이 일어날지, 안 일어날지는 예측할 수 없다"고 정직하게 말해야 할 것이 아닌가?

대세를 따르지 않는 시민들의 생각법

옛날에 친구들과 회사를 공동 경영한 적이 있다. 맡은 일을 끝냈을 때, "실수는 없겠지?" 하고 동료가 확인하려고 했다. "인간이 한 일이니까 실수가 있을지도 모르지" 하고 대답했다가 따끔하게 야단을 맞았다. "그렇다면 너한테는 더 이상 일을 맡길 수 없어"라는 말까지 했다. 그가 체크해본 결과 다행히 실수는 나오지 않았다.

그와 나 중에 어느 쪽이 현실적일까? 지금도 잘 모르겠다. 그러나 서로 자기가 더 현실적이라고 생각했다. 그러니까 더블체크가 기능했던 것이다. 인간이 하는 일에 대해서는 '인간이란 어떤 존재인가?'에 대한 관점이 다른 사람들이 더블체크를 하는 편이 낫다. 그것이 '비슷한 사람끼리' 체크하는 것보다 실수를 발견할 확률이 높아진다. 나는 경험을 통해 이것을 배웠다.

사고 조사 및 검증 위원회는 될수록 다양한 기준과 다양한 시각을 통해 관계자의 이야기에 귀를 기울이기를 바란다. 그리고 악의와 책임 방기에 벌을 줄 수는 있지만, 우둔함과 비굴함에 벌을 줄 수는 없다. 그것은 그저 끈질긴 인내심으로 설득하고 교화함으로써 시정할 수밖에 없다는 점을 기억해두기 바란다. (2011년 6월 20일)

'만사는 돈 문제'라는 사람의 속마음

대지진의 피해가 발생한 직후 블로그에 '소개疏開*를 권함'이라는 글을 올렸다. 찬반양론이 있었다. 내 귀에 들린 목소리는 거의 다 '찬성'(이라기보다는 '벌써 소개했다')이었다. 반대 의견도 있었지만 나는 아직도 그 논리를 이해하지 못한다.

'혼란을 부채질하지 말라'는 비판이 있었다. 내가 한 말은 이것뿐이었다. "임산부나 어린이, 노인과 병자 등 대혼란이 일어났을 때 자력으로 탈출하기 힘든 사람들은 교통과 통신 인프라가 기능하는 동안 빨리 안전한 곳으로 소개하는 것이 좋다." 무조건 '다들 도망가라'고 말한 것이 아니다.

여기에 대해 이런 반론이 들려왔다. "소개 때문에 인구가 줄어들면 경기에 나쁜 영향을 끼친다. 수도권에 머물면서 평소처럼 소비활동을 계속하지 않으면 곤란하다." 나는 '생명에 관한 이야기'를 하는 반면, 그들은 '돈에 관한 이야기'를 하는 것이다. 이래서는 톱니가 맞아 들어갈 리 없다.

원자력발전을 둘러싼 대책이 지지부진한 까닭은 '국토의 보전과 국민의 안전'을 우선시해야 할 정계와 재계의 관리들이 실은 그것을 그렇게까지 진지하게 생각하지 않기 때문이다. 그것보다 그들의 머릿속에는 '국토의 보전과 국민의 안전을 담보하기 위한 돈을 어떻게 충당할까?' 하는 생각이 가득 차 있다.

그들에게 최우선 과제는 방사선량의 측정이나 원자력발전의 멜트스루melt-through**에 대처하는 기술적인 대응이 아니라 추경예산과 국채다. 그것은 '돈이 없으면 아무 일도 못한다'는 리얼리즘을 채용하기는 하지만, 실제로는 '돈만 있으면 어떤 곤경도 처리할 수 있다'는 소박한 믿음을 고백하는 데 지나지 않는다.

어떤 문제에 대해서도 '만사는 돈 문제'라는 사람들이 있다. 본인은 스스로를 '리얼리스트'라고 하지만, 난 그렇게 생각하지 않는다. '일이 제대로 굴러가지 않는 것은 돈이 없는 탓'이라고 주장하는 사람은 실은 '돈만 있으면(돈은 없지만) 모든 것은 잘 풀린다(풀릴 것이다)'는 조건법 구문을 통해 이 세계가 그렇게 부조리하지 않다고 합리화하는 것이다.

'모든 것을 해결하는 마법의 돈'을 두고 정신없이 주판알을 튕기는 동안에만 그들은 공포의 대상에서 눈을 떼고 한때의 평안을 후무릴 뿐이다. (2011년 7월 4일)

• 공습이나 화재 따위에 대비하여 한곳에 집중되어 있는 주민이나 시설물을 분산하는 것.
•• 원자로의 핵 연료봉이 공기에 노출되면서 녹아내린 뒤melt-down, 압력 용기를 뚫고 흘러나와 격납 용기에 쌓인 현상.

6 이 나라에 '어른'은 있는가?

'찾아내기 명인'을 키워라

오사카와 교토의 경찰 수사부가 광역 사건에 대해 협의했다. 그때 교토 경찰서의 형사가 "이런 사건도 있습니다" 하고 빈집털이 사건의 용의자 사진을 오사카의 형사에게 건넸다. 협의가 끝나고 밖으로 나간 지 10분 만에 오사카의 형사는 가까운 모터보트 경기장 발매소 근처에서 용의자를 발견했다. 이 수사관은 혼잡한 무리 속에서 지명수배범을 가려내는 '찾아내기 수사"'의 전문가라고 한다.

과연 그렇구나 싶다. 이런 사람들은 '범죄에 관여한 인간'이 드러내는 미세한 분위기를 감지하는 능력을 갖추고 있다. 그런 능력을 갖춘 사람이 마땅히 경찰관이 되어야 하고, 아마도 그래왔으리라고 본다. 경찰이라는 제도는 그런 능력을 고려해 제도를 설계한다.

거동이 수상한 인간을 감지하는 능력, 거짓말하는 사람을 알아보는 능력 등은 눈에 보이는 증거를 통해 그것의 있고 없음, 좋고 나쁨을 제시할 수 없다. 그러나 우리 사회는 '증거에 의해 제시할 수 없는 것은 존재하지 않는 것으로 여긴다'는 규칙을 채용하고 있다. 이것 때문에 우리나라의 모든 시스템은 뒷걸음질치고 있다고 생각한다.

억울한 사건이 자주 일어나는 이유는 '거짓말을 하는 인간과 참말을 하는 인간을 직감적으로 식별할 수 있는 능력'을 갖춘 사법관의 수가 일정하게 존재한다는 전제로 사법 시스템을 설계했기 때문이다. 물증이 없어도, 자백이 없어도, 증언의 진위를 직감적으로 가려내는 능력을 갖추었다고 여겨지는 사법관에게 권한이 주어져야 한다. 그런데 그러한 능력을 갖추지 못한 사법관에게도 권한을 허용했기 때문에 '지금 일어나는 부당한 일'이 빈번하게 일어나는 것이다.

사람들은 사법제도의 개선(평이하게 말하면 '사법관이 아무리 무능해도 진범을 체포하고 올바른 판결을 내릴 수 있는 제도'의 실현)을 바란다. 그것도 하나의 길은 될 것이다. 그러나 그래서는 제도의 후퇴가 멈추지 않는다. 멀리서도 용의자를 알아보는 수사관이나 위증을 직감할 수 있는 사법관을 어떻게 하면 선발하고 육성할 수 있느냐는 순수하게 기술적인 문제에 속한다. 이 문제를 아무도 논의하지 않는다는 사실이 바로 제도적 후퇴의 병적 증상이라고 할 것이다. (2011년 8월 15일)

• 지명수배자의 사진이나 CCTV의 화상을 보고 용의자의 특징을 기억하고, 역이나 번화가를 거닐면서 비슷한 사람을 찾아내는 수사.

6 이 나라에 '어른'은 있는가?

'졸아드는 일본'에서 잘 살아가자

우리는 지금 세계사적 전환기를 맞이하고 있다. 나카자와 신이치中沢新一 씨는 《일본의 대전환》이라는 책을 냈고, 히라카와 가쓰미平川克美 씨는 《이행기적 혼란》이라는 책을 냈다. 요전에 다카하시 겐이치로高橋源一郎 씨와 만나 '탈원자력발전 사회의 대안'에 대해 대담을 나누었다. 나를 포함해 이 네 사람은 다 동갑이고, 하는 말도 거의 비슷하다. 경제성장은 더 이상 없을 것이다. 장기에 걸친 인구 감소 시대로 들어설 것이다. 기업 활동과 소비는 저하하고, 세수는 줄고, 의료와 연금의 세출은 늘어날 것이다.

이런 사태를 기피하고 싶은 마음은 충분히 이해한다. '그런 사태가 벌어지면 큰일이야' 하는 불안이야 능히 짐작하고도 남는다. 그렇지만 '그런 사태가 벌어지면 큰일이야' 하는 전제에서 끌어낼 수 있는 해결책은 하나밖에 없다. '모든 수단을 동원해 경제성장의 꿈을 떠드는 것'이다.

'앞으로 땅값은 다시 오른다' '주가도 회복된다' '소비가 다시 활발해진다' 하는 성장론자의 말을 일본인이 또다시 믿는다면 어떻게 될까? 사람들은 노후를 위해 저축해놓은 돈을 인출해 부동산과 주식에 투자할 것이고, 젊은이들은 빚을 지더라도 '당장 갖

대세를 따르지 않는 시민들의 생각법

고 싶은 것'을 살 것이다. 국민 대다수가 경제성장을 믿고 행동하면 일시적으로 경제는 활성화될 것이다(또다시 거품이 꺼질 때까지는).

경제성장은 '이대로 경제는 계속 성장할 것'이라는 믿음 위에 성립한다. 따라서 사람들이 믿기를 멈추면 성장도 멈춘다. 일본인은 이제 그 같은 꿈을 이미 믿을 수 없게 되었다. 다시 한 번 '성장 트럭'에 일본 경제를 태우고 달리고 싶다면, 사람들이 무릎을 치며 '아, 그래? 그런 수가 있었구나!' 하고 웃음을 터뜨리는 웅장하고 장대한 구상이 필요하다. 그러나 이제 그런 스케일로 이야기하는 사람은 없다. 기껏해야 '베트남에 지지 말자'든가 '싱가포르보다 뒤처지지 말자'는 '비근한 성공 사례의 흉내'를 제언할 따름이다.

이제 성장은 없다. 그렇다면 이런 상황에 적응하면서 어떻게 하면 평온하고 유쾌하게 '졸아드는 일본'에서 살아갈까에 대한 방도를 강구해야 할 것이다. 우리는 그런 시기를 맞이한 것이 아닐까? (2011년 11월 21일)

'희생양'이 지닌 암묵적인 매력

하시모토 도루 오사카 시장이 모든 직원을 대상으로 정치와 조합 활동에 관한 설문조사를 실시했다. 이에 오사카시 노동조합 연합회와 일본변호사연합회가 '사상과 양심의 자유'에 위배된다는 이유로 강력하게 반발함으로써 일시적으로 설문조사의 집계 작업은 중단되었다.

그런데 이번에는 정치·조합 활동의 실태를 조사하기 위해 전 직원 약 2만 3000명의 업무 이메일을 조사하기 시작했다. 국가는 개인 정보를 조사할 때 사전 통지를 하도록 가이드라인을 제시해 놓고 있지만, 이번 조사는 직원에게 사전 통고도 하지 않고 동의 요청도 없이 실시했다.

연달아 '직원 단속'이 이루어진 셈이다. 이메일 조사도 필시 '일시 중단'으로 끝날 것 같다. 시장과 그의 참모진이 별로 대수롭지 않다는 태도를 보여주고 있기 때문이다. 그 일의 발단은 조합의 시청 안 시설 사용을 금지한 조치에 있었다. 그때부터 시작된 일련의 시책은 유권자를 향해 "시의 직원들은 무수한 기득권을 누리며 권력의 보호를 받는 사람들이고, 그들이야말로 제도 개혁의 방해물"이라는 주장을 반복적으로 외치기 위한 작업이다. 그들은 이 작업이 벌써 성공을 거두고 있다는 것을 알아채고 있다. 그 설문조사를 둘러싸고 일본변호사연합회와 일본공산당은 오사카시 노동조합연합회를 지지했다. 하지만 그 행동마저도 "일본변호사연합회와 일본공산당은 기득권 제도의 수혜자이기 때문에 그런 것"이라는 구도로 해석할 수 있다. 아마도 하시모토 시장과 오사카유신회는 이 설명을 채용할 것이다.

시스템의 한 군데를 콕 짚어 '악의 근원'이라고 지정하고, 그것을 제거하기만 하면 '모든 것이 해결된다'는 사고방식은 '희생양 바치기'라고 불린다. 이는 인류의 역사만큼이나 역사가 오래되었다. 무수한 실패를 경험하면서도 우리가 아직도 '희생양 바치기'를 떨쳐내지 못하는 이유는 그것이 그만큼 매력적인 서사 형태이기 때문이다.

희생양 바치기에는 모순이 있다. 하나는 '그런 방식에 문제는 없는가?' 하고 이의를 제기하는 사람은 자동적으로 '기득 권익의 수혜자'라고 낙인찍히는 동시에 처벌의 대상이 되어버린다는 것이다. 이리하여 단기간에 사회는 '나쁜 놈'과 '처벌하는 사람'으로 양극화한다. 그런데 '나쁜 놈'을 근절한 다음에도 시스템에 문제가 있을 때(대개는 문제가 더 생긴다), 그것을 설명하는 논리가 또 하나 있다. 그것은 '처벌하는 사람 중에 나쁜 놈이 섞여 있다'는 논리다. 이러한 상호 고발은 종종 모든 처벌자를 소멸시킬 때까지 끝나지 않는다. (2012년 3월 5일)

'일단 정하고 보자'는 해결책이 아니다

도대체 언제부터 논의를 매듭짓는 상투어구로 '일단 정하고 보자'는 말을 채용하기 시작했을까? "제한된 시간이 다 되었어. 구구절절 따지고 앉아 있을 여유가 없단 말이야." 이렇게 선언한 다음, "자…… 내가 제안하는 개혁안이야, 아니면 현상 유지야? 빨리 선택해" 하고 재촉한다. 현재 상태에 문제가 있기 때문에 논의하는 것인 만큼 '현상 유지'라는 답변은 설 자리가 없다. 그런데 설상가상으로 '내가 제안하는 계획'이냐, 아니면 '현상 유지'냐를 선택하라고 한다. "잠깐만 기다려!" 하고 만류하면 "기다리라는 말은 현상 유지에 찬성이라고 받아들일게" 하고 막무가내로 밀어붙인다.

이런 식의 논의 방식이 유행하고 있다. 정치가를 비롯해 매스컴과 인터넷의 평론가들도 이런 방식을 즐겨 사용한다. 그런데 나는 사람들이 이런 식의 발언에 익숙해져버렸다는 것이 몹시 불안하다.

후텐마 기지, TPP, 소비세 증세, 원자력발전 재가동, 좀 옛날 일로는 우체국 민영화, 교육재생*, 연금제도 개혁 등등 그때마다 정부는 '일단 정하고 보자'고 선언했고, 국민은 '플랜 A냐? 아니면 현상 유지냐?'(플랜 B는 없음) 하는 선택을 요구받았다. 그때마

대세를 따르지 않는 시민들의 생각법

다 국민은 "그렇다면 플랜 A!"라고 대답했다.

그러나 시간이 좀 지나서 돌이켜보면 어느 것도 딱히 '선택을 잘못하면 일본은 파멸할 것' 같은 결정적인 분기점은 아니었다.

우체국 민영화는 7년이 지나고 나서 선택 자체가 잘못이었다는 결론에 이르러 정체가 탄로 났다. 시간제한을 맞추지 못하면 일본과 미국 관계는 돌이킬 수 없는 파국을 맞이할 것이라고 위협하던 후텐마 기지 문제도, '버스 놓칠라, 서둘러라' 하며 등을 떠밀렸던 TPP 문제도 벌써 시간제한을 넘겨버렸지만 미일동맹에 일대 혼돈이 벌어졌다는 이야기는 듣지 못했다. 아마도 미국은 벌써 일본정부의 문제 해결 능력에 아무런 기대도 하지 않는 상태에 이르렀을 것이다. '일단 정하고 보자'라는(한마디로 사고정지에 의한) 문제 해결 수법에 매달리는 한, 내정도 그렇고 외교도 그렇고 일본정부가 어려운 문제의 해결책을 제시함으로써 다른 나라가 경의를 표하는 일은 절대로 일어나지 않을 것이다. 일본인만 이 점을 깨닫지 못하고 있다.

무도에서는 공격을 받고 선택지를 선택해야 할 처지에 내몰렸을 때 '선수를 뺏겼다'고 말한다. 선수를 뺏기면 반드시 진다.

(2012년 4월 30일)

• 유토리 교육으로 학력이 저하되자 2006년 아베 내각은 '교육재생회의'를 발족시켰고, 이 회의가 내놓은 '초중교 수업시간 10% 늘리기' '토요일 수업 부활' 등 공교육 개혁안을 채택했다.

6 이 나라에 '어른'은 있는가?

'이기적'으로 굴 수 있는 까닭

1970년 이후 42년 만에 국내의 모든 원자력발전소 가동을 정지시켰다. 나는 올해가 '원자력발전 제로 원년'으로서 오랫동안 국민의 기억 속에 남을 것을 진심으로 바란다.

《마이니치신문》(2012년) 5월 8일자 여론조사에서 올해 여름 원자력발전을 중단한 탓에 전력이 부족하리라고 예측하고, "절전과 정전에 따른 불편을 참을 수 있겠습니까?" 하는 물음에 74퍼센트가 '참을 수 있다'고 대답했다. 얼마나 씩씩하고 믿음직한 국민인가?

원자력발전 재가동 추진파 사람들이 보기에 이것은 뜻밖의 숫자가 아닐까? 왜냐하면 74퍼센트 중에는 전력을 마음껏 사용하는 일로 생계를 유지하는 사람들도 다수 포함되어 있을 테니까 말이다.

그런 사람들은 원자력발전의 위기를 깨닫더라도 '딴 일에는 마음을 쓸 수 없는' 절체절명의 리얼리즘에 굴복할 것이라고 재가동 추진파는 예측했을 것이다. 국토가 오염되는 위기에 빠지든 말든, 후손에게 핵폐기물 처리 비용을 떠넘기든 말든, 그들은 그런 것보다 '당장 내일 먹을 끼니'를 걱정한다. 지금 당장만 좋으면, 나만 좋으면, 아무래도 상관없다. 재가동 추진파는 그런 자포자기의 리얼리즘으로 세상이 움직인다고 생각하는 것이 아닐까? 하지만 실제로는 일본 국민의 과반수가 그렇게 생각하지 않았다.

이유는 금방 알 수 있다. 같은 설문조사를 보면 "당신은 원자력발전의 안전성에 대한 정부의 설명을 믿습니까?"라는 물음에 77퍼센트가 '믿지 않는다'고 대답했다. 더 이상 정부를 믿을 수 없다는 마음……. 이것이 불편함을 참겠다는 국민적 결단의 주요한 원인이라고 생각한다.

'나만 좋으면 아무래도 상관없다'고 도리에 어긋난 이기적인 언사를 떠들어댈 수 있는 경우는 역설적으로 나 이외의 다른 사람들이 공공의 복리를 생각하고 비이기적으로 행동하리라고 기대할 수 있을 때뿐이다. 고속도로가 정체되어 있을 때 갓길로 달리는 운전자는 자기 이외의 다른 운전자가 긴급 차량을 위해 갓길을 비워둔 경우에만 편익을 취할 수 있다.

일본 국민은 '일단 나 혼자만이라도 비이기적으로 행동하자'고 생각하기 시작했다. '웃전'의 선의나 양식을 더 이상 바랄 수 없기 때문이다. (2012년 5월 21일)

　　　　　　　　　　　　6 이 나라에 '어른'은 있는가?

노동자에 의한 '노동자' 죽이기

문신 여부를 조사한 데 이어 오사카시가 시 직원의 정치 활동을 규제하고, 2년 이하의 징역 등 형벌 규정을 담은 조례안을 내놓았다. 이것을 가결하면 시 직원은 앞으로 정당 등의 기관지 발행과 배포, 시위 기획과 집회 연설 등을 금지당한다.

법률 전문가들은 이 조례안의 적법성에 대해서만 언급하는데, 문제는 교육 기본 조례 이후 오사카유신회가 주도하는 일련의 정책이 드러내는 정치적 문맥이다. 그것이 무엇을 지향하는지를 좀 더 차분하게 음미해볼 때가 아닐까? 일련의 정책은 공무원이 이제까지 누려온 '노동자의 권리'를 제한하고 박탈하기 위한 대대적인 기획으로 볼 수 있다. 셀 수 없이 많은 사람들의 헌신적이고 영웅적인 노력 덕분에 우리가 누리고 있는 '노동자의 권리'가 마치 사회적 부정不正인 듯 천박하게 떠들어대고 있다. 공무원의 임금을 깎아내리고 고용 환경이 열악해지는 상황에 다른 노동자들이 갈채를 보내고 있다. 노동자가 다른 노동자의 임금 수준 저하와 노동 조건의 악화를 기뻐하는 어그러진 심리를 드러낸 것이다. 이런 일은 메이지 시대 이후 처음 보는 광경이다. 고토쿠 슈스이*나 오스기 사카에**가 이 꼴을 봤으면 차마 입을 다물지 못했으리라.

이런 일이 일어나는 까닭은 사람들이 마치 '하나의 파이'를 두고 경쟁적으로 다투는 제로섬 게임을 하고 있다고 믿기 때문이다. 자신의 '몫'은 다른 사람의 '몫'을 줄여야만 늘어날 수 있다고 믿기 때문이다. 이러한 '서로 죽이기'는 부분적으로 사회의 실상을 반영한다. 그러나 이 게임의 곤란한 점은 바로 '자신의 경쟁 상대가 우둔하고 무능할수록 자신의 이익이 커진다'는 규칙에서 비롯한다. 노동자들이 다른 노동자의 나태와 반사회성을 침을 튀기며 비난하고 그 처벌을 요구하는 어긋난 행동은 그런 식으로밖에 설명할 수 없다.

그렇다면 언젠가 일본의 노동자들은 사회를 더불어 형성하고 있는 다른 노동자들이 될수록 무능하고 우둔하고 '노동자의 권리'를 말할 가치가 없는 존재이기를 바라게 될 것이다. 원자력발전소 사고를 거친 이래 일본 시스템은 치명적으로 낙후하고 있다. 이 사태는 일본인이 이웃을 '파이를 다투는' 경쟁상대로 보기만 할 뿐, 더불어 사회를 지켜나가는 동포라고 보는 시각을 잃은 것에서 기인하지 않을까 생각한다. (2012년 6월 4일)

• 고토쿠 슈스이幸德秋水(1871~1911)는 일본의 사회주의자이자 무정부주의자로 노동자의 직접행동 즉 총동맹파업을 주장했다. 《20세기의 괴물 제국주의》(1901년)로 제국주의를 탄핵하고, 《헤이민平民신문》을 창간하여 러일전쟁을 반대했다. 저서에 《평민주의》《그리스도 말살론》 등이 있다.
•• 오스기 사카에大杉榮(1885~1923)는 일본의 작가, 사상가, 저널리스트로 찰스 다윈의 《종의 기원》을 번역 출간했고, 상해로 건너가 사회주의자 동맹 결성에 주력했다. 한국의 독립운동가 이동휘와 여운형 등과 직접 만나 국제연대를 꾀하기도 했다. 1922년 관동대지진 직후 헌병사령부에 잡혀 횡사했다.

이 나라에 '어른'은 있는가?

원자력발전 사고 직후 미국정부는 군용기로 방사선을 측정하고 상세한 '오염 지도'를 작성했다. 지도는 방사성 물질이 북서 방향으로 띠 모양으로 튀어 흩어진다는 것을 밝혔다. 경제산업성 원자력안전·보안원院과 문부과학성은 그 데이터를 공표하지도 않았을 뿐 아니라 총리 관저와 원자력안전위원회에도 전달하지 않았다. 그 결과 잘못된 방향으로 피난을 떠난 많은 주민들이 피폭당하는 심각한 사태를 초래했다.

'말단 벼슬아치나 저지를 수 있는 실수'라는 것이 존재한다. 그들을 지배하는 원칙은 '규정으로 정해놓지 않은 사안은 판단하지 않는다'는 것이다. 예상하지 못한 것과 맞닥뜨렸을 때 그들은 판단을 보류하고 웃전의 지시를 기다린다.

원자력발전 사고가 일어났을 때 일본의 관청은 실효 있는 매뉴얼을 갖고 있지 않았다. 원자력발전 사고는 '일어날 리 없는 일'이었기 때문에 그에 대한 대책이 필요하지 않았던 것이다. 그러나 사고는 일어났다. 모든 것은 '전례가 없는 일'이었다. 그래서 관리들은 판단을 보류했다.

관리들도 '오염 지도'의 중요성은 금방 이해했을 것이다. 하

대세를 따르지 않는 시민들의 생각법

지만 그것을 활용해 주민의 피폭 위험을 조금이라도 줄이려고 행동한 관리는 한 사람도 없었다. 우리는 이 사실에 좀 놀랄 필요가 있다. '원자력발전 사고가 일어나면 외국 정부가 제공해준 데이터를 어떻게 취급할까?'에 대한 규정이 예규집에 없었기 때문일 것이다.

규정상 그들의 행동(이라기보다는 비행동)에 하자는 없다. 그러나 요직에 있는 사람은 때로 '어떻게 행동해야 좋은지에 대해 적절한 기준이 없을 때 적절하게 행동할 것'을 요구받는다. 이 나라에서는 예부터 그렇게 할 줄 아는 사람을 '어른'이라고 불렀다.

일본 관리의 열등함은 제도적인 문제가 아니다. 업무 규정을 세밀화하고, 근무 고과를 엄격하게 정하면 어떻게든 정상화되리라고 말할 수 있는 수준의 이야기가 아니다. 인간의 질 자체가 열등해지고 있는 것이다.

어떻게 하면 조금이라도 제대로 생각할 줄 아는 '어른'을 등용할 수 있을까? 무엇을 기준으로 '제대로 된 어른'과 그렇지 않은 인간을 식별할 수 있을까? 문부과학성과 경제산업성은 '직업교육'이나 '글로벌 인재 육성'을 이야기하기 전에 '우리 내부에는 왜 어른이 없을까?'를 자문해야 한다고 생각한다. (2012년 7월 2일)

'번뇌'를 제어할 수 없다면 무도를 논하지 말라

경시청은 여고생에게 벌거벗고 찍은 사진을 휴대전화로 보내라고 한 가나가와현 경찰서의 순사부장을 아동 매춘·아동 포르노 금지법 위반 혐의로 체포했다. 용의자는 2008년 검도 전일본선수권 우승자였다. 올해(2012년) 세계선수권 단체전에서도 우승 멤버였다.

이 사건에 대해 전일본검도연맹이 어떤 언급을 내놓을지 기다렸는데 아직 들리는 말이 없다. '무도 필수화'를 추진해온 문부과학성도 한마디 코멘트가 있어야 한다고 생각하지만, 여기도 묵묵부답이다. 이번 사건은 개인적인 성적 취향이고 무도와는 아무런 관계가 없다고 해석하고 있을지도 모른다.

의마심원意馬心猿*이라는 말처럼, 하나의 마음 깊은 곳에는 다양한 망상이 깃들어 있다. 누구도 그것을 아니라고 할 수 없다. 현재 체포당한 경관도 평소에는 준법정신이 강하고 예의바른 좋은 청년이었을지 모른다. 그러나 그 사람이 '무도가로서 정점을 찍은 인물'이라는 식으로 소개해온 사실을 나는 가벼이 지나칠 수 없다. 무사의 깨달음을 한마디로 하면 '적절할 때 적절한 곳에서 적절하게 행동하는 것'이라고 할 수 있다. 할 일이 있는 곳에서는 해

대세를 따르지 않는 시민들의 생각법

야 할 일을 하고, 할 일이 없는 곳에는 가지 않는 것! 그것뿐이다.

내 질문은 이것이다. 장기에 걸친 집중적인 수행이 어떻게 이런 인간을 만들어냈을까? 발각당하면 자신의 직업뿐 아니라 경찰에 대한 신뢰와 검도 자체의 위신을 돌이킬 수 없이 훼손시킬지도 모르는 행위도 자제할 수 없는 인간을 말이다. 왜 그런 일이 일어날 수 있었을까?

대대로 내려오는 온갖 책이 가르쳐주듯 번뇌는 '제1의 적'이다. 그것은 정면에서 공격하는 현실의 시합 상대보다 훨씬 심오하고 잔혹하게 인간의 삶을 훼손시킨다. 그러므로 번뇌가 판단력을 흐릴 때 무도가의 내면에서는 위기를 알리는 '알람'이 격렬하게 울린다(필시 울릴 것이다).

그런데 어쩐 일인지 그의 귀에는 '알람'이 들리지 않았다. 위험이 닥쳐왔을 때 알람이 울리지 않는 인물이 열심히 수행해온 기예를 엄밀한 의미에서 '무도'라고 부를 수 있을까? 한번 생각해 볼 만한 물음이라고 생각한다. (2012년 8월 13일)

• 생각은 날뛰는 말과 같고 마음은 떠드는 원숭이와 같다는 의미로, 세속의 번뇌와 정욕 때문에 흐트러진 마음을 억누를 수 없음을 비유하여 이르는 말이다.

6 이 나라에 '어른'은 있는가?

올림픽 유치 캠페인에 드러난 심각한 병증

2020년 도쿄 올림픽 유치를 위한 캠페인이 시작되었다. 그런데 그 표어가 참 심각하다. 아마도 광고회사에 통째로 맡겨 초안을 만들었는지, '심각하다'는 형용사 이외에 적당한 낱말을 찾을 수 없다. 예를 들면 좀 길지만 이런 말이 쓰여 있다.

"이대로 간다면 이 나라는 세계에서 잊히고 말지도 모른다. 지금 무언가 하지 않는다면 이 나라의 미래와 아이들의 자신감을 빼앗길지도 모른다. 자랑해야 할 것을 자랑하기 위해 쟁취해야 할 것을 쟁취하자. 미래를 위해, 도쿄에 올림픽을 유치하는 것이 아니다. 닛뽄에 유치하는 것이다. 올림픽은 꿈을 준다. 그리고 힘을 준다. 경제에 힘을 준다. 일자리를 만든다. 그것이 미래를 만드는 지금이 된다."

일일이 지적하다가는 한이 없을 테니까 더 이상 말은 않겠다. 어떤 의미에서 '닛뽄의 지금'에 사로잡혀 있는 병증이 그대로 징후로 나타난 문장이다. 이 문장에 드러난 병적 징후는 첫째 '이류 국가로 전락하는 데 대한 불안과 초조'이고, 둘째 국력이란 단적으로 말해 '돈'이라는 것이고, 셋째 올림픽이란 국위 선양과 경제 활동을 위한 '도구'라는 예단이다.

대세를 따르지 않는 시민들의 생각법

놀랍게도 이 긴 문장 안에는 세계의 운동선수를 향한 메시지가 한마디도 없다. 해외에서 찾아오는 방문자를 어떻게 환대할까라는 마음가짐을 논하는 말이 한마디도 없다. 애초에 올림픽 경기가 무엇을 위해 시작되었는지에 관한 '대의'의 언급조차 한마디도 없다. 다만 올림픽을 '지렛대'로 삼아 '한밑천 잡고 싶다'는 국내용 메시지만 있을 뿐이다. '한밑천 잡기' 위한 프로젝트가 마음에 내키지 않는 국민은 '목적이 없는' 인간, '도전을 기피하는' 인간, '미래를 닫아버리는' 인간이라고 매도할 따름이다.

　　국제사회에서 일본이 충분한 경의를 받지 못한다는 것은 사실일 것이다. 그렇지만 올림픽 유치를 통해 국제사회에 품이 넓고 미래지향적인 메시지를 발신할 수 없는 나라라면 그런 평가를 받는 것이 도리어 적절한 것이 아닐까? 저 광고 문구를 보면 이런 회의밖에 들지 않는다. (2013년 1월 21일)

어찌할지 모를 때 어찌할지 아는 능력

이 칼럼은 이번 주로 끝난다. 격주로 기고하던 요로 다케시 선생이 물러나고 다음 주부터는 레이아웃이 새로워진다. 이어지는 새 칼럼은 내가 담당할 텐데, 원래 요로 선생에게서 '절반 나눠서 써달라'는 의뢰를 받아 시작한 일이기 때문에 요로 선생님이 안 계신다고 생각하니 어쩐지 송구스러운 마음이 든다.

내가 이 칼럼을 쓴 지도 5년이 되었다고 한다. 그 사이에 정권 교체가 있었고, 동일본 대지진과 후쿠시마 원자력발전소 사고가 있었고, 센카쿠와 독도의 영토 문제가 있었고, 유신회의 약진과 자민당의 복권과 민주당의 전락이 있었다. 참으로 현기증이 나는 나날이었다.

나도 개인적으로 대학교수직을 퇴임하고 고베 한구석에 도장을 마련한 항간의 무도가가 되었다. 대학교수를 그만두면 꽤 한가해지겠지 싶어 이것도 하고 싶고 저것도 하고 싶다는 마음으로 손꼽으며 퇴직을 기다렸는데, 예상을 빗나가 재직할 때보다 더 바빠졌다. 그래서 퇴직 후에 하고 싶었던 일은 (도장을 건립한 일 말고는) 하나도 실현하지 못했다.

왜 이렇게 바빠졌을까? 한마디로 일본사회가 흔들흔들 위태

대세를 따르지 않는 시민들의 생각법

로워지고 있기 때문이다. 사회가 안정되어 가치관이 흔들리지 않을 때는 '수재'의 역할이 두드러진다. 그러나 사회의 토대가 흔들흔들 위태로워지고 조류와 풍향이 바뀌는 시기라면, 전례를 참조해 매뉴얼대로 척척 일하는 '수재'가 별 도움이 되지 않는다. 그보다는 냄새를 잘 맡거나 피부로 느끼거나 가슴으로 생각하는 유형의 인간, 즉 생물학적으로 더 원초적인 개체가 여러 가지로 활약할 여지가 있다. 나 같은 은둔자에게는 반갑지 않은 사태다.

생물에게는 선천적으로 '어떻게 해야 좋을지 모를 때 어떻게 해야 할지 아는' 직감적인 판단력이 갖추어져 있다. 미국에서는 학생들이 교실에 들어오는 교사를 보고 한순간에 점수 평가를 매기는 실험을 한 적이 있다고 한다. 그때 학생들이 매긴 평가 점수는 1학기 수업을 마친 뒤 매긴 평가 점수와 거의 달라지지 않았다. 인간에게는 그런 힘이 있다. 혼미한 시대에 우리가 습득해야 할 최우선의 능력은 이것이다. '이 사람을 믿을 수 있느냐, 믿을 수 없느냐'를 논리나 내용과 무관하게 순간적으로 판단하는 힘 말이다. 우선 이 칼럼을 읽고 필자에 대한 신뢰도부터 평가해보기를……. (2013년 4월 29일)

올림픽 유치국의 자격

2020년 올림픽 개최 도시를 결정하는 IOC 총회가 시작한다. 최종 후보로 남은 도시는 도쿄, 마드리드, 이스탄불이다. 1988년 나고야가 후보로 오른 이래, 2008년 오사카, 2016년 도쿄 등 세 번 연속 유치에 실패하고 나서 네 번째 도전하는 것이다. 총리와 도지사는 국내에 올림픽 유치의 기운을 끌어올리려고 열심을 다하는데, 내 주위에는 도쿄 올림픽이 거의 화제에 오르지 않는다.

분위기가 달아오르지 않은 첫 번째 이유는 국내 상황 때문이다. 즉 후쿠시마 원자력발전소 사고 처리의 전망이 뚜렷하지 않은 상태에서 국제적인 손님맞이 이벤트를 벌이는 것은 '일의 순서가 틀렸다'고 생각하기 때문이다.

두 번째 이유는 올림픽 유치파 사람들이 올림픽 개최의 경제적 파급 효과밖에 이야기하지 않기 때문이다. 매스컴은 도쿄에 올림픽을 유치하면 '얼마나 돈을 벌까?' 하는 독장수셈*밖에 이야기하지 않는다. '국경을 넘은 상호 이해와 연대'나 '일본 전통문화와 자연의 아름다움을 해외 손님들에게 어떻게 소개할까?' 같은 이야기는 아무도 입에 올리지 않는다.

개인적으로 나는 올림픽의 본질이 '환대'에 있다고 생각한다.

1964년 도쿄 올림픽을 앞두고 일본 국민이 기대감에 부풀었던 모습을 아직도 기억한다. 당시 국민의 마음은 이러했을 것이다. "패전의 아픔을 겨우 딛고 선 이제야 세계에서 찾아오는 손님을 두 팔 벌려 환대할 수 있다. 이만큼 풍요롭고 평화로운 나라로 발돋움한 일본을 보여주고 싶다." 이는 어떤 의미에서 '가련한 마음'이기도 했다. '올림픽을 유치하면 돈을 얼마 벌겠지' 하는 것은 (내심으로 생각하는 사람은 있을지언정) 입 밖으로 내서 공언할 것은 못 된다.

이상론일지도 모르지만 올림픽은 개최국의 풍요로움과 정치력을 과시하기 위한 것이 아니라 개최국 국민의 문화적 성숙함을 드러내는 기회라고 생각한다. 올림픽 유치국이 될 만한 자격은 무엇보다 '국적과 인종과 종교를 뛰어넘어 전 세계의 운동선수와 방문객이 불안한 마음 없이 평온하게 지내는 시간을 보내도록 배려를 보여주는 것'이다. 그렇다면 일본의 급선무는 건물이나 시설을 세우는 일보다 원자력발전소 사고 처리를 위해 진지하게 노력하는 것, 동아시아 이웃나라와 우호적 외교 관계를 확립하는 것이다. 원자력발전 사고를 망각하고 이웃나라를 매도하는 사람들이 정치 요직에 앉아 있는 나라에 올림픽을 유치할 자격이 있을까? 우선 그 점을 숙고해야 할 것이다. (2013년 9월 9일)

• 실현 가능성이 없는 허황된 계산을 하거나 헛수고로 애만 씀을 이르는 말. 옛날에 옹기장수가 길에서 독을 쓰고 자다가 큰 부자가 되는 꿈을 꾸고 기분이 좋아 펄쩍 뛰는 바람에 독이 깨졌다는 이야기에서 유래한다.

제국의 수도 하늘은 지금보다 파랗고······

〔2013년〕10월 6일 조간에는 1940년에 작성한 '환상의 도쿄 올림픽' 영어판 계획서를 발견한 어느 수집가의 기사가 났다. 도청과 박물관에도 없는 귀중한 사료라고 한다. 나는 이 계획서의 불어판을 읽은 적이 있다. 스위스 로잔에 있는 올림픽 박물관을 방문했을 때 자료실 '일본' 코너 책장에 꽂혀 있었기 때문이다. 처음에는 1964년 도쿄 올림픽 계획서라고 생각하고 펼쳐보았는데, 거기에 나온 수도의 사진이 내가 아는 도쿄의 모습과 전혀 달랐다. 그래서 새삼 표지를 다시 보았더니 1940년 올림픽 계획서였다. 해가 저물 때까지 열람실에서 읽어나갔다. 실현하지 못한 행사계획서는 현실과 몽상 중간에 머무는 반투명한 유령 같은 느낌이 들었다.

올림픽의 도쿄 개최가 정해진 것은 1936년이었다. 다음해 1937년에 중일전쟁이 발발하고 1938년에 개최가 취소되었다. 따라서 제2차 세계대전 중인 1940년과 1944년(런던이 개최 예정 도시였다)은 올림픽이 없었다.

'환상의 도쿄 올림픽'에 대해 나는 그런 계획이 있었다는 것밖에 알지 못했다. 그래서 나치의 정치 쇼였던 베를린 올림픽과 비슷하게 이데올로기 색채가 강한 야외극을 구상했을 것이라고 멋대로 상상했다.

그러나 계획서를 읽어보니 뜻밖에도 꽤 진지한 계획을 세우고 있었다. '이런 비상시에 스포츠에 열광할 여유가 있어?' 하고 말할지도 모르는 군부와 여론에 마음을 쓴 탓인지, 신규 건축물은 적고 '있는 것'을 활용하는 경향이 있었다. 경기장과 선수촌 사진을 보고 나는 특히 두 가지를 느꼈다. 첫째 1930년대 제국의 도시 하늘은 무척 넓고 파랗다는 것(흑백사진이지만 '투명하고 깨끗한 창공'이라는 점은 알 수 있었다), 둘째 이때 올림픽에 출전할 운동선수 대다수는 그 후 전쟁에 나가 목숨을 잃었다는 것이다.

열람실 책상에 팔꿈치로 턱을 괴고 나는 '1940년에 도쿄 올림픽을 개최한 세계'를 공상해보았다. 무라카미 하루키村上春樹의 《1Q84》에 나오는 '평행세계'적인 공상이다. 그 다음에는 미국과의 전쟁을 회피한 대일본제국을 상상했다. 제국의 수도 하늘이 지금보다 파랗고, 청년들이 지금보다 조용하고 수수한 일본을 상상했다. (2013년 10월 21일)

6 이 나라에 '어른'은 있는가?

실패에 대비하는 매뉴얼이 있는가?

예전에 〈에어포트 77-버뮤다 탈출〉이라는 영화가 있었다. 할리우드 재난 영화다. 며칠 전 텔레비전에서 재방송을 봤다. 예상대로 전개되는 스토리가 따분해 하품이 나오기 시작할 즈음에 버뮤다 해역에 가라앉은 보잉 747 인양 작업이 시작되었다. 구출에 나선 해군 사령관이 함교艦橋˚의 선반에서 번호가 붙은 두툼한 매뉴얼을 뽑아들고 이렇게 말했다. "그러면 이제부터 매뉴얼대로 구출 작전을 개시하겠다. 이것은 연습이 아니다." 부관을 향한 대사가 들려온 이 대목부터 잠이 싹 달아났다.

이 구출 작전은 수면 약 30미터 아래에 가라앉은 비행기에 물에 뜨는 바퀴 모양의 지지물을 달고 안에 있는 생존자를 끌어내는 까다로운 작업이다. 이 작업에 대한 매뉴얼을 함교에 상비하고 있다는 서사적 '설정'에 나는 깜짝 놀라고 말았다. 그리고 놀라움에 눈이 번쩍 뜨인 다음, 미국이란 '이런 나라'일지도 모른다는 생각이 들었다. 다시 말해 '있을 법한 위기'를 상상하고 그 대응책을 강구해두는 지성을 높이 평가하는 것이 미국의 문화라고 말이다.

아쉽게도 일본에는 그러한 문화가 없다. 우리나라에는 과거

세계대전을 치를 때 해군참모본부를 둔 이래, '설마 이런 큰일이 일어나겠어?' 하고 여길 정도로 개연성이 낮은 위기에 대해서는 대응책을 생각하지 않아도 된다는 것이 통념이 되어버렸다. 그리고 우리 편이 이것과 이것에 성공하고 적군이 이것과 이것에 실패하면, 황군은 대승리를 거둘 것이라는 탁상공론을 공염불하는 사이에 일본은 역사적 패배를 맛보고 말았다.

'모든 것이 잘 돌아가는 경우'에 대해서만 생각하고, '모든 것이 실패한 경우'에 대해서는 아무것도 생각하지 않는다. 이것이 오늘날 일본인의 사고방식이다. 위기의 가능성을 최소한으로 평가하고, 성공의 확률을 최대한으로 평가한다는 문제점은 높은 확률로 실패한다는 점이 아니라(그것도 참 곤란한 일이지만) 실패의 규모가 어마어마하기 때문에 개인이 책임을 질 도리가 없다는 점이다.

이리하여 지진이든, 오염수 누출이든, 전쟁이든, 일어나지 않기를 바라는 일에 대해서는 아무런 대비도 하지 않는 것이 일본의 기본값default이 되었다. 무슨 일이 일어나면 '다음 선거에서 떨어뜨리면 되는' 듯하다. (2014년 6월 30일)

• 군함의 상갑판 중앙부에 높게 만든 지휘 통제 시설.

6 이 나라에 '어른'은 있는가?

후기

여러분, 마지막까지 읽어주셔서 감사합니다.

'머리말'에도 썼지만 이 책에 실은 글은 6년 반 동안 계속 쓴 것입니다. 그러면서 900자 칼럼을 쓰려면 요령이 필요하다는 것을 깨달았습니다. 주제를 딱 하나만 정해 그것에 대한 '촌평'을 적고 '맺음'을 하면 자수가 남습니다. 하지만 주제를 상세하게 논하고 복잡한 사변을 늘어놓으면 자수가 모자랍니다. 900자는 약간 어중간한 자수입니다. 오랫동안 계속하다 보니 요령이 생겼습니다. 바로 서두에 주제를 제시하면서 '오늘은 이런 이야기를 하겠습니다' 하고 이야기를 꺼낼 때 '그렇다면 이런 이야기로 흘러가겠군' 하고 독자가 예상하는 대로는 절대로 쓰지 않는다는 것입니다.

신문의 '독자의 목소리' 코너가 재미없는 까닭은(헉, 죄송합니다) 논리적이지 않다든가 내용의 질이 낮다는 의미가 아니라 '제시부'와 '결말부'가 대강 직선적으로 연결되어버리기 때문입니다. 두 줄쯤 읽으면 이 사람이 무슨 말을 하고 싶은지 알아버립니다. 문장의 기술 측면에서 말하면 '비트는 맛'이 없습니다. '비트는 맛'이란 '굴곡'을 말하는 것이지만, 수평적으로 '구부러지는' 것이

대세를 따르지 않는 시민들의 생각법

라기보다는 실제로는 문제를 논하는 '수준'이 완전히 바뀌는 것을 말합니다. 예를 들어 어떤 음악을 논하면서 세간의 평과 '약간 다른 평'을 내놓는 것을 '비트는 맛'이라고 하지는 않습니다. 단지 수평 이동이기 때문이지요. 그런 것이 아니라 음악을 논하면서 정치나 경제, 역사 이야기로 이야기의 수준이 옮아가고, 그 수준에서 해당 문제를 바라봄으로써 다른 모습이 떠오르도록 하는 것을 '비트는 맛'이라고 부릅니다.

내가 이 기법을 평론가나 작가로부터 배운 것은 아닙니다. 작년(2013년)에 급서하신 은사 오타키 에이치 선생님께 배웠습니다.

오타키 에이치 선생님은 음악가입니다. 1960년대 말에 호소노 하루오미細野晴臣, 마쓰모토 다카시松本隆, 스즈키 시게루鈴木茂와 함께 '해피엔드'라는 밴드를 결성했지요. 그는 '일본어 록'의 원조라고 불리는 분입니다. 1981년 밀리언셀러를 기록한 〈A Long Vacation〉은 누구나 한 번쯤 들어본 적이 있겠지요. 하지만 오타키 에이치 선생님이 가장 영향력을 미친 커다란 작업은 라디오 DJ였습니다.

그는 음악을 틀어놓고 좋으니 나쁘니, 괜찮으니 틀렸다느니 하고 논하는 일이 없었습니다. 곡 한 편이 어떤 역사적 경위를 통해 이런 형태를 띠었는지를 조사할 수 있는 데까지 조사하고, 그것이 얼마나 거대한 '빙산'의 일각인지(이기는커녕 빙산의 끄트머리를 깨서 위스키에 넣어먹는 얼음조각에 불과한지) 해명해주었습니다. 그의 해설을 듣고 나서 다시 들어보면 귀에 익은 곡이라도 전혀 새로운 깊이와 표정을 띠고 다가온 경험이 몇 백 번, 몇 천 번이나 있었습니다.

지금도 가장 기억에 남는 것은 NHK-FM에서 방송한 〈아메리칸 팝 이야기〉 제18회의 '포크송 특집'입니다. 오타키 에이치 선생은 1950년부터 1958년까지, 다시 말해 더 위버스The Weavers의 〈굿나잇 아이린Goodnight, Irene〉부터 더 킹스턴 트리오The Kingston Trio의 〈톰 둘리Tom Dooley〉까지 포크송이 단 한 곡도 미국의 팝 차트에서 1위를 차지하지 못했다는 사실을 '이상하다'고 생각했습니다. 보통은 그런 생각을 하지 않지요. '유행하지 않았겠지, 뭐' 하고 그냥 넘겨버립니다. 그러나 오타키 에이치 선생은 다양한 자료를 통해 그 사실을 탐구했습니다. 그리고 매카시즘McCarthyism•이 1950년대 포크 싱어들에게 어떠한 정치적 압력을 가했는지를 하나하나 밝혀갑니다.

담담하게 역사적 사실만 이야기하고 나서 그는 FBI에서 활동 정지를 명령받은 더 위버스가 카네기 홀에서 1956년 재결성 기념 콘서트를 열었을 때 연주한 라이브 음악을 틀어줍니다. 음악만 듣고 있어도 충분히 감동적인 연주입니다. 그런데 그의 해설을 들은 뒤에는 청중의 환성이 지닌 음영의 깊이까지 느껴집니다. 그것은 그때까지 느낀 감상과는 전혀 달랐습니다.

1970년부터 40여 년 동안 일본인의 가장 훌륭한 비평 활동은

대세를 따르지 않는 시민들의 생각법

'비평가'라는 직함을 갖고 매스컴에 등장한 사람들이 아니라 오타키 에이치가 담당했다는 것이 내 개인적인 확신입니다. 개인적인 확신이기 때문에 여러분도 공감해달라고 강요하지는 않겠습니다. 오키타 에이치 선생의 '비트는 맛'의 솜씨에 대해서는 실제로 DJ를 들어보는 수밖에 없고, 음원에 접근하는 것도 쉽지 않습니다. 따라서 이것은 그저 '감상'으로 들어주시기 바랍니다. 하지만 이 책을 포함해 내가 쓴 비평적인 텍스트는 오타키 에이치의 DJ를 이상으로 삼는 사색과 문체입니다. 은사님의 1주기를 앞두고 여기에 이를 써두고자 합니다.

　마지막으로 이 칼럼을 쓰기 시작한 계기를 마련해준 요로 다케시 선생님, 칼럼의 최초 담당자였던 오나미 아야大波綾 씨, 현재 담당자인 야마네 유사쿠山根祐作 씨 그리고 이번 편집에 수고해준 나카지마 미나 씨의 노고와 지원에 감사드립니다. 여러분 덕분에 책 한 권이 탄생했습니다. 감사합니다.

• 1950년대 미국의 상원의원 조지프 매카시가 국무부의 진보적 인사들을 공산주의자로 규정한 발언에서 비롯된 극단적인 반공사상 또는 공산주의자 색출 열풍을 말한다. 일반적으로 반공주의 성향이 강한 집단이 정치적 반대자를 공산주의자로 매도하려는 태도를 가리킨다.

대세를 따르지 않는 시민들의 생각법
반지성의 시대를 살아가야 하는 시민들의 마인드셋

초판 1쇄 발행   2019년 7월 26일

지은이   우치다 타츠루
옮긴이   김경원
책임편집   이기홍
디자인   고영선

펴낸곳   (주)바다출판사
발행인   김인호
주소   서울시 마포구 어울마당로5길 17 5층(서교동)
전화   322-3675(편집), 322-3575(마케팅)
팩스   322-3858
E-mail   badabooks@daum.net
홈페이지   www.badabooks.co.kr

ISBN   979-11-89932-23-7 03100